本多静六

【合本版】

私の財産告白
私の生活流儀
人生計画の立て方

実業之日本社

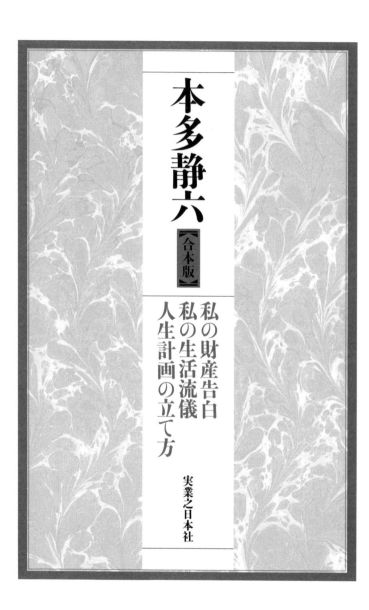

【合本版】
私の財産告白
私の生活流儀
人生計画の立て方

実業之日本社

私の略歴――

慶応二年（一八六六）、埼玉県三箇《さんが》村河原井《かわらい》（編注・現在の久喜市菖蒲町）に生まれた。十一歳のときに父を失い、百姓や米搗きをしながら苦学した。十九の春、東京山林学校に入学、第一期試験に落第、悲観して古井戸に投身したが死に切れず、思い直して決死的勉強の末、二学期引きつづき最優等で銀時計を賞与された。これで落第するほど愚鈍な生まれつきでも、努力次第で何事にも成功するという自信を得た。

そして働学併進が趣味となり、極端な耐乏苦学も、逆に愉快となり、満二十五歳で日本と独逸《ドイツ》の両大学を卒業、東京帝大の助教授になった。そのとき、生涯の生き方、すなわち人生計画を、「四十までは勤倹貯蓄、生活安定の基礎を築き、六十までは専心究学、七十まではお礼奉公、七十からは山紫水明の温泉郷で晴耕雨読の楽居」と定め、かつ毎日一頁以上の文章執筆と、月給四分の一天引き貯金の二つの行を始めた。そして四十歳で貯金の利息が本俸以上になり、宿願――万巻の書を読み、万里の道を往く――を実行、洋行十九回、足跡を六大洲に印し、三百七十冊余の著書を公けにした。

教職の余暇には東京府市・内務・文部・農林・鉄道等の嘱託顧問をし、日比谷公園・明治神宮・鉄道防雪林・国立公園・水源林・行路樹等の設計改良に当たり、また関東大震災後、復興院参与、都市計画委員、帝国森林会、庭園協会、都市美協会、学生誘掖会その他十七余の会長、副会長を兼ねた。また渋沢栄一氏等実業家の顧問としても、秩父セメント・武蔵水電・田園都市・日新ゴム等多くの開拓植林事業、各地水力発電所の風景破壊問題等を解決するなど、民間事業にも関係した。

満六十の停年後は「人並外れた大財産や名誉の位置は幸福そのものではない。身のため子孫のため有害無益である」と悟り、財産のほとんどすべてを、隠れて社会事業に喜捨、再び働学併進の簡素生活に帰り、七十歳までの十年間、宗教・哲学・歴史・経済・法制等の新刊書を耽読し、たまたまアインシュタインの相対性原理を知るに及び、大いに啓発されるに至った。爾来新たに十年計画をたて、学生時代に若返り、畢生の努力をもって「新人生学」の研究に努めている。

昭和二十六年十月

本多静六　識

装丁／岩瀬　聡
本文ＤＴＰ／Ｌｕｓｈ！
写真提供／久喜市教育委員会

◉目次

私の財産告白

二、儲ける人・儲けさせる人

三、人間的サラリーマン訓

四、人を使うには・人に使われるには

五、平凡人の成功法

私の生活流儀

六、金の話・人の話
――ある日の放談――

【附】だれにもできる平凡利殖法

私の生活流儀　解説

人生計画の立て方

私の財産告白

自序

私は本年八十五歳になる。自分でもまず相当な年齢と思う。しかし、「人生即努力・努力即幸福」といった新人生観に生きる私は、肉体的にも、精神的にも、なんら衰えを感ずることなく、日に新たに、日に日に新たに、ますますハリ切って、毎日を働学併進《どうがくへいしん》に送り迎えしている。世の中をあるがままに見、避けず、恐れず、それに直面して、愉快に面白く闘いつづけ得ている。全くもって感謝のほかはない。

いまここに、長い過去をかえりみて、世の中には、あまりにも多く虚偽と欺瞞と御体裁が充ち満ちているのに驚かされる。私とてもまたその世界に生きてきた偽善生活者の一人で、いまさらながら慚愧《ざんき》の感が深い。しかし、人間も八十五年の甲羅を経たとなると、そうそう、いつわりの世の中に同調ばかりもしていられない。偽善ないし偽悪の面をかなぐりすてて、真実を語り、「本当のハナシ」を話さなければならない。これが世のため、人のためでもあり、またわれわれ老人相応の役目でもあると考える。

本書に収められた「私の財産告白」、「私の体験社会学」の二篇は、すなわち、この意図により、雑誌『実業之日本』を通じて世に問うた私の真実言であって、いずれも異常なる読者の反響をかちえたものである。

古諺に、なくて七癖という。老人にもまた七癖なくてはならぬはず。しかも、その一つに、御説教癖ともいうべき万人共通のものがあろう。本書の内容もこれが御多分に洩れぬかも知れぬ。しかし、ここに私の説くところは、ただ口先や筆先ばかりで人にすすめるものではなく、いずれも自分みずから実行し、実効を挙げたもののみの吹聴であり、物語であって、御説教のための御説教は一言半句もさしはさまれていないつもりである。

実をいうと、いかによいことでも、それが自分の実践を基にして、しかも相当の成果を挙げたことを語る場合、なんだか自慢話になってやりにくいものである。ことに財産や金儲けの話になると、在来の社会通念において、いかにも心事が陋劣《ろうれつ》であるかのように思われやすいので、本人の口から正直なことがなかなか語りにくいものである。金の世の中に生きて、金に一生苦労をしつづける者が多い世の中に、金についての真実を語るものが少ないゆえんもまた実はここにある。それなのに、やはり、財産や金銭についての真実は、世渡りの真実を語るに必要欠くべからざるもので、最も大切なこの点をぼんやりさせておいて、いわゆる処世の要訣を説こうとするなぞは、およそ矛盾もはなはだしい。

そこで、あるいは蒙るであろう、一部の人々の嗤笑《ししよう》を覚悟の前で、柄《がら》にもなく、あえて私の行うに至ったのが、この『私の財産告白』である。もとより、平々凡々を極めた一平凡人の告白である。新しく世に訴うる何物もないことはいうまでもない。しかも、それが予想に反して、知名の財界人を始め、各層社会人の間に、多数の共感共鳴者を発見するに及んだのは、老生近頃の最大欣快事でなければならぬ。

なお本書の発刊に際しては、一切を知友、元実業之日本主筆寺沢栄一君に託し、並み並みならぬその協力に負うところ多大であった。併せ記して同君の労を深謝する次第である。

昭和二十五年十一月

伊東歓光荘にて

八十五叟　本多静六

私の財産告白

一、貧乏征伐と本多式貯金法

今日の「生活白書」

まず「私の財産告白」とでもいった話から始めるとしよう。これは、どうして素寒貧《すかんぴん》の私が金を作り、財産を積み、そしてまたもとの無一物に還ったかという話である。

柄《がら》にもなく、いまどき、財産の話などを持ち出すと、本多がいまもって、かくれた大資産家であるかのごとく、誤解されるおそれがあるから、最初に、いわゆる禅家の「無一物中無尽蔵」といった、乏しい中にも満ち足りた現在の生活白書から御披露しておきたい。

後段にくわしくお話しするであろうが、満六十歳の大学教授の停年と共に、感ずるところあって、私は、私の全財産を秘かに公共事業に寄附してしまった。そうして働学（労働と学問）併進の簡素生活に入り、老妻と共に再び昔の貧乏世帯を張り直した。もっとも貧乏世帯といっても、土地、家屋、株券で約百万円ほどを残し、かてて加えて勤倹貯蓄に心掛けていたので、またまた各方面へ追加寄附のできる予定計画さえ立つほどであった。それが大敗戦の結果、ついに財産の六割余を占めていた正金銀行その他海外事業株が丸損となり、加うるに数十万円の財産税と非戦災者税の支払い等で、東京の家屋敷と、箱根、伊東の僅かばかりの不動産を残すほか、全くの無財産となってしまった。その後の生活が、いわゆるタケノコを余儀なくされたのは、いうまでもない。

ところが、戦時中からいよいよつとめてきた昼耕夜学、芋粥とホルモン漬――生野菜を塩づけにしたものの自称――の簡易生活で、耐乏、よくこれを切り抜けてきた。さらに今年の初めから、インフレの終止や恩給の増額で、ようやく経済的安定を得るに至ったので、この上は、慢心と、贅沢と、怠惰とを厳に戒めさえすれば、どうやら百二十歳以上までは無事に生きられそうである。

そこで、いまここに、私の生活収支を具体的にはっきり公開しておくと、まず恩給が年七万円余、貸家貸地収入が約三万円、それに畑の生産物を金に見積って合した全部がわが家の年収である。もちろん、子供にもだれにも厄介にはなっていない。これらのすべては老妻に託して、老妻の切り盛りに任せているが、芋粥とホルモン漬の簡易生活は、益々私どもを健康にしつつ、しかも老妻の手元にはいくらか宛の貯金ができているらしい。その他、私には私なりに稼ぐ原稿料、講演料、身の上相談謝礼等の副収入があり、その半分を小遣いに使い、あとの半分もこれまた貯金している。この貯金は次回（二十回目）の洋行費や関係育英財団への寄附に当てるつもりである。こうした有様であるので、いまの私には経済上、生活上になんらの不安もなく、元気で、明朗で、八十五という年にさらに一つでも早く年を加えることがうれしく、しかもその老いを忘れて、日に新たに、日に日に新たなる努力生活を楽しみにしているのである。

これが私の今日の「生活白書」。

貧乏征伐の決意

さて話は本筋へ戻ろう。

私は少年時代から学生時代にかけて、ひどい貧乏生活をつづけてきた。そうして、貧乏なるがゆえに深刻な苦痛と堪えがたい屈辱をなめさせられてきた。そこでまず、なんとしてもこの貧乏生活から脱却しなければ、精神の独立も生活の独立もおぼつかないと考えた。

明治二十五年ドイツ留学から帰って、東京大学の農学部助教授になったのが、私の満二十五歳のときである。これが月給の取り初めであるが、奏任官《そうにんかん》の年俸八百円というのであった。この八百円は製艦費として一割を差し引かれ、正味の手取りが七百二十円――月割にして六十円ばかりであった。その中からさらに恩給基金等の控除があって、本当の月給は五十八円ほどになる。

当時すでに私は一家を構えていたが、まずこれだけあれば、大学教官としての体面を保つ生活は十分とされた。普通に暮らしていけば、まあ一パイ一パイというところであった。しかし、いけないことには、静六が外国から帰って大変な月給取りにでもなったと早呑込みしてか、にわかに寄食者がふえ、全家族九人を数えるまでになった。いかに物価の廉《やす》い頃とはいえ、これではどうにも動きがつかない。

それでも、旧幕臣の娘だった昔気質の義母などは、一向平気で、私の大学就任を士分の扶持取りになったかのように考え、いくら使っても一生お上《かみ》からこれだけは頂けるからいいじゃないかといっていた。私は月給取りと知行取りとはちがう、知行は家にくれていたものだが、月給は私の勤務に対してくれるものである、私が勤められなくなれば、もう一文の支給もなくなると一所懸命に説明を試みても、当人はなかなか呑み込めぬ有様であった。

こういった同勢九人を抱えての私は、これではいつまでたっても貧乏から脱けられない、貧乏を征服するには、まず貧乏をこちらから進んでやっつけなければならぬと考えた。貧乏に強いられてやむを得ず生活をつめるのではなく、自発的、積極的に勤倹貯蓄をつとめて、逆に貧乏を圧倒するのでなければならぬと考えた。

そこで断然決意して実行に移ったのが、本多式「四分の一天引き貯金法」である。苦しい苦しいで普通の生活をつづけて、それでもいくらか残ったら……と望みをかけていては、金輪際《こんりんざい》余裕の出てこようはずはない。貧乏脱出にそんな手温《てぬる》いことではとうてい駄目である。いくらでもいい、収入があったとき、容赦なくまずその四分の一を天引きにして貯金してしまう。そうして、その余の四分の三で、いっそう苦しい生活を覚悟の上で押し通すことである。これにはもちろん、大いなる決心と勇気が必要である。しかも、それをあえて私は実行したのである。

すなわち、一ヵ月五十八円の月給袋から、いきなり四分の一の十四円五十銭也を引き抜いて貯金してしまう。そうして、その残りの四十三円五十銭で一家九人の生活をつづけることにしたのである。

この一ヵ月十四円五十銭の天引きが、のちに数百円（実質何千万円）の資産を積む第一歩となったのだから、われながら大いに驚く次第である。

本多式「四分の一」貯金

「本多式四分の一貯金法」は、決して本多の発明ではない。すでに二千五百年も昔にお釈迦様が御経の中でも説いておいでた。江戸時代でも松平楽翁公や二宮尊徳翁、その他幾多の先輩が奨励してきた貯金法（分度法）と一致している。ただ、その実行を偶然私が思いついたまでである。貯金の問題は、要するに、方法の如何《いかん》ではなく、実行の如何である。

ところで、私のやり方をさらに詳述してみると、「あらゆる通常収入は、それが入ったとき、天引き四分の一を貯金してしまう。さらに臨時収入は全部貯金して、通常収入増加の基に繰り込む」法である。これを方程式にすると、

貯金＝通常収入×1／4＋臨時収入×10／10

ということになる。つまり月給その他月々決まった収入は四分の一を、著作収入、賞与、旅費残額などの臨時分は全部を貯金に繰り込む。こうして、また次年度に新しく入ってくる貯金利子は、通常収入とみなしてさらにその四分の一だけをあとに残しておく。

これが、私の二十五歳のときから始めた貯金法である。苦しい上にもさらに苦しさを求めたのだから、初めの生活は全くお話にならぬ苦しさであった。しかし、私は発頭人《ほっとうにん》でもあり、家計は一切妻に託したので、比較的に平気ですまされた。実際家内のほうはさぞ大変だったろうと、いまからでも顧みて推察できる。帳面買いでは安い物は買えない。そこで買物はすべて現金、月末になるとその現金がなくなってくるので、毎日胡麻塩ばかりで済ませたことさえある。それでも

大人たちはなんともなかったが、頑是《がんぜ》ない子供たちは正直だ。「お母さん、今夜も胡麻塩？」などと泣き顔をした。それを家内が、「もう三つ寝るとオトトを買ってあげますよ」となだめなだめしていたが、私は平気とはいいつつ、さすがこれには断腸の思いをした。しかし、私のこの計画は、あくまでもしっかりした理性の上からきている。気の毒だとか、かわいそうだなどということは、単に一時的のことで、しかもツマラヌ感情の問題だ。この際この情に負けてはならぬと歯を食いしばった。そうして、四分の一貯金をつづけていけば、三年目にはこれこれ、五年目にはこれこれ、十年目にはこれこれになる。いまの苦しさは、苦しいのを逃れるための苦しさだから、しばらく我慢してくれと家内の者を説いたのである。

全く、私のこのやり方は無理のようで決して無理ではない。給料四十円もらったら、三十円しかもらわなかったと思って十円天引きすればよろしい。米が四俵穫れたら、三俵しか穫れなかったと思って一俵分を別にすればよろしい。米のほうは今年より来年が殖えるというわけにもいかぬが、給料のほうならまず順当にいけば必ず殖える。辛抱しさえすればだんだん天引き残余が増してくるのである。しかも私の場合、私と同じくらいの家族を抱え、現に三十円の収入で生活をしている人々も多かったので、私はただ生活の出発を一段下げた処から始めるとさえ考えればよろしかったのである。

敗戦後の今日、だれも彼も最低のところに在るのでは、一段にも、半段にも、どうにも下げようがないではないかといわれるかも知れない。しかし、事実は果たしてそうだろうか。当時における私のこの考え方は、現在でも経済生活の行き詰り打開に応用できると確信する。

ホンの一回、最初の出発において、何人もまず四分の一の生活切り下げを断行してください。ただそれだけですむのである。何事も中途でやり直すことは難しい。最初から決めてかかるのが一番楽で、一番効果的である。

ブレンタノ博士の財訓

私は林学博士の肩書が示すように、大学ではもっぱら林学を担当してきた者であるが、ドイツ留学では、ミュンヘン大学で有名なブレンタノ先生の下に財政経済学を専攻してきたのであった。ドクトル・エコノミープブリケーの学位は、実はそのときの土産である。

そのブレンタノ博士が、私の卒業帰国に際して、

「お前もよく勉強するが、今後、いままでのような貧乏生活をつづけていては仕方がない。いかに学者でもまず優に独立生活ができるだけの財産をこしらえなければ駄目だ。そうしなければ常に金のために自由を制せられ、心にもない屈従を強いられることになる。学者の権威も何もあったものでない。帰朝したらその辺のことからぜひしっかり努力してかかることだよ」

と戒められた。ところで、当のブレンタノ博士自らは、どうであるかというに、大学の経済学教授として立派な地位を保たれていたばかりでなく、その説くところをすでに実行して、四十余歳で早くも数百万円の資産家になっていた人なので、私はこの訓言を身にしみて有難く拝聴してきたわけである。

いったい何事でもそうであるが、口先や筆先ばかりで人にすすめるよりは、自分自らまず実践

してみせ、しかるのちに人にすすめてこそ大に効果があるものである。ところが、いかによいことでも、自分が実行して相当の成果を挙げたことを人に教える場合、なんだか自慢話になってやりにくいものである。ことに財産や金銭の話となると、いかにも心事が陋劣《ろうれつ》であるかのように人が思いやすいので、本人の口から正直なことがなかなか語りにくいものである。それを六十年もの昔、異邦人の私に親切に説き聞かされた恩師の厚情は、いまに私の感謝に堪えぬところであって、学界人として異端視されつつ、私が金銭生活についても、その所信を断行し、またザックバランに、昔からその体験を物語るに熱心なゆえんは、実はこのブ博士の明察と勇気と親切とにお応《こた》えしようとしているわけでもある。

ブレンタノ博士は、さらにこういうことをいわれた。

「財産を作ることの根幹は、やはり勤倹貯蓄だ。これなしには、どんなに小さくとも、財産と名のつくほどのものはこしらえられない。さて、その貯金がある程度の額に達したら、他の有利な事業に投資するがよい。貯金を貯金のままにしておいては知れたものである。それには、いまの日本では——明治二十年代——第一に幹線鉄道と安い土地や山林に投資するがよい。幹線鉄道は将来支線の伸びるごとに利益を増すことになろうし、また現在交通不便な山奥にある山林は、世の進歩と共に、鉄道や国道県道が拓《ひら》けて、都会地に近い山林と同じ価格になるに相違ない。現にドイツの富豪貴族の多くは、決して勤倹貯蓄ばかりでその富を得たものではない。こうした投資法によって国家社会の発展の大勢を利用したものである」

そこで私は、まず四分の一天引き貯金の断行をし、それから、このブ博士の貨殖訓をおもむろに実行に移すことにした。

月給と利子の共稼ぎ

こういうふうにして私の四分の一天引き貯金生活は始められた。二、三年たつと預けた金の利子が毎年入ってくる。これは通常収入になるので、その四分の三は生活費に回すことができる。つまり月給と利子との共稼ぎになるので、天引き生活はいよいよ楽につづけられることになってきた。これでまずまず私も一家も一ト安心というわけである。

人間の一生をみるに、だれでも早いか晩《おそ》いか、一度は必ず貧乏を体験すべきものである。つまり物によって心を苦しまされるのである。これは私どもの長年の経験から生まれた結論である。子供のとき、若い頃に贅沢に育った人は必ず貧乏する。その反対に、早く貧乏を体験した人は必ずあとがよくなる。つまり人間は一生のうちに、早かれ、おそかれ、一度は貧乏生活を通り越さねばならぬのである。だから、どうせ一度は通る貧乏なら、できるだけ一日でも早くこれを通り越すようにしたい。ハシカと同じようなもので、早く子供のときに貧乏を通り越させてやったほうが、どれだけ本人のためになるかわからぬ。まことに若いときの苦労は買ってもやれといわれているが、貧乏に苦労し、貧乏し抜いてこそ、人生の意義や事物の価値認識をいっそうふかめることができるのである。貧乏したことのある人間でなければ、本当の人生の値打ちはわからないし、また堅実に、生活の向上をめざしていく努力と幸福は生じてこないのである。

貯金生活をつづけていく上に、一番のさわりになるものは虚栄心である。いたずらに家柄を誇ったり、いままでのしきたりや習慣にとらわれることなく、一切の見栄をさえなくすれば、四分の一天引き生活くらいはだれにでもできるのである。自分のネウチが銀もしくは銅でしかないのに、暮らしのほうは金にしたい。金メッキでもいいから金に見せかけたい。こういった虚栄心から多くの人が節倹できないのである。銀はどうせ銀、銀なりに暮らせばいいのであるが、さらに人生をより安全にし、生活をより健全にしようとするならば、むしろ一歩を退いて——事実は一歩を進めて——実力以下の銅なり、鉄なりの生活から出発していくべきだろうではないか。戦後の何もかも新規蒔き直しの生活には、とくにこの決心と勇気が必要であると思う。

三十株から山林一万町歩へ

さて話は横に外れたようであるが、元へ戻って、私の「財産告白」をつづけると、天引き貯金によって相当にまとまることになった資金で、最初にまず、ブ博士の仰せに従って日本鉄道株（上野青森間——私鉄時代）を買い入れた。たしか十二円五十銭払い込みのもの三十株だったと記憶するが、それが間もなく三百株にふえたとき、払い込みの二倍半で政府買上げとなった。年々一割の配当を受けつつ私の貯金の一部が早くもここに三万七千五百円となったわけである。明治時代の三万何千円はとても大したものであった。これだけでまず一財産ということができた。しかもその元はといえば僅かな俸給の四分の一天引きである。私はとくにここで貯金を馬鹿にしている一部の人々にこのことを強調したい。——国家の敗戦とそれに伴うインフレーションといった大変事さえなければ、やはり貯金の力は絶対偉大である。

つづいて私は、その金で、今度は秩父の山奥の山林買収に着手した。これはブ博士の教えによるのでもあり、また私の専攻学科にも関係が深かったからでもある。

当時秩父の山奥（中津川）は国内においても稀にみる天然美林であったが、鉄道からは遠く、道路もほとんど皆無で、その開発に手がなく、税金ばかりかかって只《ただ》でももらい手がないというほどの有様であった。私は天下のこの大財宝がこのまま朽《く》ち果てるわけはない、また朽ち果てしむべきではないと考え、売手のあるに従って言い値で買い込むことにした。言い値といっても全く只のようなもので、一町歩がタッタ四円前後、それもいちいち正式に実測することができないので、一つの山に登って、反対側の山を指差し、あの谷からあの谷まで全部で何十町歩、何百町歩といったやり方で、その土地立木全部を台帳面積いくらでと買い取ったのである。中には買い手が来たからといって、全村挙《こぞ》ってその持ち山を私に売りつけにきたことさえあった。いずれにしても、数万円の資金が用意されているところへ、一町歩タッタ四円というのであるから、私はほとんど片ッぱしからそれを買い入れることができた。仕舞いには三井、三菱といった有力な競争者が現れたが、そんな頃には私はもう八千町歩からの山林を自分のものとしていたのである。――その後にも買い増して約一万町歩にもなった。

ところへ、日露戦争後の好景気時代がやってきた。木材の思わぬ大値上りで、しかも漸次搬出の便宜もととのえられてきた。そこで、その立木だけを一町歩二百八十円宛で一部を売ることにした。――正に買い値の七十倍である――これで昨日までの素寒貧本多が一躍成金になったというわけ。ある年のごときは年収二十八万円で、当時における淀橋税務署管内のナンバーワンにまで出世（?）したのである。

当時はすでに、私はなおほかにもいろいろの財産というべきものをもつに至っていたが、この山林の立木を時価でみただけでも二百八十万円、それに何やかやで、実はわれながら驚かされるまでに大したことになってしまった。四分の一天引き生活を継続しても、まだ金の使いようがなくて困るという有様で、十数年前のゴマシオ時代から考えても、また今日のホルモン漬時代から考えても、全く夢のような豪華生活を送ったのである。それは主として学術研究兼視察の海外旅行によってであるが、その海外旅行を私費でいままでに十九回も繰り返し得たのもまた、四分の一天引きに始まるこの投資財産のおかげであったのだ。

しかし、物事は程度を過ぎると必ずそこに余弊が生じてくる。はじめは「本多の財産」であった私の財産が、ここに至ると逆に私をとりこにして「財産の本多」といった主客の顚倒を起こしそうになった。そこで、私はハッと気付くところがあり、財産を作る問題の次は、財産を処分する問題だと考え始めたのである。

二、金の貯め方・殖やし方

大切な雪達磨《だるま》の芯

いったい人間というものは、金を持つことがいいだろうか、わるいだろうか。必要な金は持つがよろしい。欲しい金は作るがよろしい。——その答えは、しごく簡単である。ただ問題は、その方法よろしきを得るということである。あくまでも自力によって、筋の通った正しいもののみをうけいれ、これを積み立てることである。ところが、その積み立てには、おのずからある限度がある。その限度を越えると、幸福の源泉であるはずの金が、かえって不幸の源泉となってくる。財産というものの在り方に、なかなか難しい問題が伴ってくるのはここである。

さて、それについては、改めてくわしく述べるとして、とにかく、金というものは雪達磨《だるま》のようなもので、初めはホンの小さな玉でも、その中心になる玉ができると、あとは面白いように大きくなってくる。少なくとも、四分の一天引き貯金で始めた私の場合はそうであった。これはおそらくだれがやっても同じことであろう。

だから、私は確信をもって人にもすすめてきた。どんなに辛い思いをしても、まず千円をお貯めなさい。——今日ならさしずめ十万円というところか——千円貯まれば、たちまち五千円貯まり、五千円貯まれば間もなく一万円にはいとやすいことである。ここまでくれば金が金を生み、金がある処にはまたいろいろいい智慧も出てきて、いよいよ面白い投資口も考えられてくる。こうなるともう、すべては独りでに動き出し、やたらに金が殖えてきて、殖えてきて、われながら驚くものである。

実際の話が、前にも述べたように、二十五歳から始めて、本多式貯金法の一手で押し通してきた私は、十五年目の四十歳になったときには、大学の俸給よりは、貯金の利子や、株式配当のほうがズッと多くなり、三十年過ぎた六十近い頃には、数百万円の貯金、株式、家屋等のほかに、田畑、山林一万余町歩、別荘地住宅六ヵ所という、かねて自分がひそかに予想していた以上に、はるかに大きな財産を所有することになったのである。

しかもこれには、少しのムリもなかった。自ら顧みて、ヤマしいところなぞはもちろんない。否かえって、経済的な自立が強固になるにつれて、勤務のほうにもますます励みがつき、学問と教育の職業を道楽化して、いよいよ面白く、人一倍に働いたものである。つまり、この身分不相応な財産のすべては、職業精励の結果、自然に溜まり溜まってきた仕事の粕だったのである。

世の中には、いかに職業を道楽化して働きつづけたとて、またいかに勤倹貯蓄の耐乏生活をつづけたとて、食わせなければならぬ子供や家族が多過ぎ、その日の暮らしに追われていたのでは、なかなか「道楽の粕」などを溜めるどころじゃないという人があるかも知れない。しかも、こうした敗戦後の経済変動の中では、とてもできない相談とあきらめてかかる人があるかも知れない。そういう人々のために、私は「粕の溜め方・殖やし方」について後述、御伝授に及ぶとしよう。

金儲けは果たしてケシカラヌか

金というものは重宝なものだ。まず一応、だれしもあればあるに越したことはない。ところが、世の中には、往々間違った考えにとらわれて、この人生に最も大切な金を頭から否定してかかる手合いがある。正直に稼いで正直に積み上げた金にたいしても、変な色眼鏡でみて、あいつは金を貯めている、学者のくせに——これは私にたいする場合の非難であったが——金を作った。たくさん持っているようだ。どうもけしからんじゃないか、などと、とかく、他人《ひと》の疝気《せんき》を頭痛に病《や》むといったかたちで、果てはよけいなおせっかいを出して、その貯蓄生活に立ち入りたがるものがある。人間は金を持つべからず、金を持つ者すなわち品性下劣なりと決めてかかるような連中がある。

これはことに、日本人の間に昔からあったわるい癖で、いわゆる武士は食わねど高楊枝といった封建思想の余弊である。しかも、それらの連中は全く金を欲しがらぬかといえば、さにあらず、金にたいしてはいっそう敏感ともいうべきで、敏感なればこそ人の懐《ふところ》ろ工合《ぐあい》まで気になるわけなのである。

およそ、世の中というものは、聖人君子といえども嫉視の敵を防ぐことはできない。まして有徳者でないわれわれ凡人においてをやだ。しかも、こうした思想感情の中で衆に越えて、金を作り、金を持つということは、得てしてツマらぬ周囲の誤解を招きやすいものである。

私も御多分に洩れず、多少金ができたという、ただそれだけの理由で、意外にも同僚から辞職勧告まで受けたことがある。これによって、私は、金を作ることも相当難しいが、さらにそれ以上に金を使うこともなかなか難しい、たとえば、寄附一つするにも骨が折れるものだわい、と痛感させられたのである。

同僚から辞職勧告を受ける

それは大学奉職中のなかばに属することであるが、東京大学などが中心に、学士会館創設の議が起こり、教授、助教授連も応分の寄附を仰せつかった際のことである。

そのとき、私も応分のつもりで鈴木梅太郎君とともに金一千円の寄附を申し出た。それがはからずも大問題となった。少な過ぎるというのではない。多過ぎるというのである。鈴木君のほうは某製薬会社の顧問をしていて、金の有ることは別に不思議はないが、本多の一千円というのは不思議である。一介の教授がどうしてそれほどの一時金が出せるのだろう。われわれは俸給の中から、五円、十円の月賦にして、しかも五十円、百円の割当てすらちょっと出し兼ねているのに、本多にはどうして一千円という大枚が投げ出せるのだろう。大学教授のくせに、本多の奴は、きっと何かの相場でもやっているにちがいない、けしからん、学者の風上にもおけないと、農科大学内に大変な物議をかもしてしまったのである。

その結果は、気の早い者の部内決議となって、私のところへさっそく辞職勧告状が持ち込まれてきた。代表として私の研究室へおしかけてきたのは、先輩に当たる横《よこ》井《い》時敬《ときよし》君ともう一人長岡《ながおか》宗好《むねよし》君であったが、これにはさすがの私も面食らって唖然とした。

金というものは重宝なものだ。
ところが、世の中には、
往々間違った考えにとらわれて、
この人生に最も大切な金を
頭から否定してかかる手合いがある。

人生の最大幸福は職業の道楽化にある。
富も、名誉も、美衣美食も、
職業道楽の愉快さには比すべくもない。

大正10年頃、愛用の詰襟服で

投資の第一条件は安全確実である。
しかしながら、絶対安全をのみ期していては、
いかなる投資にも、手も足も出ない。
だから、絶対安全から比較的安全、
というところまで歩み寄らねばならぬ。

しかし、その理由の当否はしばらく別にして、ともかく、部内一致で辞職を求められるのは、本多としてもまず自らの不徳を顧みなければならぬ。何もいわぬ、潔く《いさぎよ》辞表をしたためようとキッパリ答えた。ところが、金一千円の寄附の出所が不審で、しかも不浄財とうたがわれては、この本多もはなはだ心外である。辞職は辞職、金は金、このところは、大いに弁ぜざるべからずと考えた。そこで、

「さて、これで君等の使命は達せられた。こんどは、こちらからのお願いである。友達甲斐にぜひ、寄附金の出所を改めて調べてもらいたい」

というので、無理やり横井君と長岡君とを引っ張って家へ帰った。そうして、すぐさま女房にいいつけて、

「任官以来の家計簿をみんな持ってこい、それに貯金帳と株券もだ」

と、和綴になった何十冊もの大きな帳面と関係書類を両君の前へ積み上げた。

今度は横井君らが面食らってしまった。山と積まれた家計簿の第一冊から、何円何十何銭の収支が巨細《こさい》にわたってキチンと記入されている。ここで月給がいくら、ここで支出がいくら、ここで旅費の残額がいくら、ここで貯金が何ほどと、どこを開けても、どの年の決算をみても、一目瞭然しかも、わが女房を褒めるでないが、堂々たる男まさりの達筆でしたためられている――そのときの貯金総額がいくらいくらといえば、そのときの日附の貯金残高を合計すると、いちいちピタリと符合する。

これには、二人もドギモを抜かれたかたちで参ってしまった。「いやア、これは」と両手をつ

いてしまった。ここで私は、四分の一貯金の苦心とその効力を両君にくどくどと説き聞かせ、その結果がいまこれこれの額に達して、一切がこの本多の正直な汗とあぶらの働き粕だと、何万何千円の財産所有高を公開に及んだ。

「この中から、本多としての分相応な一千円である。諸君はこれでも本多の寄附をけしからんというのか」

　と、きめつけた。

　その夜両君とも平あやまりにあやまって帰っていったが、私は言明通り翌日辞表を持って出掛け、横井君たちを悪戯半分に困らせてやった。

　これ以来、私と横井は一ぺんで大《だい》の仲良しになってしまった。

　ここで、私はいまさらに偉大なる家計簿の功徳を知らされたのであるが、横井君はその後、わざわざ奥さんを寄こして、家計簿のつけ方を教えてもらいたいとまで申し込んできた。皆さんにも、貯金を作る生活は、まず、家計簿をつける生活から始まらねばならぬことを、とくに力説しておきたい。

アルバイトの産物

　さて、話は前に戻るが、勤労生活者が金を作るには、単なる消費面の節約といった、消極策ばかりでは十分でない。本職に差し支えない限り、否本職のたしになり、勉強になる事柄を選んで、本職以外のアルバイトにつとめることである。

私のアルバイトは、「一日に一頁」の文章執筆の「行《ぎょう》」によって始められた。

それは満二十五歳の九月から実行に入ったことで、私は四分の一貯金の開始と共に、一日一頁分(三十二字詰十四行)以上の文章、それも著述原稿として印刷価値のあるものを毎日必ず書きつづけ、第一期目標五十歳に及ぼうというのであった。これには、貯金と同じようにあくまでも忍耐と継続とが大切で、最初はずいぶん苦しかったが、断然やり抜いた。一週間旅行すると七頁分も溜まる。あとの一週間は一日二頁分宛にして取りかえさなければならぬ。年末俗事に煩わされて時間を食ってしまうと、翌年からは元旦早朝に学校へ出掛けていって、十枚、二十枚の書き溜めさえやった。次第になれ、だんだん面白く、仕舞いには、長期旅行をするのに、いつも繰り上げ執筆ですまされるようになった。

ところが、四十二歳のとき、腸チフスにかかって赤十字病院へ入り、三十八日間この「行《ぎょう》」を休まされてしまったので、それを取りかえすために一日三頁分宛に改め、退院の翌日から再び馬力をかけた。そうしてこれがいつしか新しい習いとなり、一日三頁分、すなわち一ヵ年千頁というのが、知らず識らずの中に第二の取り決めになってしまった。もう第一期限の五十はとうに過ぎ去ったが、八十五のいまもってこのアルバイトをつづけているので、つまらぬ本も多いながら、中小三百七十余冊の著書を生み出すことができたのである。

この著述活動のほかには、私はさらに、世間でよくいわれている「学問の切り売り」をやった。「学問の切り売り」というのはもちろん悪口の意味で使われている言葉であるが、私は私の確信によって、切り売りであろうが、卸売《おろしう》りであろうが、学問をもって立つものが、買い手の求めに応じて、それを正々堂々と売ることにした。またそれが、学問を実際に役立てるゆえんであるとも考えたのである。

そこで私は大学の本務のかたわら——本務は決してなまけるようなことはなかった。むしろ人一倍精励して、学生にたいする講義など一度も休講したことがない。——東京府、市、内務、文部、鉄道等の諸官庁嘱託を引き受け、また早稲田大学その他の学校講師をかけ持ちした。さらに余暇がある場合は、民間実業家の財務や事業上の相談にも応じた。要するに、なんでも働けるだけ働き抜く——これが私のアルバイトでもあり、また確信をもって貫くアルバイト精神でもあったのである。

貯金から投資へ——時節を待つこと

しかしながら、実をいうと節約貯金や本業かたわらのアルバイト収入といっても、ただそれだけでは大したことにはならないのである。人間一生の収入を全部積み上げても多寡《たか》が知れている。かりに、私の大学在職三十七年間の俸給を一文残らず四分利で貯金してみたところで、その計算はやっと十九万円そこそこにしかならない。

それが、私の場合でも、前に述べたようにわれながら驚くほどの結果となったのは、貯金とアルバイトの集積が、雪達磨《だるま》の芯となって次第次第に大きくなってきたためである。つまりは、何人も「貯金の門」をくぐらずに巨富には至り得ないのである。

貯金とアルバイトで雪達磨《だるま》の芯を作る。さて、このあとをどうするのか。これからが「致富の本街道」である。新しく積極的な利殖法を考えることである。

それは断じて「投機《とうき》」ではない。「思惑《おもわく》」ではいかん。あくまでも堅実な「投資」でなければならぬのだ。

これについて、私が財政経済学の恩師ブレンタノ博士の教訓を守り、予想外の大成功を収めたことは、前にもくわしく述べたところである。したがって、ここには、私の体験を要約して、いわば「本多式投資法」とでもいうべきものを簡単に御紹介することにしよう。

しかし、その具体的な説明に入る前に、何事にも成功を期するには、ぜひこれだけは心得おくべしといった、大切な処世信条の一つを披瀝《ひれき》しておく。それは、何事にも「時節を待つ」ということだ。焦《あせ》らず、怠《おこた》らず、時の来《きた》るを待つということだ。投資成功にはとくにこのことが必要である。

本多式株式投資法――の要領

私の財産成功は株式と土地山林であった。

まず、株式のお話から始めるとすると、「二割利食い、十割益半分手放し」という法で押し通した。

私が株式に目をつけたのは、ブレンタノ先生のおすすめにもよるが、その所有管理が簡単なことと、また利回りが銀行預金よりもはるかに優位にあったからでもある。たとえば、その頃預金は四分利にしかならなかったが、株式はしごく堅実なもので八分には回った。そこで、同じ一万円の元金でも、預金を引き出して株式に投資すれば、倍額二万円の働きをするわけで、順次その方面への転換に心掛けたのである。株式といえば、当時は証拠金売買の投機がさかんで、実力不相応な思惑をやって、大金を掴んでもたちまち失敗して悲惨な境遇に陥る人が多かった。これはすなわち投機で、私は絶対にとらないところである。

そこでまずある株を買おうとすると、いつもその全部の買受金を用意してかかった。もっとも買付けは取引が容易な点から常に先物《さきもの》を選んだ。――いかに値下りをしても、全部の買受金が用意してあるからビクともしない――そうして、それが引き取り期限のくる前に思いがけぬ値上りがあった場合は、買値の二割益というところで、キッパリ利食い転売してしまった。それ以上は決して欲を出さない。そうして二割の益金を元に加えて銀行定期に預け直した。つまり二割の益を加えれば、銀行預金でも、株式利回りをはるかに上回るので、私は一応それでいつも満足したのである。これがいわゆる二割利食いの法だ。

次に、いったん引き取った株が、長い年月の間に二倍以上に騰貴することがある――反対に値下りすることもあるが、この場合無理のない持ち株だからいつまでも持ちつづける。したがって絶対に損はしない――そのときはまず手持ちの半分を必ず売り放つ。つまり投資の元金だけを預金に戻して確保しておく。したがって、あとに残った株は全く只《ただ》ということになる。只の株ならいかに暴落しても損のしッこはない。これがいわゆる「十割益半分手放し」という法だ。

安田善次郎翁は「六分売り、八分買い」といって、六分以上の利回りになる株があったら、有り金全部で買い入れ、それが八分の利回りにつくまで騰貴すれば、全部手放すよう人にもすすめ、自分にも実行しておられたそうだが、私の方法もそれに劣らず面白いやり方だと信じている。

私が最初に選んだのは日本鉄道株であるが、その後私鉄株には漸次大きな将来性が認められなくなったので、瓦斯、電気、製紙、麦酒、紡績、セメント、鉱業、銀行など三十種以上の業種にわたり、それぞれ優良株を選んで危険の分散に心掛けた。これにもみなある程度の成功を収め、のちには私の株式総額財産は数百万円にも達するに至った。

話のついでに、いままでに一番うまくいったと思う株式投資を御披露に及んでおくと、大震災直後のことであるが、すべての株が暴落し、なかんずく東京電燈などは十円近くまで下った。私はこれはあまりに悲観され過ぎていると考え、いま買っておけば必ず元に戻ると確信した。そこで十二円五十銭から買い始め、資金のある限り四十五円まで買い進めた。果たして結果は予想通りで、私は五十円を越すと、さっそく手持ちの三分の二を換金、その利益であとの三分の一を只にして残すことにした。そうして、只の株がどうしようと損する結果とはならなかった。――すなわち、これで予想外の大儲けをしたのだった。

ところで最後に養老資金として残した特銀、海外株が、敗戦の犠牲として零《ぜろ》に帰したことは、真にやむを得ない。天下の大変動にあっては、いかなる財閥、個人も耐え得るものではない。失敗といえば失敗だが、この失敗はここには論外である。

しかし、そうした大変動ばかり心配していては、何事にも手も足も出せない。したがって、投資戦に必ず勝利を収めようと思う人は、何時も、静かに景気の循環を洞察して、**好景気時代には勤倹貯蓄を、不景気時代には思い切った投資を、時機を逸せず巧みに繰り返す**よう私はおすすめする。

本多は、富豪を目的としなかったから、こうしたことの実行で自ら得た財産は僅かであったが、いままで各学校官庁の演習林や水源林、それに各事業家の経済顧問として挙げてきた実績を数えれば、少なくとも数億円に達する勘定になる。だから、ここにいうことも決して駄法螺《だぼら》ではない。

自然の力にまつ山林投資

山林は私の専門で、とくにその経営の中核をなす「造林学」は、久しく自ら担当してきたところである。だから、山林に対する興味と研究は、私の立場上当然緊密を加え、またこれに私財を投じて利害の一致をはかることは、学問と実際とを結びつけるためにも大いに役立ったわけである。

私が株式と同時に、交通不便な秩父奥の山林に目をつけたのはすでに述べたが、それにはまた別の動機もあったのである。その一挿話を先に述べよう。

ドイツから帰って教職につくと、間もなく、私は郷里埼玉県の学生掖済会《えきさい》を作り、その基金募集を始めてみた。その際、頼みにした諸先輩から、あるいは「よけいなことをするな」と剣突《けんつく》を食わされたり、あるいは「いったい君はいくら出したんだね」と冷やかされたり、また「君が金持ちになったら始めるんだね」と嘲《あざけ》られたりした。そこでしみじみ私は考えた。これはなかなか容易な仕事ではない。どうしても自力で百万円以上を作らぬことにはものにならない。そうして、人を対手《あいて》にすぐできない仕事なら、別途に、案を立て、ときと自然の力をまつ山林を対手に、一つ立派な育英資金を作ろうと発心したのである。

それ以来、格安な山林を探しては、あちらに一山、こちらに一林と買い入れ、値の出たものは売り払って、さらに安い大きな山林に買い替えた。しかも、はなればなれにあるものを、次第次第に一ヵ所にまとめるという計画をたて、それを漸次実行してきた。それが秩父大滝村内に八千町歩の大山林となったのである。

私はこの山林の売却代金で育英資金を作るつもりであった。しかし、金にしてその元金を使ってしまうのでは長続きしない。山林は山林のまま管理経営して、年々の収益からまず百万円積むことでなければならぬと考え直した。しかし、私自身にはこれを直接管理する暇がないので、山林そのものを埼玉県に寄附し、県の手によって百年の大計を立ててもらうほうがよいと気付き、昭和五年十一月――本多静六・本多博・鈴木清次（小生秘書）共同寄附の形式にて――それを実行したのだった。

二万円が五千万円に

昨年の十一月（昭和二十四年）のことである。埼玉県知事からの突然の案内があって、秩父郡大滝村中津川部落に、県有林記念碑が建てられ、その除幕式を盛大にやるからぜひこの本多に出席してくれと申し入れてきた。この県有林というのは、いまお話しした育英会の基本財産で、私が五十年前、中津川部落の共有林あるいは私有林だったものを買い入れ――さよう原価わずかに二万円だったか――その大部分を県に寄附したのだった。広さは台帳面四千八百余町歩で、今日の実際価値からいえば、それこそ大したものといえる。――かりに、一町歩一万円とみても四千八百万円からになろうか。

五十年前の二万円が、五十年後の約五千万円である。この間、インフレという経済大異変があったとしても、時間と自然力の結果にまつ山林投資なるものが、いかに確実有利であるかがみなさんにもおわかりになろう。

さて、その記念碑というのは、この全山林を育英基金にもと埼玉県に寄附した私の功績をたたえ、その由来を記して永久に伝えようとの、県当局せっかくの御好意であったが、私は思うところあって、そのお招きには応じなかった。

それは、この大山林が今日これだけの価値をもつに至ったのも、主として時勢の推移によるものでもあるし、また一面、地元村民諸君や県当局の骨折りで、林道や自動車道が拓けたおかげであって、なんら私個人の働きに由来するものではない。それを本多一人の功績のようにほめたたえられるのは、決して私の本意とするところでなかったからである。しかし、県当局よりはぜひにとのおすすめもあり、私はとうとう御免を蒙ったが、伜《せがれ》を代理に出して、その光栄をお受けした。

大きく国土計画からみた植林問題はしばらく問わず、単なる投資経済からみただけでも、私は今後いっそうこの山林育成ということにみなさんの注目をひきたい。株式もよろしいだろう、一般不動産もわるくはないだろう。しかし、ときと自然力の加勢によって、知らず識らずの中に大を成す山林事業は、独り投資対象としても見逃せぬばかりでなく、国土愛護の上からいってもきわめて喫緊の要事であると考えられる。少なくとも私は長期にわたる公益事業団体の基本財産の一部は、必ずこれにおかれなければならぬと信ずるものである。この埼玉県育英財団の場合だけをみても、私がもし、初めから百万円の資金を掻き集め、これで山林方面への諸計画を打ちすてておいたら、今回の大異変でおそらく元も子もなくなっていたことだろう。思えば有難いことだった。山林投資へ転じていたればこそである。これは決して「我田引水」の論ではない。現実が立派に証拠立ててくれているところである。

三、最も難しい財産の処分法

財産蓄積に対する疑惑

さて、私の「財産告白」も、いかにして財産を作るかの問題から、いかにして財産を処分するかの問題におのずから入ってきたようである。

金を貯めてどうする？　財産をこしらえて、果たしてなんにしようというのか。

これは、金を貯めた者も、貯めない者も一様に取り上げてみる問題である。

ことに金を貯め、財産をこしらえる人々を側からみて、金を貯めず、財産もこしらえない――その実は、金も貯まらず、財産もこしらえられない――人たちの心配となり、陰口と好話題となるのであるが、御本人としても、実は年配と共にいささか気になり出す自己疑惑である。

昔、渋沢栄一翁が埼玉県人会のある席上で、私が例の職業道楽論を一席述べた後に起たれて、「若い頃自分の故郷に、阿賀野の九十郎という七十いくつになる老人があって、朝早くから夜晩《おそ》くまで商売一途に精を出していたが、あるとき孫や曾孫《ひこ》たちが集まり、おじいさん、もうそんなにして働かないでも、うちには金も田地もたくさんできたじゃないか。伊香保かどっかへ湯治にでも行ってゆっくりしたらどうですとすすめたところ、九十郎老人の曰く、おれの働くのはおれの道楽で、いまさらおれに働くなというのは、おれにせっかくの道楽をやめろというようなものだ。全くもって親不孝の奴らだ。それにお前たちはすぐ金々というが、金なんかおれの道楽の粕なんだ。そんなものは、どうだっていいじゃないかといわれた。――諸君も本多の説に従って盛んに職業道楽をやられ、ついでに、また盛んに道楽の粕を溜めることです」

と述べられたが、ともかく、金なんて問題でないという人も、あまり粕が溜まってくると、ときとしてどうしたものかといった心配も出てき、はたの連中まで気をもみ出す。

この問題について、実は私も心ひそかに考え抜いてきたのであった。右に述べた埼玉県有林の寄附行為なども、その実際的解決の一例であったが、自ら顧みていまだ全く満足というところまではいかなかった。

子孫の幸福と財産

いったい、財産をつくる目的の最初は、だれしも生活の安定とか、経済の独立とかにおかれるものであるが、それがいつしか、「子孫の幸福」につながる親心に発するものとなってくる場合が、大部分である。

すなわち、できるだけ多く財産をこしらえて、できるだけ多く子孫に伝えたいといった世俗的な考えに変化してくるものである。恥しながら、私にも多少そうした愚かさが萌《きざ》さないでもなかった。私もわが子孫の幸福について考えるに、まず子孫を健康に育て、完全な教育を施し、かつ相当な財産を分与してやりさえすれば、それで十分幸福にさせられるものと早合点したのである。これははなはだ間違った考えで、最後の相当な財産の分与などは全く顧慮する必要がなく、それはかえって子孫を不幸に陥れるものだと漸次気付くに至ったのである。

「幸福とはなんぞや」という問題になると、少しやかましくなるが、それは決して親から譲ろうと思って譲れるものでなく、またもらおうと思ってもらえるものでもない。畢竟《ひっきょう》、幸福は各自、自分自身の努力と修養によってかち得られ、感じられるもので、ただ教育とか財産さえ与えてやればそれで達成できるものではない。健康も大切、教育も大切、しかし、世間でその中でも最も大切だと早合点している財産だけは全く不用で、それよりももっともっと大切なのは、一生涯絶えざる、精進向上の気魄、努力奮闘の精神であって、これをその生活習慣の中に十分染み込ませることである。

財産がいくらかできてきて、その財産と子孫の幸福とを関連させて静かに考えたとき、私は遅《おそ》播《ま》きながらこうした結論に到達したのである。

さらに一歩をすすめて、社会環境というものを考察するに、たとえある程度の財産を分与することが子孫幸福の基となるとしても、今後は遺産相続税率の累進、または国家没収に類する新法案の出現で、事実上これを子孫に譲ろうと思っても譲れなくなる。なおいくらか譲れたとしても、必ず不労所得税などの新設強化で、親譲りの財産などはなんら利益をもたらさないのみか、かえって無用の負担とならぬとも限らぬ。それよりも子孫は子孫をして、おのれの欲するまま、自由に奔放に活動し、努力せしめるほうがどれだけいいかわからぬ。そうであるから、子孫を本当に幸福ならしめるには、その子孫を努力しやすいように教育し、早くから努力の習慣を与え、かつできるだけ努力の必要な境遇に立たしめることであると、これまた同じところへ結論づけるに至ったのである。

ここで、私も大学の停年退職を機会に、西郷南洲の口吻《こうふん》を真似るわけではないが、「児孫のために美田を買わず」と、新たに決意を表明、必要による最小限度の財産だけを残し、ほかは全部これを学校、教育、公益の関係諸財団へ提供寄附することにしてしまったのである。この場合、前にも一度あった例にかんがみ、世間の誤解を避けるために、またその寄附に対する名誉的褒賞を辞退するために、匿名または他人名を用いた。

これが、私の考え抜いた上の財産処分法でもあり、またかねてから結論づけていた「子孫を幸福にする法」の端的な実行でもあったのである。

秘められた安田翁の大志

財産のこしらえ方も難しいが、財産の上手な使い方はさらに難しい。この問題について、かつて私は、単刀直入に、故安田善次郎翁に訊ねてみたことがある。

それは大正十年の九月、大磯の安田別邸に出掛けてであった。その際、八十四歳の善次郎翁は、「いまでも自分は金儲けを考えている。考えているばかりでなく、やかましくみせの者にいいつけて実行させている。だから、世間ではこのわしを守銭奴か何かのように非難しているが、おかしなハナシではないか、若い者の商売熱心を褒めつつ、老人の商売熱心をとやかくいうなんて。銀行家の自分が最後まで銀行家として働くにどこがわるいのだろう。自分にははなはだそれが解《げ》せない。金を殖《ふ》やすだけで減らさぬのを世間はやっかむのかも知れぬが、実は自分は、少しでも殖やし、少しでも多くし、それをできるだけ効果的に使おうと苦心しているのであって、いまにして金儲けがやめられぬのも、その志が大きいからである」

といわれた。そうして、一生を懸けて真剣に貯めてきた金だから、最後の思い出に、真剣に使いたい。何か最も有意義に使いたい。そこでいま、実はかくかくの案を立てて、かくかくの人々に相談してみようと思っているのだと、いろいろその内容について洩らされた。

私もそれを聞いて、かつは驚き、かつは喜び、お互いに手を取り合って感激の涙の中に別れたのである。それから、十日たつかたたぬかに、あの凶変である（大正十年九月二十八日、安田翁は大磯において、理由なき寄附金の申し入れを断わり、朝日平吾なるもののために刺殺された）。私はこの報を知って、思わず飛び上がった。そうして、なんたることをする奴だと、朝日某の暴挙を心からにくんだ。

いまさら、その際の善次郎翁の大志を披露しても詮ないことである。老人には老人相応の夢がある。一代の商傑には、一代の商傑でしかたくらみ得ない大きな野望がある。世間というものは、どうしてこう出しゃばりやおせっかいばかりが多く、何故これを静かに見守って、心行くまで、その夢を実現させてやれないのだ。ことに日本の社会は、欧米に比してこの出しゃばりとおせっかいがはなはだしい。金持ちに気持ちよく金を使わせてやる雅量に乏しい。だから、なかなか有終の美を発揮する立派な金満家も出てこないのである。

当時、私は憤慨のあまり、この意味のことを、機会あるごとに、躍起になって書き立て、しゃべり立てたものであるが、この考えはいまに少しも変わってはいない。

自我と財産家の悲哀

余談にわたるかも知れぬが、私の財産告白に、ここでちょっと話題に出た安田翁の財産告白をも少し挿入しておきたい。

安田翁致富の基は、いうまでもない勤倹貯蓄である。これはブレンタノ先生の教えられた通りで、私の場合でもそうであるごとく、また一代の金傑安田の場合でもやはりそうであった。しかもその勤倹貯蓄の達成は、いったんこうと定めたことを、「意志の力」であくまでも押し通すことにおいてもまた一致している。安田翁は何事にも、ひとたび意を決して着手した以上は、いかに骨身をくだいても必ず為し遂げるまでは止めなかった。しかも財産増殖はその本業とするところでもあったから、一度ものに仕遂げた上は、さらにその仕事を十分に踏みかためて完全にわが物としてしまった。それから、新しくさらに朝《あした》に一城を抜き、夕べに一城を陥れるといったあんばいであった。この間の消息を翁自ら告白して、今日まで、事に当り、こうと見込んで、その見込み通り仕遂げなかった例は一度もないといっていた。正に驚くべき頑張りで、この頑張りがあったればこそ、一代にしてよくあの巨富を積み得たのである。

『財産はいくら積んだとて、あの世へ持っていけるものでもない』

世俗によく使われるこの言葉を、安田翁も心安い私などには冗談めかしてよく使われ、持っていけなければこそ、老後にその処分法、その活用法を真剣に考え抜かれたわけである。

しかし、惜しいかな、安田翁の場合はいま少しというところで、とんだ邪魔が入ってメチャクチャになってしまった。まことに故翁のためにも、世の中のためにも残念なことであった。もし天が許せば、あれほど財産を作るに自我の強い人であっただけに、また財産を使うにも強い自我を示されたことだったろう。

私はこのことにかんがみ、いささか財産処分の期を早めて実行したのでもあるが、また死後にして欲しいいろいろな用事の指示なども、その後、毎年末に必ず遺言状としてしたためておくことにした。さらに子供らへの、遺産分配のごときも、僅かながら、いわゆる「生き形見」としてできるだけ早く引き渡し済みにした。——これで子供たちが、私の死ぬのを待っているなんらの必要もなくなったというわけである。

二杯の天丼はうまく食えぬ

ずいぶんと古い話だが、私が苦学生時代に、生まれて初めて一杯の天丼にありついたとき、全く世の中には、こんなウマイものがあるかと驚嘆した。処は上野広小路の梅月、御馳走してくれたのは金子の叔父であった。

そのときの日記を繰り返してみると、

「ソノ美味筆舌ニ尽シ難ク、モー一杯食ベタカリシモ遠慮シテオイタ、ソノ価三銭五厘ナリ、願ハクバ時来ツテ天丼二杯ヅツ食ベラレルヤウニナレカシ」

と記されている。

後年、海外留学から帰ってきて、さっそくこの宿願の「天丼二杯」を試みた。ところが、とても食い尽くせもしなかったし、またそれほどにウマクもなかった。この現実暴露の悲哀はなんについても同じことがいえる。

ゼイタク生活の欲望や財産蓄積の希望についてもそうであって、月一万円の生活をする人が二万円の生活にこぎつけても幸福は二倍にならぬし、十万円の財産に達しても、ただそれだけではなんらの幸福倍化にはならない。いったい、人生の幸福というものは、現在の生活自体より、むしろ、その生活の動きの方向が、上り坂か、下り坂か、上向きつつあるか、下向きつつあるかによって決定せられるものである。

つまりは、現在ある地位の高下によるのではなく、動きつつある方向の如何にあるのである。したがって、大金持ちに生まれた人や、すでに大金持ちになった人はすでに坂の頂上にいるので、それより上に向かうのは容易でなく、ともすれば転げ落ちそうになり、そこにいつも心配が絶えぬが、坂の下や中途にあるものは、それ以下に落ちることもなく、また少しの努力で上へ登る一方なのだから、かえって幸福に感ずる機会が多いということになる。

すなわち、天丼を二杯も三杯も目の前に運ばせて、その一杯を——だれでも一杯しか食えるものではない——平らげるのは、せっかくのものもウマク食えない。一杯の天丼を一杯だけ注文して舌鼓を打つところに、本当の味わいがあり、食味の快楽がある。多少の財産を自ら持ってみて、私はこうした天丼哲学というか、人生哲学というか、ともかく、一つの自得の道を発見することができたのである。

一新された新人生観

実をいうと、私は若い頃にこんな人生計画を立てた。「四十までは勤倹貯蓄、六十までは勉学著述、七十まではお礼奉公、幸い七十以上生きられたら、居を山紫水明の温泉郷に卜《ぼく》し、晴耕雨読の生活を楽しむこと」と。

爾来曲がりなりにも、私はこの計画通りに生きて、早くも八十の坂を越えてきたが、大戦と大敗の国家的大変動を経て、私の生活にも幾変遷を免れなかった。しかもその結果、私の生活安定法は、「若いうちに勤倹貯蓄、慈善報謝、陰徳を積み、老後はその蓄積と陽報で楽隠居する」という旧式な考え方を超越して、楽隠居などという不自然な怠惰生活はさらりと捨て、「人生即努力、努力即幸福」なる新人生観によって、古くさい財産観も、陰徳陽報主義も一新されるに至ったのである。

四、金と世渡り

二つの中の一つの道

世の中に金というものがなくならない以上、金を無視して何人も生活することはできない。社会に財産権というものが存在する以上、これを自分勝手に否定してはだれしも一人前の世渡りはできない。「人間万事金の世の中」とは、昔からいい古された言葉であるが、依然今日でもその通用性に変わりはない。

要するに、いわゆる世俗的な成功の第一義は、まずなんとしても、経済生活の独立にある。これなくしては何事の成功もおぼつかなく、またどんな成功も本当の成功とは世間でみてくれない。ところで、この人生に最も大切な経済生活の独立には、何職、何業にかかわらず、積極的に働いて消極的に節約耐乏するよりほかに途はない。いくら働いても節約しなければダメ、それはちょうど笊《ざる》に水を盛るようなものだ。またいくら節約しても——節約を通り越して吝嗇《りんしょく》にすらしても——働かなければダメ、それはちょうど徳利の中の水を守るようなもので、ついには腐って臭気を発するばかりだ。

もとより吝嗇と節倹とは全く別物である。吝嗇は当然出すべきものを出さず、義理人情を欠いてまでも欲張ることで、節倹とは似て非なるもはなはだしい。節倹は出すべきものをチャンと出し、義理人情も立派に尽くすが、ただ自分に対してだけは、足るを知り、分に安んじ、一切の無駄を排して自己を抑制する生活を指すのである。

ところが、この両者が実際世間からは往々同一視せられ、節倹がいかにもしみったれな、吝嗇であるかのように罵られやすい。ここで、たいていの人には節倹の辛抱ができなくなり、また辛抱ができ難いことの口実になってしまう。だが、今日の実際生活には、世間から吝嗇とわらわれつつ金を残すか、あるいはまた世間から気前がよいとおだてられつつ一生ピイピイして過ごすか、二つの中一つを選ばなければならない。そこで私も、敢然《かんぜん》意を決して前者を採ったのは、いままでいろいろお話しつづけてきた通りである。

そうして、この確信のよって来るところは、前者は初めケチン坊と罵られても、のちには実力の蓄積によって本当に気前のいい人になり切ることもできるが、後者は気前のよさにおいても実は大したこともできぬくせに、のちにはかえって哀れなものよ、馬鹿よ、意気地なしよと罵られ、ついには他人に迷惑をかけることが必至であると考えたからである。

「三カク」生活に陥るな

貧すれば鈍するという。これも事実である。人は貧乏してくると、啻《ただ》に自分自身が苦しいのみならず、義理をかき、人情をかき、したがってまた恥をかく。俗にいう「三カク」となってくる。他人にも迷惑を及ぼし、心ならずも嘘をつくようになり、ついには世間の信用をも全く失うに至るものである。元来、減っていく身上や落ち目の算盤はなかなか取りにくいが、たとえ少しずつでもプラスになっていく算盤は軽く動くものである。パチパチと威勢のいい音がする。われながら驚くようないい智慧も弾き出せるものである。一度そこまで来ればもうしめたもので、世の中が何から何まで面白く、自然と正直に立ち回れ、ますます努力の勇気が生まれてくるものである。

貧すれば鈍するが、鈍すればさらにまた貧する。

実際今日の世間でも、いろいろな不正を犯すものは、いずれもその多くが生活の奢《おご》りからきている。奢りのために金が不足し、借金が殖え、とどのつまりが収賄、詐欺、横領、使い込みといったことに陥っている。本当に正直な生活の行き詰りから悪事に走っているものはきわめて少ないと私はみる。正直に働き、正直に貯め、節倹につとめて、生活的に多少とも余裕を作ってきた人は、そうした悪事に走ることは絶対にない。そんな馬鹿げたことをあえてする必要は全くない。だから、私は多年の経験上、公務員たると、銀行会社員たるとを問わず、貯金もせず、贅沢な生活をして、しかも、身分不相応な投機思惑をしたり、競馬、競輪の類に血道を上げたり、とくに花柳の巷に出入りするもののごときは、早晩必ずこの種の不始末を暴露するものと断言してよいと思う。中小商工業者の破綻におけるもまた同様であろう。

さて、再び話を元へ戻して、ともかく、一日も速やかに経済生活の独立を確保しようとする者は、つまらない世間の思惑などに心を惑わしていてはいけない。ケチン坊などというそしりに耳をかたむけていてはいけない。出すべきものを出し、するだけのことをしておいての上であれば、だれはばかることはない。まず、その初志の貫徹に向かって邁進すべきである。ホンの一時のことである。目をつむり、腰をかがめていっさんに走り抜けさえすればうるささの煙にまかれてまごつくようなことにはならぬ。貯金の増進にも、財産の蓄積にも、とんとんと弾みがついてくるものだ。

貸すな、借りるなの戒律

少しばかり金が残り財産ができてくると、すぐもう「貸せ」という人が出てくる。しかもそれが、いままで自分の苦心惨憺をはたからなんのかのとそしっていた人々の中から多く飛び出してくるのだから、驚きもし、あきれもし、また困惑もさせられる。

初志貫徹の障碍《しょうがい》はこんなところにも待ち伏せている。これをうまく切り抜けるのが一苦労だ。昔から金の貸借にはいろいろな戒めがあって、「借主となるなかれ、また貸主となるなかれ、貸主は金と友人とを同時に失う」とシェクスピアなどもいっている。もちろん、借金の申し込みにはいちいちもっともな理由がある。抜き差しならぬ持ち込みがある。しかし、親戚知友に対する金銭上の融通はできるだけ避けたほうがよろしい。これはお互いのためだ。実際金の貸し借りは、その金ばかりではない、大切な友人や親類をも失うもととなるので、いかなる場合にも金を貸借しないに限る。

私もいままでにはずいぶんこの禁を破って金を貸した。ことに友人などから困窮の事実を訴えられると、つい気の毒になって金を出したものである。ところが、気の毒だと思って貸した金で、その金が生きた例《ためし》がほとんどない。いろいろな人に、いろいろな場合の申し込みをうけると、初めてのことで僅かの金高だからとか、せっかくわざわざ頼みにきたのに気の毒だからとか、最初のうちはいつも貸す気になった。そのほとんどすべてが失敗で、自他共に失うところがすこぶる大きかった。

ともかく、一度金を借りにくるくらいの人は、必ず二度、三度と借りにくる。そのときには再び貸さねば先の分まで死ぬということになって、再三無理をして貸し出してしまう場合が多い。そうして、自分にもこれ以上、もう貸す力がなくなるという頃には、いつしか切っても切れないという深い関係に陥ってしまう。こうして世の中の人々の多くが、善意に始まって、ちょっと金を融通したことからついに自分までも倒産の憂き目をみるに至るものである。私もここのところに気付いたため二度目にキッパリと断り、最初の恩借を無視されたばかりでなく、かえって大いに怨まれた場合さえしばしばあった。

いずれにしても、少し金ができてくるとだれにも必ずこの貸借のトラブルが起きてくる。こうした際、何人も心を鬼にして最初から一切融通に応じない方針を厳守するよう、私は私の体験からみなさんにおすすめする。またそれが本当にお互いのためでもある。

気の毒は先にやれ

貯金の駆け出しや、財産蓄積の当初ばかりでなく、われわれが社会に相当の地位を得、社交や事業関係の広まるに従い、金銭物資の融通問題はいよいよ増してくるものである。しかし私は、いかなる場合にも、金銭の貸借融通等は一切銀行またはしかるべき正式機関を対手にし、親族知友間にはすべてこれを行わないほうがよいと考える。万一のっぴきならぬ申し込みを受けた場合でも、その事情により、頼まれた金額の幾分に熨斗《のし》つけて進呈してしまうに越したことはなく、決して証文をとり、返してもらうつもりで融通してはならないと思う。今日の経済組織においては、筋の通った本当に必要な資金は、またたとえ生活上のそれでさえ、信用のある人にはそれぞれの供給先がある。貸すほうから頭を下げてまで持ち込んでくれる。それだのに親戚知友をたよって金を借りにくるような人は、畢竟《ひっきょう》どこへ行っても対手にされない不信用な人で、そんな人に返してもらうつもりで融通するなどはそもそもの考え違いといわなければならぬ。生《なま》じっかな貸借を行うと、かえってその人の失敗や堕落を助けることになり、自分も損をした上にその人をも誤らせる結果となるものである。いまの私にはもうほかに融通するような金を持ち合わせぬが、それでもなおしばしばこうした申し込みを受ける。この場合私は金を貸さぬ代りに、その人に独立自治のできるだけの心配をしてやることにつとめているが、そのときには、せっかく金を借りにきたのに、一文にもならぬ講釈で追い返されるのかと不機嫌な顔で帰った人も、かえって金銭は人を頼みにしていてはできない、自分自身で一所懸命作るよりほかに策はないと悟って、ついに独立自主の人となり、各方面に成功するに至ったものが多い。

実際の話が、いつの世の中でも、その身を落とし、生活を切りつめ、労苦をいとわず働くことを覚悟すれば、他人に不義理もせず、泣き言も持ち込まず、独立独歩の世渡りはまずできるものである。それればかりではない。いつしか金も貯まり、信用もでき、かえって金を出すからこの仕事をやってくれとさえ頼まれるようになるものである。とにかく、親戚知友をたよって、個人的に金を借りにくる人には、——病気災難の場合は別——たいてい何かの欠点があり、短所があるものであるからそれを自ら矯正しないかぎり、いくら金を貸してもとうてい成功はおぼつかない。したがって、一時はなんとかしても、結局は中途で打ち切らなければならなくなる。同じ断るなら、むしろ早いうちが相手の利益というものだ。昔からの言葉に「気の毒は先にやれ」というのがあるが、けだしこの辺の消息をつたえたものであろう。

「儲け口」と助平根性

次に最も注意しなければならぬのは、いわゆる「儲け口」の持ち込みに対する態度である。「儲け口」の持ち込みというのは、たいていウマイことずくめであるが、このウマイことずくめというのがそもそもの曲者である。いったいに人間はだれしも欲がふかいものであるから、そうそうあるはずのないウマイことずくめに釣られてしまいやすい。これはちょっと冷静に考えればすぐわかることであるが、小金が貯まると、世にいう助平根性が出てくるのでうっかりするとつい乗ぜられてしまう場合がある。

馬鹿に儲かる仕事は、また馬鹿に損する仕事でもある。馬鹿に儲かって、そして決して損をしない事業なんて、常識から考えても全くあり得ないことである。しかも、そんなにウマイことがあるのなら、だれしもこっそり独りで始めてしまう。そうそう他人《ひと》を説き歩くものではない。かりにそういう儲け口があるとしても、自分一人で大儲けしようなどと欲張って、身分不相応な大口出資を引き受けてはならない。本当にウマイ仕事なら、進んで他人《ひと》にも一口分けてやるべきであって、もし自分だけの出資で不足の場合には、本人をして他の友人などにも説得させるべきである。そもそも特別な事情のない限り、他の友人が出資を承知しないという場合――それ自体がすでにおかしいことと考えなければならぬ。そうして自分以外に出資者がなく、また自分だけの出資でそれが成立しないのなら、仕事はよさそうであるが、まだ時節が至らぬのだと、本人をしてしばらく中止せしめるのがよろしい。

なお金を貸したり、儲け口に出資したりする以上に気をつけなければならぬことは、金融上の保証人となり、連帯の印を捺したり、裏書の判を引き受けたりすることである。親戚知友などの懇意な間柄では、よく、ちょっと君が一ト判請け負ってくれさえすれば僕の事業も助かり、数日内に金も返せるから君にも決して迷惑はかけないと持ち掛けられることがあるが、うっかり請け判をしたために とんだ目にあい、ついに一生涯それで苦しめられる人が少なくない。私の友人である知名の大学教授（W博士）のごときは、この手にかかり僅か数百円の借用証文に保証人の判を捺したばかりに、その証書が高利貸しの手に渡って転々とし、僅か五年そこそこのうちに数万円の巨額となり、その利息を払うだけに、生涯月給の差し押さえを食いつづけていたが、恐るべきは正にこの請け判である。だから、たとえ事情やむを得ず、自分の持ち物を売り払って金を出すことがあっても、決して他人の借金証書などに判を捺すべきではない。

偏狭を戒めよ

前にも述べたように、要するに財産蓄積に成功しようとすれば、焦らずに堅実に、しかも油断なく時節を待たなければならない。いわゆる宋襄《そうじょう》の仁で、世の薄志者を気の毒がって甘やかすのも禁物。ウマイ儲け口に欲張って乗せられるのも禁物。つまらぬ侠気《おとこぎ》を出して借金の保証に立つのも禁物。初めの間は手堅く勤倹生活をつづけていて、急に途中からぐれ出す人々を多く見掛けるが、仔細にこれを調べてみると、いずれも功を急いで不堅実なやり方をしたものばかりである。すなわち実力相当な進み方をしていればよいのに、資産不相応な融資をしたり無理算段の投資をしたり、おのれの器量以上に大きな仕事や、不慣れな事業に手を染めたり、とにかく、いたずらに成功を焦ったり、堅実を欠くに至った人たちが失敗に帰しているのである。だから、少しばかり金ができても、早く金持ちになろうとか、急に財産を殖やそうと焦るのは、たとえ一時の小成功を収めることはあっても、必ず最後はつまずきを招くものであるから、何人もよくよく注意しなければならない。

「初めは処女のごとく、終わりは脱兎のごとし」という言葉もあるが、何事をなすにも、最初はだれしも細心に熟慮を重ねる。そうして、その道の先輩や学識経験者の意見を尊重してかかる。ところが、一度《ひとたび》順調に向かうと、たちまち慢心を起こして、自分独りでエラクなったような気になりがちなものである。こうなるともう先輩の意見も聞かず、第三者の批判を馬鹿にしてくる。とどのつまりは、無謀な大事業や不慣れの仕事でたちまち大失敗を招くことになる。——もちろん、中には大成功といったことになる者もあるが、それはごく稀の事例に属する。

私のところなどへも、従来何かと相談に来ていて、ある程度の成功を収めた実業家も多数あった。しかし、中には一時の成功にたちまち慢心を起こし、事業経営に対する敬虔の念を失い、せっかく相談に来ながら、私が極力反対したにもかかわらず、無謀の拡張を行ってまんまと大失敗した人々も少なくなかった。もとより、私などはなんら実業上の体験もなく、経済上の学識に富むというわけでもないが、それでも、そのことに利害関係をもたぬところに、いわゆる「岡目八目《おかめはちもく》」という、当らずといえども遠からずといった判断ができたのである。したがって、私は事業を守り、財産を守ろうとする者は、常に怠らず他人の意見に耳をかすことが大切であると考える。ちょっとした成功を収めて、それを守ることに急で、人の申し入れはすべて借金や融資の申し入れとのみおそれて、その耳をふさぎつづけることははなはだ危険である。

人間というものは、金がなくても、金ができても、得てして偏狭になりやすいものだ。大いに心すべきである。

寄附金の楽な出し方

ところで、これまではもっぱら自分の事業を守り、財産を蓄積することについての心得であったが、ある程度自分がそれに成功した上は、自分も成功しつつさらに人にも成功させるために、その余力を割くことが成功者の社会的責務である。また自分の成功を大成せしむるゆえんでもあることを忘れてはならない。それには有意義な仕事に資金を出してやることもあろうし、微力な者に力を添えてやることもあろう。とにかく、世の中で自分だけよければ、ほかはどうなってもかまわぬということでは満足な世渡りはできない。

私は五十からの理想として、自分の確実に得られる年収を四分し、その一分で生活し、一分を貯金し、一分を交際修養に当て、残りの一分を社会有用の事業に投ずることにつとめてきたが、いわゆる私の「四分の一貯金」は、最後において「四分の一奉仕」ということに変わってきたのである。だから、私はこの「四分の一奉仕」をある程度、財産的成功を収めた人々にぜひおすすめしたいと思う。

しかし、この場合その金の出し方に一つの注意がある。それは当時として出せるだけの金を出し、それ以上**出すことの予約をしてはならない**ことだ。何もかも一時金がよろしい。各種学会や社会事業の会費のごときも、たいていの会は一年分の十倍か二十倍を一時金に出せば生涯出さずに済むような仕組みになっている。またそのほうを選ぶことが双方に利便が多い。とにかくこうした会費に限らず、有意義な仕事を助けるために出す金も、僅かの金だからとて、この先毎月いくらずつ出すとか、何ヵ年賦にして寄附するとかいう予約にすることはどうもまずい。時勢の変転につれて、自分のふところ工合も変わってくるから、約束の実行が苦しくなったり、惜しくなったり、ときには不可能になったりする。それればかりではない、いったん約束すると、先方はそれを当てにもするし、また既得権としてムリヤリ要求してくる。こちらも気持ちよく出すはずであった金が、しゃくにさわって渋々出すことにもなり、お互いの仲が気まずくなる場合も出てくる。

そこで私は、こうした奉仕出資にも、そのときどき、出せるだけのものを出して、先々《さきざき》の約束は一切しないことにしている。ただ青年学生の学費のごときは、性質上どうしても永年にわたる予約になるので、これは約束と同時に、その全額を別途に預金の設定をすることにした。そして、入用の都度、その通帳からいちいち支出するようにしてきたから、多少手数がかかるだけのことで、いずれも借金を取り立てられるような苦痛はなく最後まで気持ちよく出せた。また本人とても気安く受け取ることができたのである。

「四分の一奉仕」と社会的財産税

最後にもう一つ大切なことがある。それは、要するに財産は社会の寄託で、財産を多少でも築き上げた者は、税務署へ納める税以外に、またそれに相当する「社会的財産税」を覚悟すべきことである。これは右に述べた「四分の一奉仕」で十分尽くされることでもあるが、日常の些細なことにも、それが細心に尽くされねばならぬということである。

何事に成功するにも、理性をもって感情を抑えることがきわめて重要である。しかし、場合により、理性はどこまでも枉《ま》げてはならないが、その理性をムキダシに現さないで、愛嬌というか、人情というか、ともかくそうした類の衣裳を着せて出すことが必要である。言葉をかえていえば、幾分か理性を抑えて情に負けることが大切である。

たとえば、馬鹿げた失敗をしたうえ金をもらいにくるような者に金を与えるのは、まるでドブの中へ金を捨てるように思えるが、そこはいわゆる「小言はいうべし、酒は買うべし」で、その将来を戒めると共に、多少の金をその場でめぐんでやるくらいのゆとりをもちたい。

これは本人にもおのずから反省の機会を与える場合にもなろうし、また自分のためにも財的社会税を支払う結果ともなるのである。渋沢栄一、安田善次郎の両翁は、共に理性の発達した財界の偉人として私の尊敬する人物であったが、安田翁凶刃に倒れ、渋沢翁が最後まで安泰におられたのは、正にこの辺の用意の差に由来したものと信ずるのである。

現実と遊離すべからず

ながながと自慢半分に「私の財産告白」をつづけてきたが、これが果して純正な告白になっているかどうかは、まだまだ娑婆気の抜け切らぬ本多にはわからぬ。しかし、娑婆気の抜け切らぬだけにその説くところのすべては、現実の世の中ともあまり遊離していないと思う。八十五年の体験による処世と経済の真実が、多分にここにふくまれておると自ら信じている。読者諸君も古くさい老人の繰り言《くりごと》などと馬鹿にしてしまってはいけない。

そもそも金についての義理と人情とは、いまも昔もそう大した違いはなく、洋の東西にも変わりはない。しかも世の中のことは、ほとんどすべて、この金銭に関連をもつもので、金銭問題をはなれて世渡りはないとまでもいえよう。

金《かね》を馬鹿にする者は、金《かね》に馬鹿にされる。これが、世の中のいつわらぬ実情である。財産を無視するものは、財産権を認める社会に無視される。これが、世の中のいつわらぬ現実である。

読者諸君はこの本多の長談義の中から、たった一つでもよろしい、自らなるほどとうなずかれるところがあったら、ただちに、それをあなたの実行実践に移してください。実行実践に移していく以外に、当たり前のことを当たり前に述べた私の言説のもつ価値はあるいはきわめて乏しいであろうから。

――私は昔から架空の議論は努めて避けることにしている。常に真実を見、真実を語るのが私の建て前である。

五、これからの投資鉄則

百万円作った青年へ

今年の八月のことである。「私の財産告白」を読んだという人が、雨の中をわざわざ訪ねてきた。初対面の挨拶もそこそこに、御用件はときくと、

「先生に大金持ちになる秘伝を承りに推参《すいさん》しました」

というのだ。突然にまた変な人が舞い込んできたものと思ったが、とにかく、書斎へと招じ入れた。

「私はまだ二十八の若僧です。中学卒業後五年間満州に出征、幸い怪我もなく無事に帰還しましたが、その後死にもの狂いで金儲け仕事に志しました。もちろん明るい商売もしましたし、ヤミ商売もやりました。――これはどうもやむを得なかったことです――さて、命かぎり、根かぎり稼ぎつづけて、四年間にやっと百万円の金を作りました。ところが、先生の御説をうかがうと、大金持ちになる秘伝は、初めに一所懸命まず雪達磨《だるま》の芯をこしらえ、それができたら、巧みに貯金から投資に転ずることだとありましたので、それを改めてうかがいに参りました」

と、その青年はいろいろ身の上話をつづけた。私も私の責任において、何か答えねばならぬので、その話に興味をひかれつつ先を促した。

「自分もやっと百万の――戦前のまあ一万というところですか――金持ちになりましたが、いやいまどきでは、何も金持ちとはいえませんでしょう。小金持ちの類ですかな。それが、ここまできて、先生のおっしゃる雪達磨《だるま》の芯になるどころか、かえってメリメリ減り出したので、少々あわて気味になりました。そこで、先生のところへ駆けつけて今後の行き方を承ろうと思ったのです」

と、いとも真面目な態度である。やや気《け》おされる感じで、私もいよいよ、これでは精いっぱいの智恵をしぼって、なんとか、いわゆる秘伝を授けねばなるまいと考えさせられた。

二億円をこしらえる法

その青年は、一生の中に、ぜひ二億円以上の資産を積みたいというのだ。「それはお安い御用……」と、私は即座に答えた。

今日の二億は、戦前のまず百万内外の金だ。僕のような鈍才で、貧乏な月給取りでも、実は四十のとき、すでに百万以上の資産を持つ身になったのだから、君のような秀才――中学を首席で出たのだそうな――で、しかもその方面に専心する立場にある者なら、運がよく、努力をさえ怠らなければ、四十か五十までには、必ず一億や二億の金持ちにはなれるから、とにかく、安心して僕のいう通りを実行したまえといい切った。

しかし、金儲けは理屈でなくて、実際である。計画でなくて、努力である。予算でなくて、結果である。その秘伝はとなると、やっぱり根本的な心構えの問題となる。

そこで、私のお説教は例によって、まず「処世の要訣」におちた。二億円からの大金持ちになろうというからには、なんとしても積極的に、人並み以上の大活動を覚悟しなければならぬ。頭も体も人一倍に働かさねばならぬ。しかも暮らし向きは消極的に、人並み以上にできるだけつめてかからなければならぬ。家族一同気を揃えて、最低生活に甘んじなければならぬ。

こうして、「ならぬならぬ」を辛抱強く実行して、やがてはその希望を必ず達するという確信の下に、明るい生活をつづける。そうすれば、霊肉一致、身心一如、ないしは身心相互補助の理によって、健康も得られ、活動力も生まれ、すべてによい判断もうかんできて、大願成就疑いなしと焚きつけたのである。

「ところが先生、雪達磨《だるま》には芯になるものが大切だ、とおっしゃるのに、その芯になる金が、今日何をやっても細るばかりで、気が気でありません。そこのところをどうしたらいいか、どうか具体的に……」

と、敵もさる者、なかなか通り一ぺんの秘訣では後へ引かない。

そこで、私も改めて、彼氏の百万円を巨細に検討することにした。そうして、かれにきき、これに答え、いろいろ今日の情勢なるものをも察して、新たに私の勘案した「これからの金儲け投資法」を、説き直すことにした。

一時的流行物の危険

その青年は、手持金百万円のうち、早くも実は二十万円ばかり食い込んでしまった、というこ

金儲けは理屈でなくて、実際である。
計画でなくて、努力である。
予算でなくて、結果である。

その秘伝はとなると、
やっぱり根本的な心構えの問題となる。

昭和24年10月、84歳の本多静六、伊豆の山林を視察

とだった。どうして食い込んでしまったかのせんさく沙汰は無用として、ともかく、ここに問題なのは、現在の八十万円から出発して、どう二億円に達するかである。その具体的利殖法である。

それに対して、私はだいたい次のような投資策を考え、かつそれに必要な実行上の注意を添えたのである。

投資の第一条件は安全確実である。しかしながら、絶対安全をのみ期していては、いかなる投資にも、手も足も出ない。だから、絶対安全から比較的安全、というところまで歩み寄らねばならぬ。そうして、その歩み寄りの距離だけを、細心の注意と、機敏な実行で埋め合わさなければならぬ。

昔から、卵は一度に同じ入れ物に入れて運んではいけないといわれているが、投資もそれと同じで、有利有望と思っても、一つの事業に入れ上げてしまっては危険である。常に正しい判断の下に、幾口にも分けて投資し、いわゆる危険の分散を行っておくのが賢い行き方である。そうすれば、一で失敗しても二で成功し、二で損をしても三で償うということもできる。十が十までみなプラスを望むのは至難であるが、全体としてプラスになっていきさえすればそれでよいと覚悟してかかるべきだ。

投資と経営とはちがうのだから、投資家が一業にしばりつけられ、一局部にのみ目をうばわれることは、大損のやり方である。できるだけ一業に深入りせず、常に多方面に眼を配って、ムリにわたらぬ限り多方面に投資しなければならぬ。

この青年の場合、私は最少限度二口の投資先——質屋と理髪店に賛意を表した——ほかに本人は、新設競輪場の出資にとくに熱意をもっているようであったが、これは濫設の結果、自然競争となり、利益も減り、経営もみだれ、その弊の極まるところ、ついに高税、または中止、解散のおそれを生じてくる。風教上からも好もしくない。そこで、一時的流行物に対する投資の危険を説いて、極力反対したのである——幸か不幸か間もなくそれが当たってきた。

資金で資金を引き出せ

八十万円を月四分に回す。これは右の投資口二つによるものであるが、月々三万二千円と、元金返済の月割四万円、合計七万二千円、これを、まず、必ず全額銀行預金に入れてしまうことを私は申し渡した。

すると、その青年は、三、四ヵ月たてば、銀行預金が二、三十万円になるから、それを引き出して再投資するのですかと反問した。私は「否《ノー》」と答えた。その代りに、その預金増加の信用を利用して、別に新たに銀行から貸し出しを受けるようにとすすめた。安い利息で自分の金を遊ばせておいて、銀行から年八分なり一割の金を借りては損ではないかというが、自分の金には限度があるけれども、銀行の金にはそれ以上のものが求められる。銀行に年一割の利息を払っても、一方四割八分の投資をつづければ、差し引き三割八分の利益が得られる。

そこで、ここに最も大切なのは投資先の監視と指導ということになるが、それさえうまくいけば、あとはもう雪達磨《だるま》の坂落としみたいなものである。安全確実の手を講じて、慎重に、機敏に、これを何十回、何百回と繰り返せば、二億円長者になることぐらい、いと易いものである。

もっとも、これは紙上のプランで、プランと実際とはいろいろに食い違ってくる。その食い違いを、その都度、善処し、改革し、新しい観点から新たに工夫をこらしていくのが、すなわち個人個人の働きであって、利殖の成功不成功は、やっぱり、その人の努力如何にかかってくるのである。

青年に対する話は、再び私の持論「人生即努力」におちたようだった。

常に社会情勢を見守れ

こうしてときどき、私は「大金持ちになる秘伝」を問われて面食らうが、実はだれにもすぐやれて、安全確実なという具体的秘策は持ち合わさない。ことに今日の社会情勢は、資本家を抑え、大金持ちをできるだけ作らない方針が取られていて、いわゆる乏しきを憂えず、等しからざるを憂うというので、畢竟《ひっきょう》、共貧、共愚をめざすかのごとき傾向にある。この持てるものを守るにすら困難の時代に、あべこべな資本家的進出を志すなどはいわば時勢への逆行で、正直にいって至難のわざと思える。

それをあえて貫こうとするには、何人としても人一倍の努力と工夫とを要する。うんと働いてうんと節約する以外に手はない。ことに時代思潮の動きをよく察知して、そのときどきの法制、とくに事業法規や税制、労働法の変化に注意し、それに臨機応変の処置をとっていかねばならぬ。しかも、何から何まで相当の早手回しを要する。そうして、それらの動きにおくれることなく、またその上、事業的にも、生活的にも、社会に嫉妬の敵を作らぬようにつとめなければならぬ。

これが、「これからの行き方」の一番大切なところである。

ところが、いかなる時代、いかなる場合にも、勤倹貯蓄が資産蓄積の基礎をなし、工夫と研究を積んだ投資が、これを倍化していくことには変わりはない。しかも、時勢は常に変化を繰り返し、昨日の非は今日の是、今日の是はまた明日の非に動くものであるから、この動きを巧みに利用して、いよいよさらに大を成さしめる努力を怠ってはならない。

これに対して私は、**「好景気、楽観時代は思い切った勤倹貯蓄」**（すなわち金を重しとする）、**「不景気、悲観時代には思い切った投資」**（すなわち物を重しとする）という鉄則を樹てて直進することを人にもすすめている。

要するに利殖の根本をなすものは、「物と金」の適時交替の繰り返しであって、その物的投資対象には、株式、土地、山林、事業出資等を挙げ、やっぱり昔からの財産三分投資法を説いているのである。

私の体験社会学

一、儲かるとき・儲からぬとき

金は生物である

『実業之日本』に連載した「私の財産告白」を読んで元満業社長の鮎川義介《あいかわよしすけ》さんが、――いやあ、全く大したもんだ――と感心しておられたそうだ。ある知人からの最近の便りに知らせてくれた。

これを聞いてさすがの私も少々面《おも》はゆく感じたが、およそ私とは対蹠的な存在だったともいえる、豪快な、事業界の雄、天下の鮎川さんが、貧弱な「私の財産告白」の、どこにどういう感心のされ方をしたのだろうか。おそらくそれは、小を積んで大を致さんとする凡人の執拗な努力に対し、天才肌の氏が、「ハハン世の中にはこういう行き方もあるものか」と、笑止千万な別世界を発見してほくそ笑《え》まれたのかも知れない。

いずれにしても、数多い私の愛読者の中に、私の尊敬してやまぬ鮎川義介氏を加え得たと聞くは、近頃の欣快事でなければならぬ。

今回――いやあ、全く大したもんだ――といってくださった鮎川さんに対して、実はこの本多も、心ひそかに、――鮎川さんという人は全く大したもんだ――と感嘆これを久しゅうしていることがある。告白ついでに告白するとしよう。

それはいまから十数年前のことだ。当時日の出の勢いにあった日産で、伊豆大島とその近接諸島を開発しようという大計画が立てられ、私もさっそくその調査団の一員に加えられた。差し当たって大島の現地視察であるが、その同勢の大がかりなこと、その日程行事の豪華を極めたことに、私始め一同の者が驚きの眼をみはらせられた。たしか調査団の幹事長役が河合良成君だったと記憶するが、いかに自分の腹を痛めぬ金だとはいえ、よくもまあ、あんなにズバズバ使えるものだと思えるほど、痛快な使いッ振りをみせたのだった。金に糸目をつけぬとは正にこのことで、われわれの旅行が愉快の限りを尽くしたのはいうまでもない。

なんでも聞くところによると、その調査費は八十万円——いまの何千万円か——予定されておったとのことで、私は改めて大ビックリ。帰来、持ち前の老婆心から、人を介して鮎川氏にその膨大予算の無駄を指摘すると、

「これッぽちに驚くとは、学者というものは気の小さいものだ。一つ見込みをつけて事業をやろうとするからには、何事にもまず思い切って調査費を出さなければならぬ。調査費というものは決して無駄にはならぬ。調査費にドッと掛けるその勢いで、できない仕事もついでき上がってしまうものだ。それに、金というものは、生きている、イキのいいところで、どんどん使ってしまわなければ、この八十万円でも、いまに三十万円にも、二十万円にも、僅か八万円にも使えないときがくる。金はいつでも、イキのいいところでどんどん使っておくことだ」

という返事であった。私は実に恐ろしいことをいう人だと驚いたが、また事業家として目先を利かすのも、太ッ腹に金を出すのも、まずこれくらいにならなければ、一仕事も二仕事もしようという人はダメかなと感心もした。

日産の大島開発計画は、その後時局の変転で沙汰止みとなってしまったが、日産は間もなく満業に衣更えして、華々しく大陸に進出した。そうして、かの地でも鮎川さんは同じような考え方でいろいろな事業を計画され、ある公益財団などにも、何年以内に全額を使い切ることという、前代未聞の条件付きで大金を寄附されたりなどしたそうだが、後年の大異変とインフレの到来を、ケイ眼神のごとくすでに見通しておられたのかと、改めて驚嘆の舌を巻かされたのである。

失敗に囚われるな

こうした天才的な、新しい見方、考え方で押し通してきた鮎川さんの上にも、またその反対の道を小心翼々として歩いてきたような私の上にも、一様に、戦後の大変革の巨浪はおそってきた。そうして、さらに一様に、失うべきもののすべてを失い、崩さるべきもののすべてを崩された。お互いにただ感慨なきを得ないわけである。

古往今来、天下滄桑《そうそう》の変《へん》の前には、天才者も凡人も、大事業家も小貯蓄家も、共に蒙るべき打撃に、大小軽重の差はなかったようである。世界が動けば、自分も動く、世界がいかに動いても、自分だけはどうあっても動かぬという決《き》め手は、昔からついぞだれにもなかったようである。

ここで私は、「時勢には勝てない」という詠嘆と共に、「人生は七転び八起き」という古い言葉をいまさらながら思い起こしたい。

これもまた「私の財産告白」を読んだというのであるが、最近F市のある青年が突然訪ねてきて、「先生わたしはどうしたらいいでしょう」という相談である。

話を聞いてみると、その青年は戦後、一地方都市にあって相当大儲けをしたとのことだ。ところがどんどん不景気になって儲からなくなった上に、ある悪質な取引先のペテンに引ッかかって、二十万円ばかり詐取されるかたちになり、それがしゃくにさわって毎日の仕事に手がつかないと申すのである。

そこで私は、その二十万円は君にとってどれほどのものかと聞きただすと、いやそれほどのものではない、ほかにも相当の資力がまだ手元に残されているということである。私はそこで再び突っ込んだ。

それでは君は失《な》くなった二十万円のために、残りの何十万円まで失くしてしまうつもりか、詐取されるには詐取されるだけに自分としての手ぬかりがあった、未熟のせいである、どうしても取れなくなったものを取ろうと焦って他事を放擲《ほうてき》するのは、盗人に追銭よりも愚かな話ではないか、もちろん、そうした悪徳者をこらしめ、他人に害毒を及ぼさせぬため、一応その筋に執るべき手段《てだて》を執るのはよろしいが、取れないものを取り返そうとする妄執はさらりとすてて、それだけよけいに残された仕事に精を出すのがいいじゃないか、二十万円の損失は痛手には相異なかろうが、それだけの痛手で、ヤケになったり意固地になったり、またこれからの考え方に、君自ら世の中を曲がって見るようになってはもうダメだ、それこそ本当に大失敗になってしまう。見掛けるところ君もまだ若い、今回の痛手を生きた社会学の月謝とみるかみないかで、F市における事業家としての君の将来が決せられる。散る花を追うことなかれ、出ずる月を待つべしじゃと、くれぐれも過ぎ去った失敗にこだわらぬことを教えた。

そこで、その青年も、来たときとは打って変わってさえざえとした顔付きになって帰っていったのである。

恐るべき被害妄想

一度何かに失敗した人は、――あるいは反対に、ある程度の成功を収めて、その小成に安んじようとする人は、自ら求めて一種の被害妄想にかかるものが多い。これは他人がみな自分の敵であり、自分を害するに鵜の目鷹の目であると妄想する結果で、失敗したものは悲観のあまりに、また小成功をしたものは自己警戒のあまりに、それぞれ期せずして同じところへ陥るのである。はなはだしきは被害妄想狂という精神病にまで発展するものがある。

ことにその失敗の原因が自己以外にあり、時勢の変化とか他人の不徳に痛手を蒙ったものなどは、時運はすべてわれに非だ、しかも世間の奴らはどれもこれも、忘恩、背徳、詐欺、ペテン、裏切者ばかりのように思われ、自分はそれに傷つけられたとか、もっとひどく傷つけられそうだとか、勝手に決め込んでしまいがちである。気の小さい初めての失敗者にこの種の人をよくみかける。そうした人々は自分勝手に悲観し、絶望し、針小棒大にその不幸を吹聴し、ついには他人にもそう思わせようと躍起になる。もしも他人がそれに同情しなければ、世人はこのようにみな不親切、冷淡であると、いよいよ本気に悲観することになる。

こうした妄想にとらわれた人は、世の中は決して自分一人のために動いているのではない――助けつ、助けられつ、共に手を取り合っていかねばならぬことを自覚し、一切の妄執を振り払って自分自身のいまの、そしてこれからの仕事にいっそう熱中していくようにしなければならない。そうすることによって初めて、本務をすすめいままでの失敗を取り返していくことができよう。ことに被害妄想者の救いはここにしかない。

物事を成すには、とにかく一本に打ち込むことが大切だ。しかし、熱心もよろしいが、あまりに執着に過ぎると、判断力もにぶり、考えも偏頗《へんぱ》になり、とんだ妄想に陥りやすい。仕事の能率もはなはだしく低下してくる。だから私は、一仕事終わったらその結果がどうあろうと、まずそれをキレイに忘れること、少なくとも忘れるように気分転換につとめることを皆さんにおすすめする。

それにどんな方法がいいかは、人それぞれの性格、境遇、趣味、教養によって異なるものがあるから一概にはいえぬが、疲労回復に効果があり、精神的に苦痛を感ぜず、反社会的のものでなく、しかもできることなら少しでも本職の援《たす》けになるものであることを希望してやまない。

人生における七転び八起きも、つまりは天の与えてくれた一種の気分転換の機会である。これを素直に、上手に受け入れるか入れないかで、成功不成功の分かれ目となってくる。若い、将来のある人々で、七転びどころか、一転びしただけで、もう起き上がる勇気を失う者の多いのははなはだ遺憾である。

私の過去にも七転び八起きはあった。事業の話が出たついでに私の十八番《おはこ》ともいうべき山林関係の仕事にも、うまくいった話、うまくいかなかった話などいろいろあり、その二、三をここに御紹介しておくとしよう。

一町歩八十二銭の山林を買う

大東京の飲用水を一手でまかなっている多摩川上流の水源林は、いまでこそだれも認めてスバラシイものとしているが、その昔は、濫伐《らんばつ》と焼畑《やきばた》のためにあやうく荒廃に帰せんとしていた。土砂は流れる、水源は涸渇する、しかもちょっとした雨にも洪水となる。私が見るにみかねて、その保良保護を当局に進言したのは、明治三十年のことであった。

ところが、当時の松田秀雄市長は、御献策は有難いが、何しろ金がないのでと逃げた。やむを得ず、私は時の東京府知事に話をもちかけると、天神髭の出雲のカミサマ然たる千家尊福《せんげたかとみ》さんは、さすがに、わかりが早かった。

「いや御忠言を感謝する。元来これは市がやるべきことだが、市に財源がないとすれば、監督官庁たる東京府で経営しなければならぬ。では、さっそくだが貴下に調査を頼もう」

「それは困る。私は自分でやりたくてこれを持ち込んだのではない。しかも私には水源林経営の知識もない」

「そういわんで、まアまア」

という次第で、とうとう私がその大任を委嘱されてしまった。そこで明治三十三年、「東京府森林調査嘱託」の名のもとに、大学本務のかたわら、その仕事をつづけることになった。

さて、実地にいろいろ調査をすすめていると、濫伐の上にも濫伐のおそれがあった日原川上流の民有林一帯数千町歩をまず保安林に編入し、それと共に本流筋の御料林を大分これに加える必要が生じてきた。そこで早速当時の帝室林野局長官岩村通俊氏をたずねて、大東京百年の計画のために御料林の一部を譲り受け、次いで大々的に民有林の買い上げをしなければならぬことを説き、その賛意を求めた。長官は大いにこれを諒とせられ、事業が事業であるからできるだけ便宜を与えようと答えられた。私はただちに具体的交渉にうつり、水源地に属する御料林は、自分の目測の結果ではだいたい台帳面積以上ある見込みであるが、事は急を要し、しかも実測には長年月を要するから、官庁同志の譲渡でそこは問題にはならぬ、ぜひ台帳通りですぐ取り引きしてもらいたいとつめかけた。実は私は、単価がいくらで全体でいくらいくらになり、東京府でそれだけの金をウンといって出してくれるかどうかも考えていなかった。必要なことで、有利なことなら、なんだってすぐ片付けるに限ると思ったからである。

その頃、その地方の山林単価は、一町歩土地立木ともで十円十三銭、台帳面積六百六十九町三反五畝というのであったから、総計六千七百八十二円と計算された。私はただちに府へ引き返し、府参事会を招集してもらって、一も二もなく承認させてしまった。

翌日林野局の長官室へ出向くと、岩村氏は困り切った顔付で、

「けさ、係の者に調べさせてみたところ、実際面積は仰せの通りに台帳よりも多いそうだ。それが数倍以上にもなるというからちょっと困った。譲渡はどうしても実測面積にしてくれ」

という申し入れである。私も若さの一徹で、これには大いに腹を立ててしまった。しかも結果的には、この腹を立てたことがよかったようだ。

「あなたは昨日、私に台帳面積でよろしいからといわれたことを御記憶でありましょう」

「それが、あまりにちがうようで、部下の者が困るというから……」

「いやしくも男子の間に、とくに長官と知事代理としての私との間に、一度口約したことを、いまさら変更するわけにいきませんでしょう。私はあなたの言を信じて、昨夜とくに府参事会を開かせ、正式の決議をもって、今日ここに知事代理として公式に出向いて来たのです。あなたは私に切腹させるつもりですか」

と詰め寄った。

長官は顔色を変えてしばらく沈黙していたが、やがてポンと膝を打って、

「よろしい、いやよくわかりました。口約を実行しましょう」

と部下の反対を押し切り、ただちに正式書類をこしらえて捺印してくれた。内心本当に腹でも切り兼ねまじく上《あ》がっていた私は、これで全く蘇生の思いをした。その頃の御役所仕事というのも実に簡単だったし、また長官となるくらいの人の肚も大したものだった。

これが、いま東京都資料にどう伝えられているか知らぬが、水源林譲り受けの真相で、またも私の手柄話のようなものになったが、のちに問題の山林を実測してみると八千二百余町歩もあって、それが僅々六千七百円というのであったから、一町歩八十二銭弱とは、さすがの私も少々あきれ返ったわけである。これが、私の一生一番の大儲け仕事（ただし儲け主は府）であった。そして、この折衝での大きな教訓は「正直に腹を立てる」ことが、時と場合によって思わぬ好結果をもたらすということである。

素人炭屋失敗の巻

多摩水源林の買い入れ設定には、血気にまかせて敏速に活動したので、事務嘱託の私としても幸い大成功を収めることができたが、その経営には人知れぬ苦労をなめた。そうして、ついに表面にこそ現れなかったが、それに伴う大失敗があった。いままでの私の話で、読者諸兄が山林事業は儲かるものとばかり誤解されてもいけないので、そのいきさつをここに略述しよう。

御料林の東京府譲り受けがすむと、私は公然、東京府水源林経営監督という辞令を受け、明治三十四年から一切の監督指導の任に当たった。その人事構成や造林経営の苦心は、いささか専門の事項にわたるのでしばらくおき、雑木処理のために三十八年から始めた製炭事業にはすこぶる手を焼いた。それは、旅費を前貸して雇い入れた炭焼人夫に、雪がふかくて仕事ができぬといって逃げ出されたり、食い込みの借金を作ってドロンをされたりして、これを防ぐに厄介を極めたばかりでなく、一方せっかく東京まで運び出した十万俵の木炭の売れ口に困り、ようやく市、府、内務省などに買ってもらうことにしてひと安心と思ったのに、役所の小使にツケトドケをしなかったので、炭がハネるの、イブるのと難癖をつけて断られる始末、また炭問屋では代金を支払わぬものが出たり、塩山（甲州）の積置場では下のほうから蒸腐りになって、俵の手直しに予算外の失費が生じたり、さらに新宿駅では期間超過の倉敷料を徴収されるなど、いやはやさんざんの体たらくであった。

こうして、御役人の素人商売にさんざてこずりながらも、ともかく十年ばかりの間に、利用、造林、管理の三方面にたしかな方針が立ち、ホッとひと安心というところへ、府市経営移管の問題が起こり、さてここにまたまた困ったのが炭焼の「下《さが》り」処分であった。

元来官庁の会計規則としては、炭を焼き上げた上でなければ焼き賃を支払うことができぬはずであったが、実際において人夫は無資力であり、何から何まで立替前渡しを必要とした。ことに築窯の間や、本人または家族が病気の際などは、米、味噌、醤油等多少の貸し越しがあった。それを俗に「下り」というのである。そしてその償却は米、味噌の売却益金の中にみこんだ利益で徐々になされることになっていた。当時の場合、その「下り」も漸次減少しつつあり、いま二、三年で完全帳消しになるところへ、突然に移管引きつぎということになったから、会計規則違反の赤字をどうしても暴露しなければならなくなった。それは当時としてはかなりの大金である七千五十円十銭という額であった。もしこれが皆済されぬとなると、営林署長以下が処分を免れぬことになり、未来のある若い人々がつまずかねばならぬ。直接監督の任に当たった私としては、元より法規上の責任はないが、情においてはとても忍ぶべくもない。ついに私はその全責任を負うことに決めて、父と妻とに相談した。すると父は、

「お前は十年余も苦心しつづけ、お礼代りに大変な身銭を切らされるなんて、いやはや呆れたものだ」

と叱ったが、しかし、私が部下のために犠牲を払おうという意のあるところを、ついに諒解してくれたので、私も、

「失敗はみんな自分の未熟不徳のためです。だが、私はこれによって、初めて造林や林業経営の

実際を学びとったのですから、生きた学問の月謝と思えば安いものです」

と、その許しを得て引き退《さ》がった。

さっそく、これを時の署長（菊地）、技師長（中川）に告げたところ、両氏も大いに感激せられ、府から解任手当として下附された一千六百余円（菊地）と百二十円（中川）とを、そっくりそのまま投げ出したいとの申し出があり、またこの間の事情を聞き伝えて、塩山町の仕送り問屋であった風間久高という人も四百六十余円の債権を切り棄てると申し込まれてきたので、結局私はその不足額四千八百三十七円九十六銭を差し出し、署長以下の無事を完うすることができた。

時に明治四十五年三月であった。

失敗は人生の必須課目だ

総じて世の中のことは、一から十まで何事もうまくいくものではない。ちょっとした出来心の気張り方で大成功を収めることもあるし、また小心翼々として長年苦心をつづけてきたものがついに失敗に終わることもある。金を儲けるのも、大損を招くのもまた同じことで、要するに、やれるだけのことをやってきたのなら、その結果についてそういつまでも悔《く》やむことはない。問題はそれを「よい経験」として次の仕事に生かしていくことである。

東京府林の「下《さが》り」問題のごときも、私のような俸給生活者にとって、四千八百円からの自腹供出は全く痛いものであった。それは今日の数百万円にも匹敵する大金で、もし私に勤倹貯蓄の用意がなかったら、完全にこれでペチャンコになっていたところである。私ばかりではない、数多い将来性のある私の協力者の生涯をも、同時に損《そこな》うに至っていたかも知れない。しかし、幸いにも私には、この失敗を切り抜ける力が貯えられていた。これも府林の調査嘱託を受けてから、いろいろ実地に教えてもらうことの多かった十二年間の月謝だと思えばあきらめもついた。しかも、これだけの高額月謝を払ったのだから、今後はいっそう勉強しなければならぬといった自覚と勇気がおのずから内にわき上がってきた。

爾来今日まで、私は、東京府林のほか、徳川、戸田、西郷、松方、渋沢等各家の大森林や大農場の開発指導に関係しつづけてきたが、幸い大過なくその任を果しおえたことは、ひとえにこの時代の苦《にが》い経験の賜であると信じている。それゆえ、私は体験社会学の一章としてこういいたい。「失敗なきを誇るなかれ、必ず前途に危険あり。失敗を悲しむなかれ、失敗は成功の母なり。禍を転じて福となさば、必ず前途に堅実なる飛躍がある」と。

失敗は社会大学における必須課目である。私は、この大切な課程を経たものでなければ本当に成功（卒業）ということはないと考えている。失敗の経験がないと誇ることは、すなわち、必須課目を修めていないと威張るようなもので、全く意味をなさないのである。したがって、私は一緒に事業を企て、仕事を始める場合、その友人がいままでにどんな失敗をしたかをまず知る必要があると思う。一度も失敗したことがないというものは、またあまりにもしばしば失敗を繰り返しているものと同様、警戒の要が多分にある。失敗の教訓を生かすか生かさないかは、実にその人の大いなる試金石であって、一度や二度の失敗で、すっかり闘志を失ってしまって、何事にも、すぐこれは大変だ、厄介なことだ、苦しい、面倒だ、できそうもないなどと弱音を吐くようになってはもうお仕舞いである。鮎川さんのような事業の天才にも、得意時代もあれば、失意時代もある。ましてや、戦後駆け出しの若い諸君が、てんやわんやの一時代をちょっとくぐっただけで、成功の失敗のと、心を動かすのは笑止である。諸君のやっていることはまだホンの「ゼミナール」に過ぎない。

二、儲ける人・儲けさせる人

小成金たちの運命

かれこれ四十年もの昔になろうか、私の知っている一人の学生があった。いまでもいっそうさかんなようであるが、その頃の競馬（目黒）に出掛けて、一千円の大当りを取った。一ヵ月わずか六円の学資で暮らしていけた当時の一千円である。初めは手がふるえてその金を受け取ることができないというくらいであったが、使い慣れるにしたがってだんだん度胸も図太くなり、たちまち放蕩を始めて、三ヵ月後にはもう元の木阿弥《もくあみ》になってしまった。そうして、あとに残ったものは悪性の花柳病と怠け癖ばかりで、とどのつまりは、学業をすら放擲して行方不明、ついに再びその消息を聞くことがなかった。

いま私が、ここにこんな昔話をもち出したのも、決して若い人々に当節大流行の競馬・競輪を戒めようためではない。そうした類のものに血道をあげるなんて、すでに論外である。

実は、戦後のインフレ騒ぎと変動のどさくさで、全国到るところに簇生《そうせい》した大小の新円成金が、ほとんど大部分、これと同じみちを辿ったのではあるまいか、ということをいいたいからである。

金儲けを甘《あま》くみてはいけない。真の金儲けはただ、徐々に、堅実に、急がず、休まず、自己の本職本業を守って努力を積み重ねていくほか、別にこれぞという名策名案はないのであって、手ッ取り早く成功せんとするものは、また手ッ取り早く失敗してしまう。没落のあとに残るものは悪徳と悪習慣、そしてときには不義理な借金ばかりであろう。戦後いかにこうした小成金的金儲けのために、身を誤り、家を損《そこ》なったものが多かったことか。

私のここに賛する金儲けとは、決してそんなちゃちな意味のものではない。もっと永続的な、もっとモラルな、もっと社会的意義のある成功を指すのである。儲けること――それは、独り金銭上の儲けをいうばかりではなく、道徳上にも、教養上にも、生活上にも、社会奉仕上にもウンとプラスすることをいうのである。前にもしばしば、金は職業道楽の粕であるといったが、精神的に儲け、生活的に儲け、社会的地位、名誉に儲けた、儲け粕でしかないのだ。

儲けるには儲けさせよ

そもそも人生にはいつの時代にも表裏両面の生活がある。自分だけが表口に立とうとしても、人が裏口へ回れば自分もまた裏口へ回らなければならぬ場合がある。すなわち理屈は理屈、実際は実際ということが多いのである。だから、表面通り、理屈ばかりで生きようとしても通らぬし、裏面ばかりくぐって要領よくいこうとしても失敗しがちである。

早い話が、世俗にいう金儲けもまたその例に洩れないようだ。理屈ばかりでも金儲けはできないと同時に、人情ばかりでも金儲けはできない。この二つのほどよい兼ね合いにおいて、常に新しい金儲けの道が拓かれてくるものである。何事をするにも、まず調査費をウンと出さねば――といっていた鮎川さんのねらいも、実は「儲けようと思えば儲けさせろ」という理情併存のところにあったかも知れない。さすがに天才的なケイ眼といわねばならぬ。

世の中には、おのれの欲せざる処を人に及ぼし、おのれの欲する処を人に施さず、自分だけは少しでも多く儲けたいが、人に儲けさせるのは一文でもイヤといった類の者をみかけるが、そんなのに限って大成した例《ためし》はほとんどないようである。徳（得）は孤ならず、必ず隣有りで、金儲けもまた必ず相身《あいみ》互いでなければならない。儲けようと思えば人にも儲けさせ、人に儲けさせれば自然に自分も儲かってくるという寸法である。

しかも、このトナリ同志は、表口も並び合い、裏口もつづき合って、そこに必ず、義理と人情と、勤勉と努力と、何から何までよく通じ合っていなければならぬと考える。

何事に限らず、とにかく、自分だけがウマイことをしようとか、自分ばかりが「いい子」になろうなどと思ってはならぬ。自分が納め得たところのものは、もちろん、自分の努力に大部分よるものであろうが、また自分の仲間や社会・時勢のおかげによるものであることを忘れてはならない。だからその収穫のすべてを一人占めしようなんという考えはそもそもの大間違いである。ケチな根性もはなはだしい。いつの場合何事も自分一個の功となさず、つとめて人にも譲るべきである。儲ける場合必ずまた儲けさせる地位に立つべきである。しかも、これが度重なれば、ついには周囲の人々からも立てられ、成功者中の成功者となることができるのである。

渋沢さんのエライところ

この理・情兼ねそなわった大成功者として、私は郷土の先輩渋沢栄一翁をみるのである。

渋沢さんという人はなかなかの理屈屋で、理屈に合わぬことはなんとしても取り上げなかった。事業でも、寄附でも、身の上相談でも、そこに合理性の発見されない限りてんで振り向かなかった。しかもそれは、頑固に近い儒教的な一種の合理主義《ラシヨナリズム》からきているもののようであった。

ところが、いったんこうと引き受けたからには、何から何まで親身になってよく世話をつづけられた。そこに多少の不合理が生じようと、理屈に合わぬことが出てこようと、今度は打って変わった人情で押し通され、最後まで親切に指導をつづけられた。理に始め、情で終わられる、めずらしい存在であった。

私が渋沢さんに初めて近づいたのは、埼玉県の学生のために育英資金を集めようと思い立ったときで、ドイツから帰って間もなくのことであった。前々から郷里関係で多少はその為人《ひととなり》を知っていたので、多くの先輩の中、まずこの人を説かねばならぬと、いまの秩父セメントの社長である諸井貫一君の父、諸井恒平さんの紹介でおしかけていった。

当時渋沢さんは深川に住んでいたが、忙しい人で、夜はまたしかるべき寄り道もある人であったから、どうせ帰りもおそかろうと、駒場から三里の道を夜になるように出掛けていって、玄関脇の書生部屋で十一時まで待った。ところが、果たしておそくなって帰宅した渋沢さんは、今日はもうおそくなったから帰れという。おそいといっても、貴方は貴方の家に帰っておられるが、私はこれから三里の道を歩いて帰らねばならぬ。おそいことの迷惑は貴方よりも私のほうにあると、変な理屈でねばって、とうとう一応の話を聞いてもらうところまで漕ぎつけた。

いったん話を聞くとなると、渋沢さんははなはだ熱心であった。夜が更けて家人がハラハラしているにもかかわらず、それからそれへと逆に質問を浴びせかけてきた。自分もまたここを先途とまくし立てたので、二人の会談は深更に及んだ。そのとき渋沢さんは、

「趣旨はなかなか結構だが、日本の国情はまだそこまでいっていない。富豪、実業家も目覚めてはいない。いずれその時期も来ようが、いまは尚早だ。それに自ら、発起して奔走しようという君がいったいいくら出そうというのか」

と、頑強な反討論から、最後にやや冷笑的に出てきた。実は私はそれをいわれるのが恐《こわ》くてひやひやしていたのだが、意を決してザックバランに出ることにした。

「お恥しくて自分からいい出せなかったのですが、俸給を貯めた中からこれだけ用意しています」

と、兵児帯の間にかたく仕舞いこんであった三百円を取り出した。それが渋沢さんの軽侮を買うと思いのほか、その顔色がたちまち真剣になってきた。

「ホホウ、三百円をねえ。学校教師の君が出すというのか。それだけ熱心ならば、やってやれないこともあるまい。しかし、何しろ十二万円の予算というのは無理だ。六万円くらいにしたまえ、半額ならなんとかできそうかも知れん」

そこで、私はその意見に従って予算を半減することに決め、さっそく十分の一の六千円を奉賀帳にかきつけてもらった。そうして、三里の夜道を意気揚々と引き上げたのであった。

後に諸井さんの肝いりで、再び元の予算に帰って十二万円を集めたとき、渋沢さんは快くあとの六千円（合計一万二千円）を出してくれられた。しかもいったん後援を約された渋沢さんは、

私などよりはかえって熱心なくらいによく世話をつづけられ、いまに牛込の高台に残る立派な学生宿舎の基礎を築き上げられたのである。

理屈は理屈、人情は人情、そうしてこれを結びつけるにあくまでも信義をもって貫かれたことは、渋沢さんのよく大を成されたゆえんと私は信じている。

義理と人情・論語と算盤

「論語と算盤《そろばん》」——これは渋沢さんが、どこへ行ってもよく振り回された事業繁栄の道、処世の要諦といったものであったが、「利」をもって立つ実業家を、さらに「理」と「情」をもって導き、自らもまたその実践につとめられたのはなかなか見上げたものである。渋沢さんはよくこういっていた。

「事業というものは、儲かるものでなければ成り立たない。儲からなくてただ有意義だというのでは、結局長つづきしないで、せっかくの有意義が有意義でなくなる。儲かる上に有意義ならなおさら結構だが、なんとしてもまず事業は儲かることが先決問題だ。しかし、この儲けを一人占めにしようなどと企てては結局失敗である。儲けるのはみんなで儲けなければならぬ。またみんなで儲かるようなものでなければ、いい事業、いい会社にはならない」

いわゆる財界世話業というので、渋沢さんはいろいろな事業企画に参与された。自発的に発起されたのもあり、担《かつ》がれて参加したのもある。しかし、そのいずれに対しても、いったん関係をつけたものは最後までよく面倒をみられた。中には大成功を収めたものもあれば、失敗に帰したものもある。だが、渋沢さんは常に誠心誠意の世話を惜しまれず、無責任に中途で逃げ出してしまうようなことはなかった。そうして、あれだけの地位、あれだけの声望があったのだから、自分で大儲けしようとすればいくらでも大儲けの機会はあったのであろうが、あえてそれを利用されることがなかった。関係者から有利な会社だとみられると、発起人としての渋沢さんの持株が、いつの間にかみんなに持っていかれ、どうも芳《かんば》しくないとみられると、渋沢さんの持株が意外に多く残るという有様であった。

「株の奪い合いが出てくるほどなら、会社のためにいいことだ。わしが儲けなければ、それだけほかの人が儲けてくれる。だれが儲けても事業の功徳、会社の功徳と申すものだ」

と、渋沢さんはいつも笑っていた。

私の知っている限りでも、当時の大実業家と称する人の中には、なかなかこの権利株の処分には妙を得た人々が多く、服部金太郎、大橋新太郎の諸氏など、ことに御義理で持たされた株の仕末は、なかなかハッキリしたものであった。

そこへいくと、渋沢さんのやり方は「馬鹿正直」に近かった。しかも「馬鹿正直」一点張りが渋沢さんの身上で、利において失うところはチャンと徳においてつぐなわれ、財界の大御所として最後まで社会の尊敬を一身に集めることができたのである。もちろん、渋沢さんと一般の凡人とは同時に論じられぬかも知れぬが、「馬鹿正直」も一種の徳になるところまで徹底すると、それがかえって結局においては、儲かりもし、儲けさせてもらえることにもなる。ただ普通人は「馬鹿正直」で馬鹿をみると、すぐ今度は「馬鹿不正直」に早変わりをしたりなどするからダメである。

私はこの渋沢大人《たいじん》の知遇を得て、いろいろ教えられるところもあり、また私のほうからさまざま事業上のアドバイスをしたこともあるが、ともかく渋沢さんは理によって動き、情によってさばき、しかも自ら求めるものがきわめて薄かったので、最後まで信じ合って各種の事業（主として社会公益事業）を共にすすめてくることができたのである。

君子と小人との間を行く

「君子は義に喩《さと》り、小人は利に喩《さと》る」という。これは論語里仁篇の有名な言葉であるが、義にばかりさとっていても生きていけないし、利にばかりさとっていても世渡りはできない。したがって、われわれ普通人は、君子と小人の間を行って、義にもさとり、利にもさとらねばならない。君子にもなったり、小人にもなったりしなければならぬわけで、その辺はすこぶる難しい次第である。渋沢翁の「論語と算盤」という提唱も、実はこの辺のところをねらったのであって、経済人たるもまた難しい哉である。

この間も近県のある都市から「身の上相談」をもちかけてきた人がある。三十そこその青年で、孔夫子のいわゆる「不惑」にはまだまだであった。そこで商売の上での惑《まど》いを訴えてきたのであるが、その問題というのはこうである。

「私の市——東海某市——で私も多少は知られた事業家になっています。資力もいささかできてきましたので、いろいろと仕事をもち込まれています。その中で、最近私の市街《まち》ではハイカラな近代的理髪店がないので、三十万も出してくれれば、目貫通りに一軒それをこしらえたいというのがちょっと面白そうです。投資利子は月五歩で、場合によっては私に経営者になってもらってもいいというのです。その人は技術をもって私の使用人になろうといっています」

この話をきいて、私は月五歩――年六割の利子は高すぎると思った。もっとも、俗に「月一《つきいち》」というのがあって、その倍も取るのがあると聞いているが、それは高利貸しであってまともな商売ではない。しかも、もう一つの行き方で、いかに有利だからといっても、全くの素人が理髪屋の親方になれるものではない。また親方にならない、裏にかくれた資本家経営者ではうまくいくはずがない。そこで私は、こんな意味のことを答えてじゅんじゅんとさとした。

「君もすでにそこまで認められてきておれば、そうそうもう自分のためばかりに金儲けを考えてはいけない。理髪店経営も、その道のものが計画を立てて、月五歩の利子で引き合うというのなら、月三歩にまけてやって出資だけするがいい。一万五千円取るところを九千円で済ませて、六千円だけよけいにその経営者に儲けさせてやることだ。まるまる儲けさせてやらなくとも、それだけサービスをよくさせるとか、償却に当てさせるとか、元金返済の貯金に繰り込ませるがいい。

つまり、ギリギリ一杯の儲けを君一人で取り上げてしまわないで、当人にも分け、お客さまへも割り戻すことだ。それならまず繁昌もしようし、経営者にも張り合いが出てくる。しかも、五歩というのを三歩にまけてもらったからという義理もからんで、月々キチンと入るものも入ろう。その代り、家屋も設備も始めから自分のものにしておくことにすれば、生じっかの高利にしたり、自分の経営にしたりするより、どれだけ、安全かつ有利かも知れない。

いったい事業家の利益というものは、ひと処《ところ》から一度にたくさん取ろうとしないで、薄く、広く、安全確実に上がってくるようにしなければならぬ。それならば君もFM市の渋沢さんになれるではないか」

こういうわけで、私は私の体験社会学に少しばかり渋沢さんの受け売りをまぜて話すと、彼は「ハア、FMの渋沢さんですか、いや、とにかくやってみましょう」と、こうふんに顔を赤くしながら帰っていった。

利己本位に事業を始めたり投資をすれば、ゆくゆく必ず関係者と利害の衝突を来して、ついに破綻を招く。論語の中で孔子サマも「利に放《よ》りて行うときは怨多し」といっている。これは政治家を戒めた言葉であるようだが、商売や世渡りとても同じことである。

馬鹿正直と商売のアヤ

話のついでに、とうとう渋沢さんに「馬鹿」の字をつけてしまったが、渋沢さんなればこそ「馬鹿正直」でいよいよエラクなられたが、われわれ小商人が「馬鹿正直」になってはおまんまの食い上げですと、先頃私も、出入りの電気屋に一本参らされたことがある。

「ラジオ屋さんもいいが、修繕をたのんでもすぐ直してくれないので困る」

と小言をいったのがきっかけである。

「先生は何事も正直がよいとおっしゃるが、そこには多少色付けが必要ですよ。修繕物をもって来られたお客の前で、ヘイさようでとすぐ直していては、商売が成り立ちません。とくにラジオ屋などは、ネジ一ついじくればすぐ直るとか、銅線一本とり替えればすぐきこえるといった場合が多く、そんなことをお客の前でやれば一分とかかりません。客は喜んで、いくらかときかれますが、あまり簡単なので、ことに懇意な間柄など、つい、いやまたあとで御一緒にということになってしまう。

だから世慣れた電気屋になると、ちょっとフタを開けて、ハハ大したことはありませんが、大分あちこち損《いた》んでいるようですから、しばらく預からして頂きますというようなことになる。そうすれば修繕料も気兼ねなくもらえるし、店先も賑やかで、いかにも繁昌しているようで景気がいい。かといって別に不当の料金は頂きませんよ。本当に家賃と、日当と、税金になりさえすれば当節有難いんですから。

もっとも先生は、そこをもっと正直にやって右から左へ片付けてやったほうが、正直を宣伝し、勉強が売り物になって、かえって大繁昌するじゃないかとお叱りになるかも知れませんが、万事商売というものはこうしたもので、いまの世の中、そんな聖人君子のようになり切ってはとても食ってはいけません。商売人には、正直にも多少の色をつけんとやっていけません。先生もその辺のところをみんなに教えてくださいよ」

ときたのである。私もこれにはぐうの音も出なかった。なるほど、実際の商売とはそんなものかと感心した。何事にも多少の色付けが必要――努力に加うるこの世渡り術の工夫、いわれてみれば私にもそれはよく呑み込めた。

前にも述べたように、世の中にはどこにも裏表がある。がむしゃらにただ正面から押し通せばよいというものでもない。一つの城を攻めるにも必ず大手《おおて》と搦手《からめて》がある。複雑な社会を一本調子で進み得ると早合点してはいけない。とくに商売などをする人には商売術の研究が必要である。もちろん、「正直は最良の商路」ではあるが、その正直に、ときと場合により、しかるべき色付けが大切であるようだ。少し曲がっていなければ杓子も物がすくえないし、真ッ直ぐ過ぎて擂粉《すりこ》木《ぎ》は自分を摺りへらす。正直もそれに過ぎて上のほうへ「馬鹿」の字をつけると損ばかりして一向にうだつが上がらぬことになる。私達の周囲にもその例を多くみかける。

　さればとて、読者諸君は決して誤解してはいけない。多少の色付けをしたとて、正直はあくまでも正直、断じて不正直そのものになってはならないのだ。

三、人間的サラリーマン訓

複雑な人と人との問題

世の中で一番ありふれて、一番真剣なのは金儲けの問題であるが、これは比較的単純といえば単純、多くの場合「ギブ・アンド・テーク」で片付けてしまうこともできる。しかし、人と人との問題になると、そうはいかない。なかなかにうるさく、なんでもないことが複雑を極めてくる。政界におけるいざこざ、事業界におけるいざこざ、学界、芸界などにおけるいざこざ、こんなものは、その実体を突きつめてみると、本質的な問題点は案外に見当たらず、人と人との感情のもつれから生まれてきているものがはなはだ多い。同じように、十人寄れば十人、百人寄れば百人だけのスケールにおいて、どんな職場にも面倒な「人と人」との問題が常に起こりやすい。したがって、いわゆるサラリーマン訓といったものの内容も、まず、その大半は、おのずから人と人とのうるさい問題にどう善処していくかの、自戒と要領とになってくるわけである。そこで、私の大学勤務の体験を中心に、少しばかり、「勤人《つとめにん》心得帳」といったものになる、恥かき話を試みることにしよう。

もっとも大学というところは、いささか特殊な勤務先で、一般サラリーマンにはちょっと勝手ちがいの感を与える点があるかも知れぬが、どこの職場にもありがちな、人と人の利害や感情のいきさつが、やはり同じように面倒くさい問題を起こしているのだから、これも決して、俗世間と隔絶したいわゆる「象牙の塔」の出来事とばかり看すごせないものがある。

世の中なんて、どこも彼処《かしこ》もだいたい似たり寄ったりで、人間が集まり、人間の棲むところ人間の問題のないところはない。この意味において、乏しい私の体験社会学も、あるいはみなさんの世界に通用し、あるいはみなさんの処世訓ともなるものがあろうか。

あいつ生意気な？

私が学士会の寄附金に一千円を投げ出し、それが少な過ぎるというのではなく、分不相応に多過ぎるというので、同僚諸氏から辞職の勧告まで受けた事件については、「財産告白」のところで前にもちょっぴり触れておいたが、それは私が三十九の秋、日露戦争勃発の年であった。

この一件の事情も、いま少し深く掘り下げてみると、これは単なる寄附金額の多少の問題ではなく、およそ勤め先の同僚間には、こんな思わぬことまで感情の刺戟となりしゃくの種となり、果ては辞職勧告の理由にすら持ってこられるのかという、お互いに大切な反省資料となるものがある。多人数集って一緒に仕事をすすめていくためには、こうした些細なことにまで、だれしも一応気を配る必要があるという事実に気付かされるのである。

すなわち、自分一人、何も間違っておらぬつもりで——事実また決して間違っておらなくとも——あまりに確信に満ちた態度で押し通しすぎると、得てして周囲の反感を招きやすい。あまりにいい気になってパリパリやりすぎると、「あいつ生意気な」ということになりやすい。人間も

「あいつ生意気な」といわれるまでになれば、ある意味ではもうしめたものであるが、それが調子に乗り過ぎると、とんだつまずきに行き当たる。

当時の私も、どうやらその危険地帯に足を踏み入れかかっていたようである。

「本多の奴はけしからぬ、大学を追ン出してしまえ」

と、辞職勧告の決議文をたずさえて、その際、私の研究室へおしかけてきたのが、前にも述べたように、横井時敬君とその子分の長岡宗好君の二人、共に雄弁と喧嘩好きで部内で知られた猛者揃いであった。

さすがの私もこれにはドキリとしたが、しかし、あとから考えてみると、この二人は、私の驕慢を戒めるための、まことに有難いお客さんであったわけである。

顧慮すべき同僚間の思惑

さて、両君のもたらした辞職勧告の言い分には、いくつかの項目が並べられておったが、ざっとまとめて次のようなものであった。

「……君は、学校の先生に不似合な大金持ちになり、一番立派な学長官舎を分取り、毎日豪奢な大宴会をつづけているが、われわれ教職員は、月給全部を食わずに貯めたところでそんな金持ちになれるはずがない。君は何か、よからぬ相場で儲けたというもっぱらの噂だ。君が相場で儲けようと、損しようと、それは問題外だが、けがらわしい相場師などをこの神聖な大学官舎に出入りさせるとは捨て置きがたい」

「……それに官舎の門標には横文字を麗々しくかかげて、外国人とばかり多く交際している。しかも濫《みだ》りにドイツのドクトルなどを振りまわして、キザな態度だ。われわれ同僚を蔑視するもはなはだしい」

「……それにまたまた、学士会その他の寄附金に、学者にあるまじき大金を寄附したり、大学以外の各省官庁に兼務嘱託を引き受け、おのれ一人が農大代表のような顔付きをしているとは、なんたることか。大学の面目と同僚の思惑を無視した、そんな勝手気ままの振る舞いをつづけさせるわけにいかない。そこでわれわれは、君の辞職勧告を決議してやって来たのだ」

等々、いやはや大変な剣幕。それにみな意外な理由の数々で、短兵急を極めた勧告であったから、しばらくは、こちらも呆然自失の体、――こういうときこそ落ち着きが肝腎と考え、下腹に力を入れてやっとわれを取り戻したのであった。

勧告理由の当否は別として、ともかくこう真ッ向から旗鼓堂々とおしかけられては、正面衝突はあぶない。こちらの敗けに決まっている。気負い立った強敵はいなすに限る。――ここで私は孫呉《そんご》の兵法という奴を思い出した――とくに、これは対手が必勝を期して乗り込んできたのだから、まともにはその鋭鋒を防ぐべくもない。そこで対手側にひとまず勝たせておいて、勢いのゆるんだところで、こちらの新手を繰り出そうと考えた。すなわち、熟考の結果という形式ののち、

「まず両君お揃いで、私のためにわざわざおいでくださったことを感謝する。とくに御勧告の理由の大部分はいちいちごもっともである。私としても大いに胸にこたえるところがある。しかし中には二、三誤解の点もあり、弁解もいたしたい。しかしそれはあとまわしとして、ともかくお

二人が多数同僚の総代として来られた以上、私ははなはだ遺憾ではあるが、よろしい、身から出た錆と思って断然御勧告に従いましょう。明日にでもさっそくその手続きをとる」

と返事をした。これは私の大学在勤三十七年中の最大受難で、しかも、最大教訓であった。

この辞職勧告の理由の大部分は、決して私としてやましいことではなかったが、ただそれを押し通す自分の態度に、若気の至りというか、血気に任すというか、ともかく、私に未熟不徳なものがあったことは事実で、いまにまことに恥しく思われる次第である。

上手な喧嘩の仕方

さすがに孫呉の兵法は偉大なる功を奏して、勝ち誇った二人は、たちまち、勝利者として私に憐憫《れんびん》の情を示し始めた。ことに横井君はもののよくわかった人だけに、

「君がおとなしく、われわれの忠告を聞き入れてくれた以上、僕らも君の誤解だというい分をハッキリ聞いておかねばならぬ。同志にもそれを報告する義務があるから……」

と出直してくれた。そこで私は、

「それは有難い。しかし、いまここで口先ばかりの言い訳をしても本当にしてくれないであろうし、それに隣りには大勢の助手連もいる。この話が彼らにもれると、どんな騒ぎを惹き起こすかも知れない。ことにその弁解の証拠物件は自宅のほうにあるから、御迷惑ながら——幸い両君とも僕の官舎の前を通って帰宅されるのだから——ぜひちょっとうちのほうへお立ち寄り願いたい」

とムリヤリ一緒に帰ることにした。両君とも、これを頑強にうけがわなかったが、一応通すこ

とだけ通したのだから、強くなっていて、その実いささか弱くもなっていたのである。

さて、これで、私が家計簿と貯金帳の実物証拠で両君を参らせ、辞職勧告の件もサラリと水に流させたことは「財産告白」でも申上げた通りであるが、その他の附属諸件については、次のような諒解を求めた。

広大な学部長官舎に住んでいるのは、松井学長からとくに個人的に頼まれて留守を預かっていること。ときおり学校関係以外の者が訪ねてきたり、豪奢らしく見える酒宴を開くのは近衛篤麿公を会長とする「独逸《ドイツ》麦酒会」の例会であること。――その常連は石川千代松、三好学、坪井次郎、和田垣謙三等のドイツ留学組で、ほかの大部分は御雇教師のドイツ人であった。自分は当時その常任幹事をつとめていた――官舎の本館にドクトル入りの横文字で標札を出していたのは、その来会者たちに便したものであり、またかねて学長から自分の不在中外人などが視察に来たとき、代りに応待の一切を頼むといわれたためで、正式な日本字の門札はチャンと脇玄関のほうに出してあること。早稲田の出講を始め、諸官庁嘱託のカケモチをしているのは、新しい学問で当時あまりまだ世間に認められていなかった農学、林学の宣伝拡張を意図したこと。しかもそれらの仕事は、無理に頼まれて引き受けたものの、それぞれ専門に研究した新学士が出揃い、自分の代りに入れ替ってくれるまでのつもりであること等々、陳弁これつとめるに一汗も二汗も拭き直したのであった。

なんでも話せばわかる

最後に両君も、「わかったわかった、全く降参、あやまるからよしてくれ」と頭を下げた。私も完全にこれで勝ち直したわけであった。

なおこれには、もう少しのオマケ話がある。

それというのは、勝敗処を換えて、戦が有利に展開してきたのに、私は悪戯気をおこして、

「では僕の弁解はこれで止める。しかし、最後に一つ、諸君も実証を尊ぶ学者であるからには、先刻お話しした独逸麦酒会が、窓の外からうかがいみたほど決して豪奢なものではなく、近衛邸で行われるときはいざ知らず、僕のうちで開くのはこんなにも質素なものであることを実験してもらいたい。実は麦酒会といっても、ドイツの家庭招宴に準じたもので、冷肉、冷菜で、ビールだけはふんだん賑やかに飲むだけである。とにかく、まあ学者的に実証してくれたまえ」

と、家内に命じていつもの用意をさせた。そうして三人で心ゆくまで「独逸麦酒会」の実験をやった。もともとこうしたことが嫌いでなかった横井博士などは、「ユカイユカイ、今日のキミの弁解のうちで、これが一番の秀逸だ」と大喜びで、とうとう二人共へベレケになってしまった。「すまんすまん」の連発で、何度も米搗きバッタのように手をついた。

さらに私の悪戯気は徹底した。

「これも麦酒会の実証のつづきだ。ぜひ有終の美を成さしめてくれたまえ。これがいつも、みんなが帰るときのならわしだから……」

と、すぐ隣のような自宅へ帰る二人に、それぞれ二人引きの俥《くるま》を呼んで、無理やり押し上げた。すると、俥屋は賃銭の手前、まっすぐに行くこともできず、ぐるぐる大回りして、最後に両君を景気よくうちへ送りこんだものである。

自己反省の好機会

その夜、私は改めて自らをいろいろと反省してみた。なるほど世の中というものは、自分一人の得手勝手な行き方ではいけない。どんな些細なことでも、一応周囲の思惑を考えてみる必要がある。間違いのない、正しいと思ったことでも、世間では往々とんでもなく誤解してみる場合が多い。誤解は誤解を生んで、ついには今回のような辞職勧告にまでなって現れてくることさえある。ああわれあやまてり矣《かな》、と悔いるものがあった。

さらに私は、今日、横井、長岡の両君が先に立って、何故にかくも猛烈な態度でおしかけてきたかについて、あれこれと考え直してみた。そうして、それぞれ胸にこたえるあることに思い当たった。まずその一つは、台湾調査に出掛けた際の、長岡君に対する私の不注意であった。

それは台湾領有間もなくのこと、農大から二人の富源調査委員が選ばれた。私と長岡君とである。長岡君は私より二年前の駒場卒業生で、いわば先輩の一人であったが、私が洋行帰りで月給も上になり、外部の信用もドクトルの肩書きが物をいっていささかましのほうであった。だから人々に立てられるまま、台湾行にも、長岡君を差しおいて自然に出しゃばりが多かった。現地踏査でも招待宴や報告会でも、心づかぬまま、一人舞台でいい気になり過ぎたかたちであった。それも時の勢いや回り合わせで仕方がなかったとはいうものの、いまにして思えば、自分としても、もう少し、なんとかやり方があったようだ。いずれにしても、それが長岡君の恨むところとなり、かてて加えて、私の傲慢な態度が何から何までしゃくの種になっていたものらしい。位置を代えてみれば、それも全く無理からぬことで、そう気付くと、自分の社交上における欠点短所がいまさらにつくづくと後悔され出してきたのであった。

一方横井博士も、私より十年近い先輩で、農大の首席教授、しかも能書と雄弁とをもって鳴り、当時農学界代表の第一人者ともみるべき人物であった。ところが若輩の私が洋行帰りのドクトルの新看板で活動を始め、とくに時の全国農業会会長前田正名《まえだまさな》氏（私がドイツ留学を願い出た当時の校長）と昵懇なところから常に農事大会などに出席させられたので、いつもよく横井博士と一緒にしゃべる機会が多かった。横井博士はすでに老練熟達の大家で、どこへ行ってもなんら準備することなしに立派な演説をやってのけた。そこで負けぬ気の私は、ようし、自分はとても、他のことでは容易に横井博士に追ッつけぬが、この演説で彼氏を一つへこませてみせようと心ひそかに決心したのだった。

それで同博士がただ簡単な統計や筋道だけを巻紙にかいて登壇するのを逆に、私は詳細完全な原稿をいちいちつくり、それを数回練習したうえ演壇に立つことにした。旅行先などでも決してこれを怠らず、しばしば夜の一―五時の間に、ひそかに宿を抜け出し、海岸や原ッぱに出て猛練習をつづけた。そうして、演壇ではいつも、意地わるく横井博士の前席に立ち、満場の大喝采をかっさらうことにつとめた。すぐあとに出る横井博士としてはどうにもやりにくく、ついにときには十分陳《の》べ切らないで降壇してしまうことさえあった。

とどのつまり、本多のエンゼツ使いのあとではどうもやりづらいから、おれが先にやるといい出した。私は大先輩を前座にして真打ちに立つなどとはとんでもないことだ、礼儀にも慣例にも背くと断じて受けなかった。引き続いて各種の講演会や調査会などでも同じ調子で押し通したので、博士もとうとうカブトを脱いだ形であった。私はいよいよこれを痛快に思って百戦百勝の自信を得、「どんなもんじゃい」と内心得意の鼻をうごめかしたのである。思えば、私としても心無しの限りだったわけで、私に対して同博士が不快を感じつづけたことも当然であった。

さて、この二つが一つにかたまり、ついに、今回の辞職勧告の急先鋒となって現れたのには、むしろ不思議はなく、いまさらに私は自分の至らなさに、思わず赤面させられた。これでは部内一同、多かれ少なかれ、だれしも私に反感をもつのは仕方がないと初めて気付かされた。――こうして、辞職勧告は私にとってまことに有難い、自己反省の機会を与えてくれることになったのである。

横井時敬博士とは、これを契機に無二の大親友となり、生涯渝《か》わることのなかったのは前にも述べたところである。

その後なお、演説、講演などについては、自分一人で何もかもしゃべってしまうという態度を慎み、かえって次の人がやりよいように――この点に関しては何々君が私よりよく調べておられ、かつその方面の専門家でもありますので、すべてはそのお話に譲ります――というように改めることにした。

よけいな謙遜はするな

ついでながら、初期における私の大学時代に、偽善から生まれた一つの煩悶《はんもん》があったことを告白する。

これは一般サラリーマンにもありがちな旧思想のあやまちで、私の体験社会学としても、きわめて重要な意義をもつもののように思われる。もっとも大学も退いてしまい、齢八十を超えた今日では、後悔どころか、むしろよくやったと一つの矜恃にすら感じられるのであるが、奉職当初の八年間は、このことのためにつまらぬ煩悶をつづけたのだから、とくに一言を添えておきたい。

それは私が、自ら謙遜を衒《てら》って、低い位置に自ら求めて就職したことであった。

明治二十五年ドイツから帰朝するや、恩師志賀泰山《しがたいざん》先生その他先輩のすすめで、私は農科大学の助教授に就任した。高等官七等従七位というのである。当時普通の大学卒業生は、二―五年間判任官をつとめて、初めて高等官になるならわしだったが、私はドイツ留学のおかげで、農大卒業満二年にも足らず、一足飛びに、異数の抜擢を受けたわけである。しかもそれにはかえって一種の煩悶がつきまとった。

それは、この任官発表の前に、時の学長松井直吉《まついなおきち》氏からこんな内談があった。

「実は君を教授に推薦するつもりであるが、そうすると、君は、かつて教えを受けた白井光太郎《しらいみつたろう》、守屋物四郎《もりやものしろう》両君（二人とも助教授）の上に立つことになる、それでも別に差し支えはないか」

私は平素の気持ちをそのままに、

「自分のごとき若輩が、教えを受けた両先生の上に立つのはいかにも心苦しいことです。ぜひ両先生の下にしていただきたい」

と深く考えることもなしに、即座に答えた。

松井学長もこれをきかれて、それでは君としても都合のいいようにと、地位も年俸も両氏と同等に決めてくれた。これで私も、なんだか非常に善事を行ったような気持ちで、しばらくは儒教的な自己満足に陶酔した。

ところが、その後大学予算縮減の結果、両先生の昇進がおくれて、それにつづく私も長い間おつきあいの地位におかれた。功名心に燃えた若い頃のこともあり、また少しの昇給が重大な影響をもつ薄給生活者のことでもあり、この遅々として一向に動かぬ進級行列がまどろかしくなってきた。一事の快が永年にわたる煩悶の基となったのである。民間諸会社などではこうしたことも絶対ではなかったであろうが、一般官公吏ことに大学官制では窮屈を極めたもので、何もかも順序で動くという内規が厳守され、白井、守屋の両氏が昇進しない限り――それがまた遅いときている――自分も決して昇進しないという破目に陥ってしまった。

これは一時的な侠気《おとこぎ》を出して、自分がツマらぬ謙遜をした結果で、八年間の助教授中、絶えず、ああ馬鹿なことをしたものだと煩悶が心の中を去らなかったのである。これはいかにも本多の小人物を表現した悩みでお恥しい次第だったが、普通の俸給生活者感情としては無理からぬところで、同様の地位に立ったことのある人にはよくわかってもらえると思う。

仕事には遠慮は無用

一方、学生時代において、首席を争った同級三人組――川瀬善太郎《かわせぜんたろう》、河合鉥太郎《かわいしたろう》、それから本多――の一人だった川瀬君は、私より二年おくれてドイツに留学し（二年間）、帰朝後ただちに教授に就任してしまったので、爾後、私との間の地位に格段の相違を来し、万事同君の下風に立たなければならぬことになって、私の心ひそかな悔恨はいっそう強いものとなってきたのであった。

もっとも、川瀬君は私よりも四つ年長で、和歌山藩出身の秀才として知られ、山林学校入学以前すでに小学校長や郡視学をやり、卒業後も山林局の技手をしばらくつとめ、その上洋行で箔をつけて帰ってきたので、単なる学生上がりの若僧に過ぎぬ私とは比較にならぬ人材でもあった。しかし私は、学生時代に彼を追い越して首席になったこともあり、彼に先んじて留学をし、また彼のもっておらぬドクトルの学位をもっていたので、若い日の自尊心はどうしても川瀬君の下風に立つを潔しとしなかった。――いまから思えば笑止千万な話であるが、当時としては全く真剣な煩悶であった。

そこで私は、いまさらながら、「私の体験社会学」として力説したい。――それは、いかなる場合、いかなる職務でも、自分自身にその実力さえあれば、与えられた当然の地位は敢然と引き受けるべし、ということである。

つまらぬ儒教流の古いこだわりをすて、聖人君子を志さない限りは、仕事の上で決して無用な謙遜などしてはいけない。遠慮なく進んで、できるだけ自分で満足のいく位置を確保すべきである。もしそこに、尽くさなければならぬ師弟の礼や、友人間の情誼があったとすれば、それは十分他の途によって尽くされるであろうし、また尽くされねばならぬ。心にもない一時的な偽善行為で、決してその場だけを繕うことをしてはならない。

生じっかな「見てくれ」の美行は、かえってわれわれ凡人には、自他ともに不都合な結果をもたらすのである。大いに働き、大いに勤めるためには、仕事の上の遠慮は一切無用である。少年にして高科に登るは不幸かも知れぬが、登るべき高科に登らぬのもまた不幸であろう。まして、少年たらずして中年者たるにおいてをやだ。とにかく、偽善的なケンソンはつまらぬ。

その後私は、東京府の水源林監督となったときも、直後に知事代理の専行を約束し、また諸官庁の嘱託兼務を引き受ける際も、できるだけ高い地位と広範囲の権限とを要求した。さらに後年、長野県の山林顧問となった場合のごとき、とくに知事室の隣に立派な顧問室を設けさせて、万事高飛車に、ズバリズバリとやってのけた。実際またそのほうが大変いい成績を挙げ得たのである。これなどはみな、右に述べた大学初期の煩悶の反発であり、若い日の失敗の教訓による結果であった。

四、人を使うには・人に使われるには

江原素六《えばらそろく》先生を見習って

「使うには使われろ」という言葉が昔からある。これは、人を上手に使うには、自分自身まず使われる体験をもたねばならぬという意味と、また使う者は使われる者の身になってすべてを考えよという意味の二つが含まれているようである。さらに徹底した解釈では、人を使うのは、結局人に使われるのだというのである。したがって、人に使われること最もよろしきを得たものが、また人を使うに最もよろしきを得るわけになろうか。

いろいろ話をすすめていく前に、私はまず、一つの古い思い出話をしておこう。

それはもう三、四十年も前のことになる。有名な麻布中学の校長をしていた江原素六翁が、寄宿舎の窓から生徒が投げ散らす紙屑を、いつも早朝、自らニコニコしながら拾い歩いていたが、とうとう一人早起きの生徒がそれをみつけて、寄宿生一同に話したところ、みんなが感動して、それから一切紙屑を窓下へ捨てぬようになったということだった。それを聞いて私は、その頃自分が監督していた寄宿舎が、御多分に洩れず、掃除の不行届きで不潔をきわめていたので、さっそくその真似事の実行を思い立った。そうして、シャツ一枚といういでたちになって、自ら便所や下駄箱の掃除をして回った。ところが、私の姿を見付けたときこそ、舎生一同も、「やァ、来

た来た」といいながら、みんな申し合わせたように掃除の手伝いをしてくれたが、その効果もそのときだけで、一向に長続きをせず、舎内は相変わらず不潔と乱雑を改めなかった。そこで、私はいまさらに自分と江原先生との相異を発見して、深く自ら恥じざるを得なかったのである。

すなわち、江原翁は生徒を真にわが子のように愛し、その遊び跡のちらかりを片付けるくらいの気持ちで、全く慈愛の心から紙屑を拾って歩かれたのであるが、私は形こそ同じであっても、その実はムカッ腹を立てつつ、「どうだこれを見ないかッ」といった気持ちが動いていたため、ついに江原先生にはどうしても及びつかなかったのである。

この人を教え導くことの難しさが、取りも直さず、人を使うことの難しさである。そうして、その根本をなすところのものは、常に教える人、使う人の誠心誠意の問題であると思われる。

この寄宿舎の監督では、こんな笑い話もある。大学勤務やその他の関係でだんだん忙しくなったので、あるとき、私はこの仕事を止めようとしたら、妻がまっさきに反対した。

「とんでもない、他《ほか》のほうを止めてもこれだけはつづけてください。貴方は若い人々を監督してるつもりだったかも知れぬが、私は若い人々に貴方を監督してもらっているつもりなんですから……」

事実それにちがいない点も、あるにはあって、さすがの私もこれには一本参らされた。

人を使うものは人に使われる、人を監督するものは人に監督される。これはどうやら、間違いのないことのようである。

誠意とテクニック

対人問題のすべては、まずお互いの誠心誠意が基調にならなければならぬのはいうまでもない。しかし、そこには常に多少のテクニックも必要である。とくに上手に人を使うには、その辺のコツがいろいろと大切なものである。以下、かつて私が、「師長としての心得」として気付き、かつ多少とも自ら実行につとめてきたところを、二、三述べてみよう。

まず人の長となって、第一に注意しなければならぬことは、自分の知識や経験を事ごとに振り回さないことである。長官とか、社長とか、また何々の局長、部長などになった人が、自らの知識や経験をあまりに振り回し過ぎると、部下のものは「大将があいうから、そうしておこうじゃないか」と、何もかもそれのみに頼ることになり自然と立案工夫の努力を欠くに至るばかりでなく、すべての責任までオヤジに転嫁する気持ちにさせ、はなはだしく、その局部内を、イージーゴーイングな、活気のない、だれ切ったものにしてしまうおそれがある。

上長が部下に対し、責任はわしが負う。しかし仕事は君らに一任する。なんでも思う存分やってみたまえ、というふうに出ると、かえって彼ら自身に責任を感じ、自発的にいろいろ創意をこらすばかりでなく、大事な処は大事を取って、いちいち相談を持ちかけてくる。したがって何事にも大過はない。しかもみんなは、それを「自分の仕事」としていっそう打ち込んでかかるのだから、かえって、その官庁なり会社なりの仕事は、活気に満ち、能率も大いに上がってくるものである。

人をよく使うには、その人の性格（長所と欠点）をよく呑み込まねばならない。大勢の部下があると、なかなかその姓名さえ充分に覚えにくいものであるが、正しく、早く、その名前を覚えると同様に、その人物についても巨細に知悉《ちしつ》するところがなければならない。

人間はだれでも、もって生まれた特長が何かある。それゆえ、上長たるものは、部下についてその特長を発見するにつとめ、機会あるごとにまずその長所を褒め、しかるのち、ホンの添え物程度に、もし欠点があれば、その欠点を指摘し、矯正するように注意してやることである。上役が自分の長所を認めていてくれると知れば、だれしもわるい気持ちのしないのが人情である。その部下はどんなにも、日常の仕事に張り合いを感ずるか知れない。そうして、それとなく注意せられた欠点の矯正にも、素直な受け入れ方をして、本気に努力するものである。

人物の正しい評価

必要なときに、必要な「知らぬ顔」ができれば、もう人使いも一人前といえる。ところが、これがわれわれ凡人にはなかなか難しい。つい何事も顔色に出てしまう。言葉に出てしまう。いわなくてものことをいって、いわゆる駟《し》も舌に及ばずで、取り返しがつかなくなる。世の中には、即時即決を要する問題も多いが、また往々にして、この「知らぬ顔」が一番いい解決法になる問題も少なくない。人を使う立場にある人はこのことを知らなくてはならない。

しかし、それとは反対に、知らぬ顔をしていながら、何から何まで万事御承知で、「おやッ、オヤジはこんなことまで知ってるぞ、こいつは油断がならぬ」と、ときおり、部下のものの胆《きも》を冷やさせる手も肝要だ。またこれがあってこそ、「知らぬ顔」の半兵衛も生きてくるというわけである。

だからして、人の長たらんとするには、多くの部下の考えが常にどう動いているか、個々の仕事振りが果たしてどんなものであるか、怠らず心を配り、何時も正しい評価の上に立って、すべてを取り仕切らねばならない。

早い話が、ちょっとした人事の更迭をやる。それが、右の正しい人物評価に基づいた適材適所の配置法であれば、「ははん、オヤジさん、あれで何もかも御存知だな」と、部下はみな不平不満なくついてくるのである。日頃の「知らぬ顔」が一段と威力を加えるわけだ。

由来私は、努力主義の人生観を押し通してきた建て前から、部下の仕事振りなどを見て、表面的にはなばなしい能率を上げることよりも、むしろ、営々として、縁の下の力持ちをつづける人を多とし、できるだけその労に酬いるにつとめてきたが、いずれの社会でもそうした人々の働きが見落とされがちなので、上に立つ者は、怠らず常に、何事にも裏の裏まで見透かしていることが大切である。

もっとも、裏の裏まで見透かすといっても、四六時中自分の椅子に頑張って、鵜の目鷹の目の眼《まなこ》を光らす必要はない。世間にはよく、一日でも、一時間でも、自分が不在になると、何か間違いが起こりそうだ、だれる、なまける、少しも目が離されないと考えている人もあるが、そんな上役振りではダメだ。その人がそこにいても、いなくても、その職場の緊張振りに変わりはないように統率することが第一で、それにはなんとしても、人の長所をよく見、よく活かし、自らが部下の信頼をかち得るとともに、また部下のそれぞれをそれぞれの地位に信頼し切って、一切を任せることでなければならぬ。「長所と交われば悪友なし」で、その長所のみを採り上げ、その長所のみを利用すれば、どこにも間に合わぬ部下というものは一人もいない。

仕事の上手な頼み方

人を使うのには、人の名前を、早く、正しく覚え込むことといったが、これはなんでもないことのようで、きわめて大切なことである。

何か部下のものに仕事を頼むとき、いかにその態度が礼を尽くしていようとも、その名前を間違えて呼ぶようなことがあっては、それこそ、百日の説法屁一つで、「なんだい馬鹿にしてやがる」ということになってしまう。態度がいんぎんを極めれば極めるほど変なことになろう。だから、新しく入ったようなもので、不確かな記憶しかなかったら、そっと次席のものにきいてみるとか、職員名簿をひっくりかえしてみるくらいの用意が必要となってくるのである。また給仕や小使までいちいちその名を覚えていて、「オイ何々君」と親しく呼びかければ、呼びかけられたものの気持ちは満更でないわけで、取り寄せるように頼んでおいた弁当も、せっかくあたたかいところで運ばれてくるというものである。

そこで私は、部下の人々に仕事を頼む場合、それがどんな些細なことでも、いちいち、正しい名前をハッキリ呼んで、いつもねんごろにいいつけるようにしてきた。またその仕事の内容についてもよく吟味をして、頼まれたものに、なんだいこんなことといわれないようにつとめてきた。

たとえていえば、こんな心遣いである。

若い人々に何かを頼む場合、無理にならない程度に、必ずその人の地位や力量に比して、少し上のものを選ぶようにし、「これはちょっと重要なことだナ、しかしおれにだって大丈夫できるぞ」といった気持ちになれるものを、適材適事に与えるようにした。そうして、丁寧にその内容を説明し、やり方を指示したうえ、本人の腹案を聴き、適度の追及を行って、「ではよろしく」と、懇切に頼むことにしてきたのである。

ところで、こうして命ぜられた仕事はだれしもいささか誇りをもち、かつ責任を感じ、必ずこれを完成しようとベストを尽くす。しかも、その結果は概して良好であるのを例とする。そうして私は、こうしてでき上がった仕事に対して、あくまでも親切に再検討を加え、創意の程度によっては、いつも部下の名前でこれを発表し、学業または事業上の名誉をその人に得させるように心掛けてきたのである。

人の意見をよく聴くこと

次に、部下や社員の持ち込んでくる意見とか提案とかは、経験と研究を積んだ上長者には、常に概してつまらぬと感じられるものが多い。しかし、それを天からつまらぬとこき下ろしたり、フフンといった態度で軽くあしらってしまってはならない。上長者にはつまらなくとも、愚案と思えても、本人にとっては全く一所懸命の場合が多く、あまりにあっさり片付けられてしまっては、部下たるもの大いに落胆せざるを得ない。ときとして、再度の提案具申の勇気をすら欠くに至るものである。この場合、どんなに忙しくとも、またどんなに馬鹿馬鹿しくとも、いちいち親身になって聴いてやるだけの用意と忍耐がなんとしても必要である。それが上長者のエチケットでもあり、義務でもあるというものだ。

すなわち、部下の者が、何か用あり気にドアを押して来たり、自席に近づいてきたときなどには、できればただちに自分の仕事を中断し、二—三歩の前からその顔を見、その足元を見守って、ニコやかにその用件を聴き取る態勢をととのえて、「さァなんなりと」といった気持ちを目顔《めがお》で知らせるくらいにしなければならぬ。そうしてゆっくりその述べようとするところを尽くさせ、充分そのいおうとするところをいわせるがよろしい。こんな場合、ほかから何かの用事が持ち込まれても、それをあと回しにして、「さア、次をつづけたまえ」とでも促せば、提案者の満悦はこのうえないものになる。

要するに、上長者たるものは、絶えず業務上や研究上の意見を部下に求めることにし、採用しても、しなくても、どちらだって大差ないといった程度のものすら、できるだけ採用の形で取り入れることにしたい。これは本人にとっての大きな奨励ともなり、また将来本当に意義ある改善工夫の出現を待つ呼び水ともなるのである。いずれにしても人を使うには、人の意見を虚心坦懐《きょしんたんかい》に聴き取るだけの雅量を、常に持ち合わせていなければならない。またそれを能《あた》う限り実行に移すだけの積極味を、必ず持ち合わせていなければならない。

上長に大切な威厳と親しみ

人を使うにも、人に使われるにも、常にその周囲の人々と同和することが最も大切である。私などはこの同和が最も不得手で、少年時代から僻《ひが》み根性が強く、人を疑い、人を嫉《ねた》み、人の落ち目を喜ぶような悪癖があって、我ながらあいその尽きるものがあった。ところが、十六のときに淘宮術《とうきゅうじゅつ》の大家新家春三先生の門に入り、根底からその気質の矯正につとめたため、後年どうやら人にも使われ、人をも使うことができるところまできた。

傲慢不遜と狭量とは、全く、使うにも使われるにも、処置なしである。それに反し、礼譲と温容とは、使うにも使われるにも敵なしである。ただここにちょっと注意しなければならぬのは、礼儀作法を重ずるといっても、変にお高くとまることは大《だい》の禁物である。同僚と同和どころか、いつも一人だけのけものにされてしまう。だから、礼儀正しいといっても、それはどこまでも民主的、民衆的でなければならぬ。上長者といえども、常に仕事にも、仕事外にも、部下と共にあることを忘れてはならない。

ところで、部下の心を自分につなぐには、何かの頼まれ事や約束を、忘れずに必ず実行することなど最も有力な手だ。私はこのために手帳を用意していちいちこくめいにメモをとっておいたのだが、頼んでいたほうで忘れているような些細なことでも、このメモのおかげでこちらは忘れずに必ず実現したので、「うちのオヤジはこんなことまで覚えていてくれるか」と、馬鹿に評判をよくしたものである。これが、再三念を押されて、最後に「やあ忘れていた」ということになっては、仕事の上の権威も、信頼も、とんだ処でマイナスにされてしまうところだった。

さらに師長たるものは、いつも決して無表情無愛想であってはならない。部下は常に、「上役の機嫌」といったことに心を配っているものだから——卑屈な意味でなしに——部下に対しては、なるべく柔らかく、笑いを忘れず、ときにはユーモアたっぷりの口説《くぜつ》で雑談の仲間入りなどもすべきである。いい話題がなかったら、「どうだね、子供さんはみな元気かね」くらいに、くだけて出ることが大切である。「威厳」と「親しみ」——この二つの等分配合がなかなか難しい。上長者に人知れぬ苦心の存するのはここだ。孔子のいわゆる威あって猛からず、恭にして安しというのもすなわちここだ。

難しい人の叱り方

さらにまた、人の上に立って最も苦心を要するのは、人の叱り方、諭し方である。

人間はだんだん古参になったり、年老いてくると、自然人に対する小言が多くなる。また小言をいわねばならぬ立場にもなってくる。そこで、この二つがごっちゃになって、しかも自分のわがままもまざってくることになるから、よくよく気をつけなければならない。いいかえれば、部下に対して小言がいいたくなり、叱りたくなった場合は、まずそれを自分の上に当てはめてみて、自ら第一に反省するくらいに慎重を期さなければならぬのである。

由来、賞讃は春の雨のごとく、叱責は秋の霜のごとしである。褒めることは人を蘇《い》き返らせ、のびのびとさせるが、小言はどうも人を傷つけ、萎縮させることが多い。だから、小言を人にいう場合も、称揚することを八分、注意することを二分、といった程度に心を用いるとかえって効果があるようである。子供のしつけ方についても、「三つ褒めて一つ叱れ」といった言葉もある。

したがって、私もその伝でいって、いつも人を叱らねばならぬ場合は、まずその人の長所を挙げて、それを捕うべき一事宛をよく注意することにしてきた。たとえば、君はこれこれの点は実にエライが、ただ一つこういうことになるとちょっとマヅイ、だから、これこれのことを改めさえすれば実に錦上花を添えるわけになる、どうか気をつけてくれたまえ、といったように。

とにかく、一度にあれもこれもと、多くの欠点を挙げて叱責すると、対手が心から恐れ入るようで、その実はかえって反抗心を起こさせてしまう。ちょいちょいなんでもないことで小言をいうのもよくないが、見るに見兼ねての、「溜めおき」叱りも禁物である。上手に人が叱れれば、それはもう上手に人が使える人で、上長としては満点にも近い。

ことに難しい中にも難しいことは、すでに一家を成して、相当の自信をもっている人々への叱責である。だれしもしっかりやっているつもりの自分の仕事に、上長または同僚からとやかくいわれるくらい、ピリッとくるものはない。自信をもてばもつほど不快の感は大きい。したがって、この不快を起こさせず、いかにして有難い忠告と思わせるように注意するか。それがなかなかに難しい。

そんな場合には、その事柄にのみついて一言し、態度がどうの、心情がどうのと、その他のことについて決して批判がましいことをいわぬようにしてきた。いいたいことの全部を尽くしてはかえって逆効果になる。そうして一度注意したことには、わざとしばらく触れないようにし、自分自身で充分反省できる機会を与えることにしてきた。

それにもう一つ、些細なことでも、自分の気に入らぬとすぐ小言になるのが、老人、上長のわるい癖であるが、私は叱りたいことも、済んだこと、過ぎ去ったことは叱らず、何か報告を受けた際など「それはよかった、しかし、これこれのこともあるから、次からはこうしたらどうかな」という工合に、人の気持ちをわるくしないで、将来を注意しておくことにしている。さらに、いかに注意や叱責をしても直らぬ場合がある。それはこちらの考えが間違っていることもあろうし、人の気持ちはその顔の異なるごとく異なることもあろうから、三度これを試みて聴かれない場合は、あえてそれ以上の追及はしないことにしてきた。そうして、自分は自分、人は人、それぞれの途を選ぶことにしてきたのである。

上手な自説の述べ方

人を使い、人に使われる――つまり協同社会における自説の発表、または自案の貫徹には、これまた相当の苦心とテクニックを要するものである。私は元来話好きで、なんでも知っていることはみんなおしゃべりしてしまい、聞かれもしないことまでこちらから進んで講釈する癖がある。これは長い間学校の先生をやってきたためかも知れぬが、職務上重要な意見は、人の請《こ》いに先立って切り出すのはどうもマヅイようである。

いったい多人数集まった席での発言は、その聴き手の要求に応じてこれを行うほうが、そうでない場合よりもはるかに効果的であって、差し出がましく真ッ先に自説を持ち出すと、しっかりした内容のものでも軽んじられやすい。かえって人を不愉快にするものである。

だから、重要な会議であればあるほど、まず充分に人の意見を聞いて、しかるのちおもむろに自説を持ち出すのがリコウのようである。それもなるだけ人の意見に賛成し、それを補足する意味において一言する形でやる。この場合だれがどういう説を主張しようとかかわったことではなく、要するに目的は、持っていきたい結論に持っていかれさえすればいいのだから、努めて他説を立てつつ、自説を説明する。それは結論に対する共同責任をみなに負わしめると共に、かつ多数者の感情を損《そこな》わぬ上に大変な利益がある。またその席上議論が生じた際にも、常に雅量をもって対手を立てるようにすれば、その人からかえって真実の意見を聴く——つまり本音を吐かせることもできるのである。

さらに過ちを改むるにはばかることなかれで、その討論で自説の誤っているのに気付いたら、その場でむしろ気前よく降参して、自説の改新を行ってゆくことだ。変にネバネバしていつまでも自説を固執しているよりも、どんなにか男を上げることになるか知れない。そのほうがかえって、次の機会でも、その意見に会同者が耳をかたむける結果となろう。

他説に花をもたせるように

なお一般の会議などで、自分の考えているように何から何まで運ぶと、あとの実行に、何かしら一人で責任を負わされるような形になって、ちょっと都合のわるいことも出てくるものである。そんな場合を避けるためには、どうしてもこれでなければならぬという大事な骨子だけは守って、どうでもいいあとの七八分は、できるだけほかの人の意見に花をもたせるのがいい。これはひきょうに似ているようであるが、スムースな会議の進行と、慎重を期する実行上の用意にきわめて大切なことである。

次に会議会同によらず、個々に意見を具申する場合、多く文書提出の方法によるのが普通であるが、これにはくだくだしい理論的叙述を避けて、簡明直截《ちよくせつ》な個条書きにするのが一番いい。もし詳細を尽くした説明書をこしらえたら、それは、まず本文を読んでのち、改めて目を通すことができるように、始めから別文にしておくがよろしい。無理に本文中に入れると、全体がかえって軽ッぽくなってしまう——第一お仕舞いまでみなかなか読んでくれなかろう。

さて最近の私は、ほとんど全く、会議といったものに顔を出さなくなったが、それでも、いろいろ重要問題について意見を求められることがある。この場合、私はなるべく即答を避けて、さらに一応検討の機会を与えてもらう。これは老来慎重の上にも慎重となり、相互に能う限り過誤なからんことを期した結果であるが、ことに人を使い、人に使われる人々は、自説を述べるにも、他説を聴くにも、常に慎重を旨とすべきであると考える。

五、平凡人の成功法

勉強の先回り

かつて私は、総理大臣だった桂太郎大将からこんな話を聞いたことがある。いまに至るも、生きた人間処世訓として、その感銘はなかなかに深いものがある。大将曰く、

「自分は陸軍に身を投じて、常に次から次へと勉強の先回りをやってきた。大尉に任ぜられたときは、少佐に昇進する年限を三年と考え、その初めの半分の一年半に、大尉としての仕事を充分に勉強しつくした。そうしてのちの一年半に、少佐に昇進したときに必要な事柄について一所懸命勉強した。だから、予定の年限がきて少佐になると、大尉時代に早くも準備を積んでおいたために少佐の任務は安々と勤まって、他の者にくらべて綽々《しやくしやく》たる余裕を残した。そこでただちに次の中佐時代に必要な勉強を始めたのであるが、中佐になれば大佐の、大佐になれば少将のと、次々に一段階ずつ上のことがスッカリ身についたのだから、勤務もすこぶる楽であったし、成績も意外に上がった。したがって、だれよりも最右翼で昇進することができたのである」

当時すでに働き盛りであった私も、いまさら青年のように啓発されるところがあり、ウウムなるほどと思わず横手《よこで》を打った。かの俊才にして、またこの努力である。彼が一介の武弁桂太郎に終らざりしも故ある哉、と感嘆したものである。

私の体験によれば前にもしばしば述べたように、人生の最大幸福は職業の道楽化にある。富も、名誉も、美衣美食も、職業道楽の愉快さには比すべくもない。道楽化をいい換えて、芸術化、趣味化、娯楽化、遊戯化、スポーツ化、もしくは享楽化等々、それはなんと呼んでもよろしい。すべての人が、おのおのその職業、その仕事に、全身全力を打ち込んでかかり、日々のつとめが面白くてたまらぬというところまでくれば、それが立派な職業の道楽化である。いわゆる三昧境である。そうしてこの職業の道楽化は、職業の道楽化それ自体において充分酬われるばかりでなく、多くの場合、その仕事の粕として、金も、名誉も、地位も、生活も、知らず識らずのうちにめぐまれてくる結果となるのだから有難い。桂大将のやり方もまたこの「職業道楽化」の最も典型的な一つであったようだ。

仕事の面白味

職業を道楽化する方法はただ一つ、勉強に存する。努力また努力のほかはない。

あらゆる職業はあらゆる芸術と等しく、初めの間こそ多少苦しみを経なければならぬが、何人も自己の職業、自己の志向を、天職と確信して、迷わず、疑わず、一意専心努力するにおいては、早晩必ずその仕事に面白味が生まれてくるものである。一度その仕事に面白味を生ずることになれば、もはやその仕事は苦痛でなく、負担ではない。歓喜であり、力行《りっこう》であり、立派な職業の道楽化に変わってくる。

実際、商人でも、会社員でも、百姓でも、労務者でも、学者でも、学生でも、少しその仕事に打ち込んで勉強しつづけさえすれば、必ずそこに趣味を生じ、熱意を生み、職業の道楽化を実現することができる。それは私の今日まで体験してきたところでも全く明らかである。

私は埼玉の百姓生まれで、米を搗《つ》きながら独学して、東大農学部の前々身である山林学校に入学したのであるが、その米搗きも初めのうちは苦しく、いやでいやで仕様がなかった。ちょっと踏み台を踏んだばかりで、もうどれくらい搗けたかなと、下へ降りて米を吹き吹きしていたので、せっかくの摩擦熱が冷めますます手間取ってしまった。そこでだんだん考えた末、かたわらの戸の桟の上にゆるく糸を張り、その間に本を拡げて読むことにした。仕事は足を踏むだけの単調なものであるから、もう少し少しと本につられているうち、米のほうは搗き過ぎるくらい白く搗いてしまうようになった。ついに「米搗きは静六に限る」ということになって、米搗きが私の専門になり、おかげで勉強のほうもぐんぐん進んだ。

米搗きのような、機械的なツマラヌ仕事でも、少し工夫をすれば面白くつづけることができる。これが、私の最初に発見した職業道楽化、もしくは遊戯化の実例であった。もっとも仕舞いには、いささか、頭の働きと足の働きが主客てんとうの形になってしまうこともあるにはあったが。

――桂大将は明治兵制の創設に当たって、最初から大尉に任官したのだったから、その必要もなかったであろうが、軍人としても、やはり兵、下士官のコメツキ仕事から、次への段階のために工夫をこらし、最善を尽くしてゆけば、その到達し得る最高まで必ず到達し得たにちがいない。まして軍人などよりさらに自由性があり、階級性の乏しい他業に従う人々には、この職業の道楽化がより可能であり、そのもたらすものがより大であることはいうまでもあるまい。

天才恐るるに足らず

なんでもよろしい、仕事を一所懸命にやる。なんでもよろしい、職業を道楽化するまでに打ち込む、これが平凡人の自己を大成する唯一の途である。世の中には天才だけにしかできぬという仕事はあまりない。少なくとも、職業と名のつく職業であれば、すべては平凡人の努力によって、完全にこれを道楽化する処までいけるものだ。今日の学問からいうと、本当の天才は、天才的な遺伝要素が必要で、われわれ凡人は本当の天才にはなれない。だが、いかに不得手なことでも、一所懸命やれば上手になれ、好きにもなれ、天才にはなれなくとも、まず天才に近いものにまではなれる。私もいろいろな体験からこうと気付いたのであるが、後にゲーテの『天才論』をみたら、やはり「天才とは努力なり」と、同じような結論が出ていて、はなはだしくわが意を得た次第だった。

そこでわれわれは、かりに一歩を天才には譲るとしても、努力による「亜天才」をば志さなければならない。何も初めから遠慮して天才に負けてしまう必要はない。「天才マイナス努力」には、「凡才プラス努力」のほうが必ず勝てる。私は八十年来これでずっと押し通してきて、何事にもそれほど見苦しいひけを取ってきたとも思わない。

さてここに、凡人者の天才者に対する必勝——とまではいかなくとも、少なくとも不敗の——職業戦術がある。

それは「仕事に追われないで、仕事を追う」ことである。つまり天才が一時間かかってやるところを、二時間やって追いつき、三時間やって追い越すことである。今日の仕事を今日片付けるのはもちろん、明日《あす》の仕事を今日に、明後日《あさって》の仕事を明日に、さらにすすんでは今日にも引きつけることである。

冒頭に述べた桂大将のやり方がすなわちこれである。いうまでもなく桂大将は陸軍切っての偉材であったであろうが、桂さんでなくとも、桂さんだけの勉強をつづければ、桂さんに近いものに必ずなれたに相異はない。それをわれわれ凡人はめざそうというのである。

普通一般のサラリーマン訓——威張っていた旧軍人といえども、たしかにサラリーマンの一種——としても、自分に与えられた仕事を速やかに、完全にやることは必要だ。まして凡人が天才と競争するには、この努力が絶対で、さらに彼らが眠っている間も、なまけている間も、こちらは怠らず次の仕事に準備し、次の仕事を用意しなければならぬのである。

冗談をいってはいけない、われわれは仕事を追うどころか、せいぜい仕事につかまっていくのが精一パイである、という人があるかも知れない。しかし概して今日の職業、職場の多くは——有難いことには、労働基準法とかいうものがあって——そんなにも過労を強いるものではない。普通人が普通につとめて必ずついていけるものである。だから、普通人が普通人よりちょっと努力し、ちょっと手際よく工夫するだけでも、次から次へと勉強の先回りをする余裕はいくらでもできてくるものと私は考える。

「天才マイナス努力」には、
「凡才プラス努力」のほうが
必ず勝てる。

一日一枚の原稿執筆を生涯続けた

上位は常に空席である

桂式勉強法は、ひとり軍人においてのみ可能だったわけではない。学者としても、教師としても、一般公務員、銀行会社員としても等しく可能性をもつ修業法である。問題はただ、その心掛けをもちつづけるかどうか、その努力を怠らぬかどうかだけである。草履取りから天下取りになった木下藤吉郎流の出世術もまたこの方式の実践であるが、今日は藤吉郎時代の飛躍がのぞめない代りに、彼の時代には見られなかった組織と制度のハシゴ段が、どの方面にも平凡人の歩速に合わせてちゃんとつけられている。だから大天才秀吉のように太閤様にはなれなくとも、桂式の勉強法で、大は大なり、小は小なりに、それぞれどこかの御山の大将ぐらいにはなれる仕組みになっている。少なくとも民主主義、自由主義の世の中はその方向に動いているはずだ。平凡人といえども、何も早まってその出世をあきらめてしまうには当たらない。よろしくその志を大にすべきである。返すがえすも仕事の上での遠慮は全くいらない。

西洋の人生訓にも、「汝の上位は常に空席である」というのがある。本当に勉強し、本当に実力を養うもののためには、その進むべき門戸はいつも開かれている。努力の前に閉《とざ》された扉は一つもない。表門がしまっていても裏門があり、裏門がしまっていても塀を乗り越えるという手もある。

試みに諸君自らの周囲をよくよく見直してみたまえ。一応はどの地位どの椅子も、外見だけはアキなく塞《ふさ》がれてはいるようであるが、勉強と実力次第で、何人もそれに取って代れぬものは一つもないのではあるまいか。どれも、これもが、空椅子《から》同様とみればみられるではないか。

それをめざして——あえて実際に取って代らなくとも——いつでもその地位なり椅子なりに坐れるだけの、勉強をつづけ、実力を養成しておくことは、後進者の義務であり、権利であり、また職業道楽化の卑近な一目標ともいえるではないか。事実それらの椅子は、いずれも地位相当の新しい勉強家や実力者を迎え入れたくてガツガツしているのが、世間一般の現状なのである。

こういったところで、私はいたずらに、時代に逆行した利己主義や、我利我利の鼻持ちならぬ立身出世主義を鼓吹しようというわけではない。われわれ凡人といえども、われわれ相応のアンビションを抱いて、常にその仕事に張り切ることの必要をただ説きたいのだ。自らすき好んで卑屈に陥らないで、萎縮しないで、いつも「オレだって」というだけの気概をもって努力をつづけていきたいというのだ。人がこの世に生存して、それぞれ一個の持ち場を守るからには、つとめるべきをつとめ、尽くすべきを尽くして、その力と環境のゆるす限り、自己の拡充発展に精進すべきであることをいいたいのだ。これがすなわち社会進化の基調ともなり、人間進歩の実現ともなるのである。

自惚れもまた不可ならず

人にはだれにも自惚《うぬぼ》れがある。

おれにはそんなものはないぞということすらが、すでに一種の自惚れであるほどだ。多かれ少なかれ、またこの自惚れがあるために、人は職業人として立ってもいけるし、何かしら仕事もやっていけるし、一人前の世渡りもできていけるわけである。いわゆるウソから出たマコトで、事実また、この自惚れから思わぬ成功が生まれてくることも多いのである。

　なかんずく、学者、芸術家といった人々にはことに自惚れが強い。これは、こうした職業者の一種の通有性ともいうべきもので、自惚れが自信となり、自信が精進となることによって、かえって偉大なる業績を残す場合が少なくない。しかし、実際には自惚れで成功するものよりも、自惚れで失敗するもののほうがはるかに多く、ことにわれわれ平凡人がちょっと何かでウマくいった際、無意識の中にきざす自惚れには、その危険率が多い。

　そこで私の体験社会学によれば、自惚れはだれにもあり、またどれにでもそれ相応もたれなければならぬとなると、自惚れの「大出し」はいつも禁物。人に目立たぬよう、人に笑われぬよう、人にそしられぬよう、ジワジワと「小出し」にするに限るようである。要するに自惚れの発展対象は、卑近なところ、着実なもののみにして、小となく、大となく、高きも、低きも、その目的を達成するまでは、自惚れを心ひそかに持続して専心努力すべきであると考える。コツコツ努力をつづける間に、自然に自己の力と性格がわかってきて、自惚れが本当の自信になり、実力となって、一段一段と高い目的にすすみ、知らず識らずのうちに本当の手腕、力量、人格といったものが構成せられてくる。しかもそれらの上に再出発して、自分も成功し、世の中にも大いに貢献することができるのである。

　自惚れといっても、世俗的な解釈をもって、一途に馬鹿にしてしまってはいけない。自惚れがなくなってしまっては、人間ももうお仕舞いである。自惚れの拍車は各人を自ら想像したよりも幾倍に大きくし、大きくなった自己は、さらに偉大なる未知の発展力を生むものである。このことは、世上幾多の事例がわれわれにハッキリ教えている。

自惚れは決して天才者のみの専有物ではない。平凡人も平凡人としてのこの自惚れをぜひもたなければならない。ただここに注意しなければならぬことは、あくまでも「柄相応」ということで、それには正しい自己反省を常に忘れてはならないのだ。

代議士を志して

私も一度、若い頃のことだが、柄にもなく代議士に打って出ようと考えたことがある。いまでこそ柄にもなくと回想するのだが、当時は柄にもあると本気で自惚れたのである。

それは三十五歳のときだ。親友戸水寛人《こみずひろんど》博士等の学者が衆議院選挙に立ったとき、私にもすすめる人があって、野心的な自分の意は大いに動いた。そこで恩師に当たる中村彌六《なかむらやろく》先生のところへさっそく相談に行った。すると先生は、

「これからそのほうへ、君が本気になって乗り出すつもりなら、それもわるくはあるまい。しかし、それには一つの条件がある。月々五百円宛、年六千円だよ、これだけの小遣い銭をすてる余裕があるなら出るもよいが、それが出せなければ、出せるまで待つことだ。わしの注意というはただこれだけさ」

と、きわめてあっけない話であった。

私は少々馬鹿にされた感じで、ムキになって突ッ込むと、背水将軍（中村先生の渾名）少しも

騒がず、ズバズバ遠慮なくおいでなすったものである。

「一介の陣笠になるのに、主義政見などは何もあえて問うところでない。問題は要するに金だよ。まァ月五百円の小遣いがあれば足りるかな。その金さえあって、いろいろな連中と会食などする際、その度いつもみなの分までそっと払って知らぬ顔ができりァ、数年ののちには幹部にもなれるし、運がよければいつかは大臣になれるかも知れないよ。——しかし、なれたところで、自分の意見なんてそうそう通るものではない。君がせっせと貯めた財産をみんな吐き出し、くだらぬ虚名と引きかえに、元の素寒貧に逆戻りするぐらいが落ちだね。どうだ、いまの君にそれだけの覚悟がもてるかね」

当時の月五百円は、いまの月十万円にも当たろうか。もちろん、そんな金はなし、将来そんな金ができたとしても、そんな無意味な使いようはできんと考え、気負い立った私も、意気地なくポッキリ出鼻をくじかれてしまった。いうまでもなく、政治が金になるとか、また金にしようとはみじんも考えなかったが、天下国家のためにする政治が、逆にそんな無意味な大金を食う代物とは知らなくて、自分の甘さ加減がつくづく思い知らされたのである。

学者の世間知らずというが、全くお恥しい次第だった。

政治と自惚れの脱線

今日の政治はちょっとちがうかも知れない。もっともっと進歩しておるはずだ。しかし、またまだ政治と金とは縁切りになっておらない。いわゆる政治家にはなかなか金が必要であるようである。政治家として世俗的な成功を収めている連中は、みな主義主張や才幹よりも金の力とみられている人々が多い。だから、政治家になるには、生まれつきその方面のある才能を具《そな》えた上、しかるべき学歴、経歴があり、しかも自分をバックする何かの力さえあれば、あとはもうただ金々々の問題であるらしい。昔からいわれている地盤、看板、鞄の「三バン」の中、依然として、最後のカバンがいまもって一番大切であるようだ。

むかし、加藤六蔵という人が、代議士（愛知県選出）に選ばれて意気揚々と出京してきた際、福沢諭吉先生が、それはめでたい、一つお祝いの詩をかいてやろうと、さっそく筆を執られた狂詩が、

道楽ノ発端称ス二有志ト一
阿呆ノ頂上為ス二議員ト一
売リ二-尽シ伝来ノ田畑ヲ一去リ
貫ヒ得タリ一年八百金

という面白いものだった。

これはいささか皮肉に過ぎているようであるが、やはり柄にもない野望をもつ議員病患者には一服の清涼剤ともなろう。この詩の歳費一年八百金は、今日はいくらにふえているのか知らぬが、政治家商売がこれだけで決して引き合うものでないことは確かである。二―三年の中にまたまた解散もあろうし、新競争も出てくる。一回何百万円――今日では――といわれる選挙費の調達に苦労を重ねて、それで落選の憂き目をみれば世話はない。「阿呆の頂上議員と為す」とは少し手

厳し過ぎるが、考えてみれば、あまり割のいい話ではないようである。

議員が阿呆の頂上であるかないかはしばらく別にして、とにかく、私のここにいいたいのは、「道楽の発端を有志と称す」る、その有志に、小成功者の自惚れが得てして陥りやすいことである。私のいう職業の道楽化がまだ本物にならない先に、多くの人々が有志家道楽を始めてしまいやすいことである。もちろん、人間有志家たるも決して悪いことではないが、柄にもなく、また時期尚早に、この道楽へ踏み込むと何人もとんだつまずきをみることになる。正に戒むべきは自惚れの脱線である。

決して脇道に外れるな

有志家にはだれもなりたがるものである。しかも、有志家的野望といってもだんだんで、町内会の世話役、同業組合の幹部、何々委員会の委員といったところから、小は町村会の議員、大は国会の衆・参議員などまでいろいろの公職がある。自分からなろうと望む場合もあろうし、また周囲から推し立てようとする場合もあろう。いずれにしても、それに心動かすのは、十中の八九まで権力と名誉へのあこがれからである。したがって、私は単なる名誉心や権勢欲にかられての、この有志家気取りや政治家志望を厳に戒めたいと思うのだ。

平凡人の進む道はあくまでも「柄相応」でなくてはならない。

元来、名利は与えらるべきもので、求むべきものではない。自ら求めて得た名利は、やがてこれを失わざらんことに汲々としなければならず、しかも、それは瓶中《へいちゅう》の花のごとく、いつかはしおれてしまう。幸福の実は決して生《な》るものではない。それゆえ、われわれはあえて名利のために働くのでなく、仕事が――与えられた職務が――面白くてしようがないから働くという信条、すなわち、努力が楽しみという境地ですべてを押していきたい。そこに、おのずから自他繁栄の道も拓かれ、名と、利と、徳とが一致する人生も生まれてくるのである。

あせることはない。無理をすることはない。何事も「渠《きょ》成って水自《おのず》から至る」ものである。一人一業を守って、それに専心打ち込んでおれば、万福招かずして来るものである。町内会で立てられることも、同業者内に重きをなすことも、一社内に確固たる地位を占めることも、みなそれぞれの本業本務を立派につとめ上げてのことである。しかもそれは、自から求めずして、その人の上におのずと現れくるのである。

以前からよく、私はこの有志的、政治的進出の可否について、多くの小成功者連から相談を持ち掛けられることがあるが、その都度、いつも私は、だれにも二足草鞋を戒めて、その人の本業精進をつよく希望するのである。

私の体験社会学――最終結論

身のほどを知る――自惚れの自戒がとんだ方向に外れたが、この話の骨子にはきわめて重大な意義がある。つまり、平凡人は平凡人としてひたむきな、一時に一ヵ所に向けられた努力が大切であって、精力の二分三分は厳に戒められなければならない。多々益々を弁じ、行くとして可ならざるなしとは正に天才者の道で、平凡人が不用意にこれを見習うようなことがあってはならないのだ。

有志家的奔走もよろしい、政治家的肝いりもわるくはない。だが、それはあくまでも余暇余力を割くべきであって、決して本業の精進に支障を生ぜしめないだけの大切な限度がある。

私を可愛がってくれた祖父（折原友右衛門）は、不二道孝心講といった富士参りの大先達で、その講中巡回の際などは、いつも稼ぎ貯めた小遣いでの手弁当で、「信心は余徳でやれ」、「信心は商売にすべからず」としばしば語っていたが、有志的活動も、政治的活躍もまた同様で、これをハッキリ本業から区別してかかることが必要である。その間に一片の私《わたくし》をさしはさむことなく、どこまでも、余暇、余徳の社会奉仕でいくべきである。もしそれができないようであれば、まだまだそうしたことに手を出すのは早いのだ。退いていっそう大事な本業にせいを出すべきである。

あるいは若い人々の中には、純の純平たる熱情にかられて、乃公《だいこう》出でずんばの気概で、政治運動なり、社会事業なりに飛び出そうとする者もあろう。それもきわめて尊いことだ。しかし、それらの人々の行く道は、すでにここにいう平凡人の行くべき道ではない。天才の道であり、特殊の道である。わが党の士の政治的志向は、あくまでもそれに必要な金と力とをまず自分自身の働きで作り上げて、それからの社会奉仕でなければならない。土建屋としてでもよろしい。工場主としてでもよろしい。もちろん、飴屋、羊かん屋としてでも差し支えはない。ともかく一業に一人前の立派な存在を示し得てのち、道楽とし、余徳とし、社会奉仕として、大小それぞれの政治に志してほしい。名誉的な大臣を志すのも、器量次第でむろんわるくはない。

政治進出の話がちと長過ぎたが、これは単なる一例証に過ぎない。別に人生における政治的活動をとくに重しとみたわけではない。ちょっとした小成功を収めると、自己の力と柄《がら》をわきまえず、すぐこうした脇道に外れようとする人々を往々みかけるので老婆心からここに採り上げたまでである。社会的野望であろうが、事業的野心であろうがそれはみな同じことである。

要するに、平凡人はいついかなる場合も本業第一たるべきこと。本業専一たるべきこと。一つのことに全力を集中して押しすすむべきこと。これが平凡人にして、非凡人にも負けず、天才にも負けず、それらに伍してよく成功をかち得る唯一の道である。しかも職業上の成功こそは、他のいかなる成功にもまして、働くその人自身にも、またその周囲の人々にも人生の最大幸福をもたらすものである。

人生即努力、努力即幸福、これが私の体験社会学の最終結論である。

私の財産告白　解説

岡本吏郎《おかもとしろう》
（経営コンサルタント）

世の中では、いろいろな成功者の経験が活字になって残っている。本田宗一郎や松下幸之助の著書などはそういったものの代表例だろう。そして、後世の我々は本田宗一郎や松下幸之助の人生を参考にしようと、そういった本を読む。最近では、過去の偉人に加えて、早期に上場を果たした若手経営者の成功物語なども広く知ることができる時代だ。

しかし、これらの成功物語には根本的な欠点がある。それは、彼らの生き様《ざま》は「特殊解」だということだ。世の中には、「一般解」と「特殊解」がある。「一般解」は世間一般に通用する。それに対して、「特殊解」は万人に当てはまるということはない。だから「特殊解」は役に立たない、と言う気はもちろんない。当然、実践的に利用できることは多いと思っている。現に、私もいくつかの危機を先人の経験を参考に乗り越えてきた。したがって、「特殊解」とは言うものの、その中には、普遍的なものも多く含まれているとも思っている。

本多静六氏の『私の財産告白』は、多くの成功物語とは異なる。そこには、「特殊解」はない。全編で「一般解」が貫き通されている。

最近は「一般解」の人気がない。大学でもハーバード大学型のケーススタディーの勉強が主流だ。ビジネスの世界でも、ノウハウや具体的な事例という「特殊解」が歓迎されて、抽象的な話や「一般解」は人気がない。確かに、「理念が大事だ！」「戦略が重要だ」と叫ぶばかりでノウハウを知らないのでは困る。しかし、ノウハウや具体的な事例とは基本的に過去のものだ。歴史を学ぶことが重要なように、過去のことを知っておくことは大変有効だが、それらが万能ということはない。

これに対して、「一般解」は応用がきく。そして、現実の中では「一般解」を応用したオリジナルが最も力を持つ。しかし、三品和広《みしなかずひろ》さんが言うように、「一般解と特殊解の間の距離は意外に大きい」。また、「一般解を知っていても、特殊解はそう簡単に視界に入ってくるものではない」。そのため、「一般解」は大変重要なもののはずなのだが、多くのビジネスマンに無視され、世の中では「特殊解」を振り回されることが多くなってしまっている。

本多静六が『私の財産告白』で展開している「一般解」は、私たち現代人にとって痛烈なパンチでもある。本多静六が語る「一般解」を聞いて、「これは目から鱗《うろこ》だ」と言う人はいないはずだ。そう、誰もがわかっている、誰もが知っているごく当たり前のことしか本多静六は語っていない。しかし、だからこそ、これが痛烈なパンチなのだ。

今回、この解説を書かせていただくにあたり、初めて昭和二十五年に出版されたオリジナルの『私の財産告白』を読ませていただいた。

実は、このオリジナルを読ませていただく一ヵ月前に、私は『お金の現実』（ダイヤモンド社）

という本を書かせていただいている。この本は、私個人のお金雑記というコンセプトで、七つの視点からお金について書いたものだ。そして、『お金の現実』の一部でも本多静六や安田善次郎のことを書いている。また、同時に自費出版した『裏・お金の現実』（ビジネスサポートあうん）という本では、本多静六型蓄財法の対極として、伝説の相場師・是川銀蔵《これかわぎんぞう》のことを書いている。『お金の現実』では、安田、本多を典型とする「一般解」を扱い、『裏・お金の現実』という本では是川を典型とする「特殊解」を扱ったつもりだ。つまり、二冊の本で「一般解」と「特殊解」をそれぞれに扱い、お金に対するアプローチについて考えてみたのだ。

ところが、今回、オリジナルの『私の財産告白』を読んで驚いた。本多静六自身が、後半の「私の体験社会学」で日産コンツェルンの鮎川義介との対比を行っているではないか。鮎川義介（一八八〇―一九六七）といえば、重工業を中心に事業展開をした当時のベンチャー企業家。本多静六的人生とは対極の人生である。その対極的な人生を歩む鮎川義介とのエピソードを描きながら、自身の貯蓄法の確認をしていく。この部分が書かれた「私の体験社会学」については、今回オリジナルを読ませていただいたことで初めてその存在を知ったわけだが、私には最も新鮮な部分だった。

蛇足だが、私の本では本多、安田の「一般解」と鮎川、是川の「特殊解」の対比から普遍的な解を得る試みをしている。その試みの結果をここで披露すると、「どちらも変わらない」ということになる。何が変わらないかと言えば、努力に対する姿勢と量においては何も変わらないのだ。

何も変わらないけれど、二つの解には大きな違いがある。繰り返しになるが、「一般解」のほうは誰にでも実行可能だ。しかし、だからと言って、「一般解」が絶対正しいと言う気はない。たとえば、天下の鮎川義介が「一般解」の人生を歩むのは寂しいことだ。鮎川が「一般解」の人生を歩めば、それは人生の損失だろう。月並みな答えになってしまうが、個人の特性にしたがった人生が良いに決まっている。それに、努力の姿勢と量ではどちらも変わらないのだ。

多くの人は、奇跡を求めて「特殊解」を探す。しかし、そもそも「特殊解」は探すものではない。「特殊解」はオリジナルなものなのだ。「特殊解」があって、鮎川義介があるのではなく、鮎川義介があって鮎川義介の「特殊解」がある。それに対して、「一般解」は逆だ。本多静六や安田善次郎の人生は、「一般解」を実行した結果の人生だ。

ところで、読書とは基本的に「共感」という感情を軸に行われる知的作業だ。たとえ知識を得ることを目的とした読書でも、既存知識や共感といったトリガーがなければ、読書という行為は成り立たない。したがって、一冊の本を読んだあとに、私たちが味わう読後感とは、煎じ詰めれば、共感できたか共感できなかったかという感情が根元にあるといってよい。

繰り返しになるが、本多静六の語る「一般解」を知らない人はいない。誰だって、稼いだお金を使わなければお金は貯まることぐらいは知っている。こういうことを知らない人間なんていないのだ。しかし、その知っている人間はまっぷたつに別れる。その「一般解」に共感する人と「こんなことぐらいわかっている」と言う人に、だ。

世の中には誰もが勝てる勝負がある。しかし、ほとんどの人はそういう勝負には参加をしない。本多静六という人が人生で行った勝負は、その「誰もが勝てるが、ほとんどの人がしない勝負」だった。

世の中には、「知識だけの人」が多い。この本は、きっと「知識だけの人」を見破るリトマス試験紙なのだ。

私の生活流儀

自序

しかつめらしく、「私の生活流儀」といっても、別に一流一派の異を立てておるわけではない。何から何まで、その実体はきわめて平凡なものである。もったいぶって、紫のふくさや桐の箱から取り出すようなシロモノではない。したがって、その流儀公開といっても、とくに入門料とか奥許し料を頂戴しようというのではない。一読、ハハアとうなずいていただければそれでよい。そうして、「ハハアそうか」とうなずけたら、ただちに、これを気やすく実行に移してもらえばそれで結構である。本多流生活の家元は満足このうえもないのである。

本書は拙著『私の財産告白』の姉妹篇として編纂《へんさん》したもので、前著同様、雑誌『実業之日本』及び『オール生活』に連載され、これまた異常なる読者の反響をかちえた生活記事の集録である。『私の財産告白』は主として個人生活の経済面と処世面を説いたのであるに対し、本書はもっぱら健康長寿に関する問題と家庭生活について採り上げるところがあった。

とりまとめの便宜上、「私の健康長寿法」と「私の暮し方・考え方」の二篇にわかつことにしたが、内容は二にして一、いずれもわれわれ日常生活の衣・食・住にわたる反省であり、実際検討である。すべて乏しい私の体験と工夫を詳述したものであるが、取りも直さず、これがまた、読者諸君の新たなる研究問題でもあろうと考えるのである。

人生とか生命とかについて、本書は別に深遠な哲理を説いてはいない。また私自身がそうしたものを説く柄《がら》でもない。諸君にしてもし、直接これを本書に求められるならば、おそらく大きな失望に終わるであろう。しかし、私は、われわれの小さな日常生活の心掛けのうちに、大宇宙の生命に通じ、神ホトケの摂理にかなうものがあるを信じ、努力また努力、精進また精進につとめつつあるのであって、それがいかに卑近、それがいかに平凡であっても、その実践がただちに深遠高大な哲理につづくものであることをうたがわない。読者諸君もまたぜひ十分これを理解し、感得せられたい。日常こそ、平凡こそ、実はわれわれに最も大切な人生のすべてなのだ。

さらに終篇「だれにもできる平凡利殖法」は、姉妹書『私の財産告白』の梗概要約であって、いわば同書のダイジェスト版である。すでに一読された方には重複視されるかも知れぬが、一応そのだいたいを呑み込んでおいてもらわぬと、本書の所説も完全しないと考え、あえて老婆心までに添付したものである。

なお本書の発刊に際しても、『私の財産告白』の場合と同じく、一切を実業之日本社の畏友寺沢栄一君の協力に任せた。併せ記して同君の御厚意と労苦に深謝する次第である。

昭和二十六年十月

伊東歓光荘にて

八十六叟　本多静六

私の健康長寿法

一、健康長寿はどうして求めるか

小さな心掛けの集まり

世の中はままならぬものである。

これは昔もいわれ、いまも変わりはない。いや、いまこそ一番ままならぬ世の中かも知れない。――いつの時代にもそうみられることだが。

ままならぬ世の中に生れて、ままならぬ世の中に住んで、ままにならぬ世の中をいまさら歎《なげ》いたとて始まらないであろう。

私は、このままにならぬ世の中に処して、これをままにするただ一つの秘法を知っている。それは、この世の中を、ままならぬまま、在るがままに観じて、避けず、おそれず、自らの努力を、これに適応させていくことである。

環境の支配は、まず環境への適応に始まる。しかも、環境を支配することは、偉大なる天才にもなかなか難しいが、環境に適応することは、われわれ凡人にもさして難事ではない。何人にも心掛け次第で、容易に、かつ楽しくできることだ。

もちろん、いつの世にも、根本的な重大問題は山積している。個人の力ではどうにもならぬ難関が立ちはだかっている。しかしながら、各人各個の心掛け次第で、それも順次に取り崩していけぬものでもない。

「心掛ける」といった小さな力も、一人の心掛けが十人の心掛けになり、十人の心掛けが百人の心掛けになれば、やがては、千人、万人の大きな力ともなる。百万人の心掛けは百万人の力であり、千万人の心掛けは千万人の力である。

いかにままならぬ世の中と申しても、百万人の力、千万人の力で、これを少しでもままになるほうへもっていけぬということはあるまい。必ずもっていける。必ずよりよき変化は期待し得られる。私はさよう信じてうたがわない。

二宮翁夜話に、『大事をなさんと欲せば、小なる事を怠らず勤しむべし』とあるが、その二宮翁はまた、田畑の除草法についてこんなことをいっている。

いったい多くの人は、草むらにのぞむと、いきなり、一番こんで、一番太い草から、力ずくでムリヤリ抜いてかかろうとするからはかがいかぬ。骨ばかり折れて中途でいやになる。これは一番うすい、一番小さな草から、手近なところをえらんで、根気よく抜いていくに限る。そうすれば知らぬ間に広い場面がきれいになって、こんだ草、太い草まで楽に取りのぞくことができる。すべて世の中の事もこれと同じであると。

なるほど、二宮先生だけになかなかうまいことをいったものだ。

私の八十余年に及ぶ生活流儀もまた、この平凡な草取り法に従ってきたものであって、日々の身辺雑草を、日々の努力で取りのぞくことにつとめてきているのである。もちろん、いまもっていろいろな草に追われており、いまもって草取りに忙しいが、私の草取りにならって、もし一人でも、二人でも、その周辺の草むしりに出精する人がふえてくれれば、それだけ、ままならぬこの世の中も、おいおい住みよくなろうというものである。

私の健康法と私の生活

さて、「私の流儀」公開も、実は小さな心掛けの集積で、奇も変哲もなく、いずれも平々凡々を極めたものばかりであるが、まず八十を越えてもなお元気で働きつづけているという実物見本を示して、私のいわゆる健康長寿法から始めてみるとしよう。

私は今年八十六を数えるに至ったが、腰も曲がらず、目も耳も、そして口もまた達者だ。一番自慢なのは足で、いまでも日に二、三里の道は平気である。伊東の山の上に住んで、伊東の街へ出掛けるのに、かなりの急坂をいつもテクリつづけている。バスなどにもめった御厄介になったことはない。それに一ッぱし百姓仕事もやって、夜の勉強に差し支えるほどの疲れを知らないでいる。人を驚かすまでの存在であるかは疑問としても、自ら認めて、まず相当なものだと思っている。

だが八十いくつという齢《とし》が、果して長寿者の部類に入るべきかどうか、これには私もちょっと小首をかしげている。世間並みな見方をすれば、人生七十古来稀なり——杜甫の弱音——で、それから十年、十五年も御無礼すれば長寿者といえるであろうが、全うすべき人間本来の天寿からいえば、まだまだこれからなのである。私は人間少なくとも百二十までは生きられると思っている。生きられるのなら、生きなければウソだと考えている。（この科学的根拠についてはのちに

私は、このままにならぬ世の中に処して、
これをままにする
ただ一つの秘法を知っている。

それは、この世の中を、
ままならぬまま、在るがままに観じて、
避けず、おそれず、自らの努力を、
これに適応させていくことである。

伊東・歓光荘で畑仕事に励む

改めて詳述する）

したがって私には、健康で、元気に働く法といったものにはすぐお答えができるかも知れぬが、いわゆる不老長生法は、これからの努力精進をもってお答えするよりほか、実はその資格がない。――当年とって八十六歳といっても、私自身はまだまだ働き盛りのつもりでおり、長寿者としての体験意識がないのだから。

本多も欲張っている、なぞと笑ってはいけない。健康長寿の欲張りは、やはり一つの、健康長寿の基でもあるのだ。

ところで、正直なところをいうと、いままでの私には、別にこれといった特異の健康法はなく、ただ生れてからの貧乏育ちで、境遇上自然に実行してきた生活法が、たまたまいわゆる健康法に適う結果となっただけのものらしい。

健康法としてとくに独立したそれは、決して本当の健康法ではない。健康法は常に生活自体の中にある。生活にふくまれた不断の心掛けの中にある。このことを私はまず強調してかかりたい。

「生活白書」十六項目

もう一昨年のことになるが、ある日、孫の植村敏彦（医学博士・国立療養所勤務）が私の健康を心配して、東京からわざわざ血圧測定器等を携えて診察に来てくれた。ときに私は、往復四里ばかりの小室山へ遊びに出掛けたあとだったので、孫もいささか拍子抜けがして、そんな遠くの山まで遊びに行くようでは、別に診察する必要もなかろうからとあきれ、帰りがけに、

「どうもおじいさんの体ばかりはわからない。どうしてそう丈夫なのか不思議である。自分たち医師仲間の研究資料にしたいから、おじいさんの実際生活をありのままに書いておいて頂きたい」

と伝言していった。その晩、私はさっそく、その孫の請いをいれて書きつけたのが、「私の生活白書」十六項目である。幸い手控えがあるので、その概略を左に並べてみよう。

(一) 私は不二道孝心講の大先達をつとめた祖父と曾祖母の感化で、幼少の頃から宗教的な情操にめぐまれた。とくに「天道様は見通しだ」、「正直に働きさえすれば人間は幸せになれる」といった教えは、小さな心に明るい健康な希望の種をまきつけた。

(二) 少年時代には「根《ね》っ木《き》」仕合、子供相撲、鬼ごっこ、ドジョウ捕りなど、一日中ほとんど戸外で全く自由に遊び回った。ことに夏には全裸跣足《はだし》で用水堀に入りびたった。何をやっても一切干渉をうけず、十分に日光を浴び、絶えず新鮮な空気の中にあった。これが私の体を頑健にしたそもそもの原因であろう。

(三) 小学校へ行くようになっても、全く自由放任主義の下におかれ、学校の授業も遊戯の延長のように思って、毎日のんきに過ごした。

(四) 十一歳で父を失い、その借金返済のために、一家中が毎朝「水行塩菜《すいぎょうえんさい》」の行をやらされ、それが五ヵ年もつづけられた。それは毎日冷水浴をやり、塩だけのお菜《かず》で朝食をすますのだが、これで私は貧乏と粗食になれッこになった。またその精神鍛錬に及ぼした影響は、実に大きい。

ここで私は、ただのんべんだらりと遊んでいては駄目だ、大いに勉強して偉くなろうと、子供心にも発憤したのである。

(五) 十二、三歳から、学業と家業を併行して出精した。すなわち、登校前に草刈り、馬糞さらい、掃除、草むしりをやり、帰ってからも必ず夜の九時まで、農家としての夜業を手伝った。その上での勉強というわけである。

(六) 十五から働学併進、農繁期には生家で百姓をやり、農閑期になると上京して郷党先輩の家塾で一心に勉強した。つまり、体と頭を半々に使って、そのいずれにも偏しなかったわけである。なお、ここに逸してならぬのは、この時代に私は淘宮術《とうきゅうじゅつ》の新家春三先生について自己の性癖矯正を熱心に試みたことである。

(七) 十九の春に山林学校に入学した。及第者五十人中の五十番というビリであったが、第一期試験にはとうとう落第した。同級生の大部分が、中学や師範の卒業生であるのに、変則な独学で入った私は、どうしても、幾何と代数がよくできなかったからである。悲観のあまり、古井戸に投身して死をはかったが、ついに死に切れず、思い直して決死の勉強をつづけた。そのため、二学期引きつづいて最優等の成績をとり、銀時計の賞賜をうけた。

そこで、自分のような愚鈍の生れでも一所懸命努力しさえすれば、何事にも必ず人並み以上になれるという自信を得た。この「やればやれる」という自己暗示は、勉強の上にも、健康保持の上にも、ともに、大きな力となって働いたようである。

学生時代には、剣道も、相撲も、その他なんでも運動競技は好き嫌いなく片ッ端からやった。

ただし、別に上達するためにムリな打ち込み方はしなかった。みな下手は下手なりに面白くやっただけである。

（八）青年時代から壮年時代にかけて、仕事を職業道楽として楽しみ、かつ最善の努力をつづけた。しかも、その余暇には、つとめて学問と職務に関連をもった探検・視察旅行を行い、つとめて身心の鍛錬をおこたらぬようにした。この旅行はしばしば熱寒両帯、瘴癘《しょうれい》毒地に及び、後年ついにあらゆる伝染病の免疫性を得るに至ったものと思われる。一方、四分の一天引き貯金や一日一頁の著述執筆は、私の生活に勤勉と節約と規律の良習をいよいよ加えたようであった。

（九）中年頃から「感謝は物の乏しきにあり、幸福は心の恭謙（まずしき）に存す」という一心境に達した。そうして、衣・食・住その他に物質的欲望をすて、刻苦耐乏の自然的簡易生活に安んずるようにつとめ出した。すなわち、「人生即努力、努力即幸福」といった生活信条によって、日に日に新たなる努力を、心から楽しみ得るようになった。

（一〇）楽は苦の種、苦は楽の種で、いかなる苦痛もこれを耐え忍びさえすれば、たちまちそこに楽地を発見する。ここで私は、常に人生を楽観したユーモア生活にこそ大きな救いがあることを悟った。人生は一場の大芝居である。だが、芝居も理屈ずくめの固苦しい筋書きばかりでは肩がこっていけない。滑稽諧謔《かいぎゃく》が適度にまざらなければみあきるものだ。苦も、楽も、喜びも、悲しみも、ユーモアでふんわり包むのだから面白いのである。ことに敗戦後の新日本建設劇のごときは、全く二度とみられぬ大芝居だ。私はこれを一幕でもよけいにみて死にたいものだと考えている。

（一一）働学併進の生活は、つまり、頭脳は人間らしく科学的にどこまでも発達させ、身体は野獣のごとく強健にする、いわゆる「人頭獅身」生活法である。これは青少年時代から必要であると共に、年老いていよいよ大切な心掛けであることを痛感した。したがって、八十を過ぎても、なおこの理念をすてないでいるのである。

（一二）ちょっとした病気は、押し売りと同じようなもので、こちらから対手にさえしなければ、向こうで引き退《さが》っていくと考えている。そこで性悪《しようわる》の大病または外科手術のほかは、いちいち医者にかからないで、たいていは自然放置か「働き療法」で癒してしまう。そのためには、万病の基になる風邪に対しては常に用心深くしている。すなわち、できるだけ薄着の習慣をつけ、汗をかけばすぐ着換えしてしまう。食物はめったに間食しない。なんでも一まとめにしておいて、食事どきに十分採ることにし、三度三度ハラをへらして旨く食うようにつとめてきている。そして、食いすぎたなと思えばただちにやめ、茶碗に盛った半分のメシでも残してしまう。つまりは大食主義の「腹八分」である。義理にでも頂かねばならぬものは、遠慮なくもらって帰ることを宣言する。これは御馳走にいってハラをこわさぬ秘訣である。また先方にもわるい感じを与えない。

（一三）私は幼少時代から、その地方産の穀菜食を最も尊重する菜食主義で、これが平常の食養法になっている。老年期に入って、酒、肉類、卵等を極度に節し、煙草のごときは全くこれをやらない。その代りに十数年来、もっぱらホルモン漬（新鮮な葉菜類の塩漬）を常用としている。これをつづけるようになってからは、多年の宿痾《しゆくあ》であった歯槽膿漏症もけろりとなおり、十九貫以上もあった脳溢血型の肥満漢も、いまは十三、四貫のスパルタ式筋肉型の体躯になってきた。

（一四）いったい老人になると、口先ではアベコベのことをいうが、内実は欲深の名誉好きになるものである。私もこのことに気付いて、六十歳以後はとくに留意し、つとめて金銭欲と名誉欲を慎むことにしてきた。その代り、職業の道楽化にいよいよつとめ、すべて仕事の楽しみを、その仕事の報酬と考えるようにしてきた。

（一五）晩年量子学を新たに学んで、宇宙の万物は一として完全なものはなく、確定せるものはないことを知り、一切の過去に執着せず、ただ現在に即して、未来の理想光明に生きようと考え出した。すなわち、私の肉体は、――百二十まで生きると頑張っても――いつかは滅び去るであろうが、私の思想と事業は、永劫につたわり、永久に生き残ると信じて、最後まで働き通そうと決意したのである。とくに私の専門としてきている植樹造林の仕事は、この人間永生の考えに大きく結びつくものがあるようである。また子孫の健全なる繁昌も、このカテゴリーに入るであろう。私は子供四名が現存し、孫は十五名、曾孫も二十余名になお多きを加えつつある。

（一六）このようにして、私はいかに老人となっても、決して隠居はしない覚悟である。元来、人間以外の動物は、いくつになっても隠居などするものはない。みな死ぬまで働き通している。しかるに、人間だけが、暦というツマラヌものの存在に神経をいらだたせて、事実はまだそうでもないのに、自分はもういい年になった、いよいよ老境に入った、第一線を引くべきだと考え始める。もっとも便宜的な社会制度の上では、停年も必要であろうし、新陳代謝も不要ではなかろう。だが、まだ幾年でも立派に働けるのに、誤った隠居的観念にとらわれて、それをすらやめてしまうのは惜しい。一種の自殺とさえみられるものがある。やれ還暦だの、やれ古稀だの、やれ喜の字だの、ツマラヌ習慣や迷信は振りすててしまって、働けるだけ働き、生きられるだけ生きなければウソである。人間は老衰するから働けぬというよりも、働かぬから老衰することになるのである。されば私は八十を過ぎても、まだこの先、百二十まで生きるつもりの「人生計画」（本篇第四項目として詳述）を立てて、今年は昨年よりも一年よけいに仕事の経験をつんだ、知識もひろめられた、思考も深まったという自信をもって、本当に社会・国家・人類に貢献できると喜び勇んでいる。死に至るまで、日に新たなる努力を楽しんでいる。

これが、現に老衰を免れ、元気で働きつづけている私の健康長寿法になっているものかと思われる。

符合するフーカーの健康法

以上は長孫の問いに答えた、私の生活態度であり、健康についての白書概要であるが、その後偶然にも、英国の名医フーカーの不老長寿法というのを見、まず、暗合的項目のいかにも多いのに驚き、私の踏んできた道の決して間違っていないのに自信をつよめた。

そのフーカーの主要項目といったものは、だいたい次の通りである。

1　だんだん年をとるという考えを頭の中から駆逐せよ。
2　食糧を厳に節せよ。
3　常に前途をたのしめ。
4　困難に挫折することなく、かえって良き教訓として奮起せよ。

5　憤怒するな。
6　明日のことを思いわずらうな。
7　過去をして過去を葬らしめよ。
8　働いて遊び、遊んで働け。
9　娯楽を持て。
10　金銭目的の競争場裡に立つな。
11　常に善事を行え。
12　思慮は密なるをよしとし、食物は淡きをよしとす。
13　清潔なる食事と清潔なる思想。
14　新鮮なる理想と空気を多く吸え。
15　高尚なる目的と活動。
16　生活を複雑にするな。
17　笑って、若やぐべし。
18　猪突猛進の生活をするな。
19　後日のために貯蓄せよ。
20　自己のためにのみ生存せず、他人のために生きよ。

なお有名な貝原益軒の養生訓をみても、いわゆる「十二少」というのがあり、少食、少飲、少偏（五味の偏用を避ける）、少色、少語、少事、少怒、少憂、少悲、少臥等が挙げられている。

フーカーといい、益軒といい、いずれも教えているところはだいたい同じであって、私の述べた十六項目もだいたいにおいてこれに一致していると思われる。さらに遠慮なく自己吹聴をすれば、私の考え、かつ行ってきたところは、実際の生活に即して多分の積極面を有しているもので、自らかえりみても、決して恥ずるに及ばないと信じている。

二、一生元気に働き続けるには

健康法と長寿法は別物

一口によく健康長寿法といっても、いわゆる健康法と、いわゆる長寿法とは、必ずしも同一でないと私は考えている。

日頃頑健な活動を誇っていた人が、若い働き盛りにコロリといくこともあれば、病気ばかりしてひよひよしてる人が、案外に長生きすることもある。長い間の私の体験と実際調査によると、普通に健康といわれる者は、身体肥大、風采堂々、みるからにエネルギッシュな体躯の所有者を指しているようであるが、それはたいてい、暖衣飽食、酒類をたしなみ、肉類、魚類のごとき脂肪分を多食する贅沢生活の結果であって、中年後は多く心臓病、膵臓炎、糖尿病、脳溢血その他のゼイタク病をおこして短命におわるものである。

これに反して、いわゆる長寿者は、かえって痩せ型のかたくしまった体格で、早くより、粗衣粗食、勤倹努力の耐乏生活をつづけてき、中年以後も前記のゼイタク病を近づけず、無病息災、長く働きとおしている例が多くみられる。

われわれが昔からおなじみの七福神の図についてみても、布袋《ほてい》は便々たる腹を抱えた肥満者であるが、寿老人《じゅろうじん》は痩躯《そうく》鶴のごときほそり方である。また長寿仙人の画像をみても、一人として精力的な肥大漢をみず、いずれも痩身ばかりである。

　これでも十分わかるように、肺病を恐れ過ぎるあまりにか、健康法と長寿法とを混同し、普通のいわゆる健康法が、ただちに長寿法を意味するかのごとく誤解してきていた。いや、むしろ健康と健康法それ自身を、間違った尺度で解釈してきていたといわなければならぬ。すなわち、われわれ素人考えでは、肥った人が健康で、痩せた人が不健康、あぶら切った人が丈夫そうで、そうでない人が病身、かっぷくのいい人が活動家で、貧相な人がその反対のように解し、健康法といえば肥ること、あぶら切ること、体重をふやすことだと早合点してきていた。ことに軽薄な栄養学が行われ、上ッ調子なカロリー説がやかましくいわれ出してからは、健康そのものの誤解と滋養物摂取に対する過信がはなはだしくなった感じがある。

　私は終戦後、食糧問題が窮迫して、国民のすべてが不安と焦燥に駆られているところへ、ことさらおどかすように「栄養失調」の言葉をふりまわし、人間本来の健康増進に誤った指導を行う当局に不満を感じ、ＮＨＫ並びに厚生大臣宛抗議書を送ったこともあるが、われわれの健康上、真におそるべきは、栄養失調ではなくて、むしろ「精神失調」なのである。粗衣粗食の耐乏生活に打ちひしがれぬことであって、旨い物、滋養のある物をたくさん摂取できぬことではない。それにはまず「本当の健康体とはどんなものであるか」を正しく、誤りなく究めてかからなければならないと思う。

中年以後の健康法

いつでも元気で働ける――それが、本当の健康体である。いつまでも元気で働きつづけられる――これが、本当の長寿法なのである。

このほかに何があろうというのか。健康長寿法つまりは、精いっぱい働く法なのである。健康がすべてのモトであることはいまさらいうまでもない。だが、実をいうと、私は別に自分の健康法などに注意しなかったのである。ただ毎日の仕事に専心努力して、職業を道楽化し、その道楽に精進しつづけただけで、いま強いて「何が健康法になったかな」と思いかえしてみると、前項に連《なら》べた長孫への回答のほかに、だいたい次のようなものが思いうかべられる。

これは主として中年以後の事柄だ。

(一) 食物はすべてゆっくり噛みしめた。なんでもゆっくり噛みしめることによって、その物本来の味が出てくるように思える。

(二) 飲、食、性の三欲を八分目に減ずること。よそでせっかく御馳走に出されたものは、肉類でもなんでも有難く頂戴するが、平素家庭にあっては、玄米の飯二杯半、ミソ汁二杯、それに多分の野菜類をとることにした。六十過ぎても、よく晩酌にビールの小瓶を一本添えさせた。

(三) 食後は必ず十五分ないし三十分宛は安息し、ときによって眠ることもあった。眠るといえば、疲れを感じた際、いつ、どこでも、短く五、六分、長くて三十分くらいぐっすり眠ることとしていた。

（四）ときどき、大の字なりに寝ころんで、思い切って手足を伸ばした。行儀がわるいようであるが、大いに全身をくつろがせる効果があった。

（五）冷水浴を相当期間つづけた。

（六）自分が出しゃばらずともすむ社交上の会合や、夜の宴会などにはできるだけ出席せず、それだけ平和な家庭生活をたのしむようにつとめた。

（七）夜間の八時から十時頃まで、約二時間ずつ徒歩運動に充てることにした。雨が降っても傘を差して出掛けたほどである。

（八）常に花卉《かき》園芸にしたしみ、職業柄、樹木の成長をこのうえない楽しみにした。

（九）自分の身の回りはすべて自分で処理した。また手すきの場合には仕事をなんでも引き受けて手伝った。

（一〇）自分の現在の境遇は、常に過分であると感謝し、何事にも不平不満を抱かないようにした。とくに近年は、「悲しみを通じての喜び」、「努力を通じての幸福」なるものを体験し、悲しみも骨折りも、すべて喜びと幸福感に振り替え、絶えず愉快に働きつづけていること。

前後多少重複したようであるが、まずざっとこんなものである。

健康と平凡生活

要するに、私のいままでの健康法は毎日愉快に働いて、三度三度の食事をうまく食うことであった。「空腹は最良の料理番」というが、その有難い空腹を、心身の働きによってもたらすよう、常に忘れず心掛けただけのことである。つまりは、物質的にゼイタクをしない代りに、精神的に大いにゼイタクをすることにあったのである。

朝起きは私の幼少時代からの習慣である。早晨《そうしん》希望に起き、深夜感謝に眠るというのが一日の生活理想で、夜は比較的宵ッ張りのほうであるが、それでもいつでも朝は早く起きる。とくに私は旅行の機会も多く、この朝起き癖で宿の女中たちをよく驚かせたが、いつ、どこへ行っても朝寝坊などはしない。これがまた絶えず新鮮な空気を吸い、十分日光に浴し、いつも食事をうまく食うという三要点に一致するに至っているらしい。

酒は若い頃から相当に呑んだほうである。ことにドイツ留学以後は人並み以上にたしなんだ。駒場時代もビール会というのを盛んにやって、同僚間に問題をおこしたほどである。しかし六十歳以後は大いに慎み、前記のように酒は一合、晩酌のビールは小瓶一本ということにした。その後さらに節酒を行い、仕舞いにはほとんど禁酒に近いまで呑まなくなった。いまでは、八十五にして、心の欲する処に従って矩《のり》を踰《こ》えずとしゃれ込み、少しばかり、心持ちのいい程度に呑み始めた。これはお祖父《じい》さんを訊ねてきた孫たちに遠慮させぬために、適度にその対手をしてやる必要もあるにはあるが、節度のある飲酒なら、必ずしも健康上排すべからずとも考えたからである。

煙草は昔からほとんどやらなかった。いまは全くこれを手にしたことがない。酒害より煙害のほうが、健康上によろしくないとは定説のようだ。

前にも再三繰り返したことであるが、健康体というのはゼイタクになれた重役さんや、旨い物のつまみ食いで肥った旅館・料亭の主人のようにあぶら切ることでは絶対にない。身体の活動上必要となる限度以上の栄養摂取は、いたずらに飽満と倦怠を来し、ただにアタマの働きをにぶらせるばかりでなく、脂肪分の堆積から体そのものの活動も妨げられ、その結果、怠惰安逸にもながれやすい。人体の各器官、とくに心臓の圧縮を招いて、血液の循環をとどこおらせ、進んでは種々の疾病をもかもし出すものである。したがって、健康にして長寿のモトは、肥満よりもむしろ痩身を志し、耐乏生活にいよいよその精気を養い、物心の余裕は一切を挙げて他に施しつつ、もって日々を感謝と希望に送るべきであると私は信ずる。

世の中にはいろいろ難しく健康長寿を説く人もあるが、私はこれまた平々凡々の道を出でないものと考えている。

「ホルモン漬」の公開

次に、私の専売特許のようにみられている「ホルモン漬」について一言しておこう。

これについては、すでにラジオでも放送し、再三ほかにも発表したところ、いまもって各方面からの問い合わせが多く、まるで本多の健康が、「ホルモン漬」そのものから生れ出ているかのように喧伝されているので、ここに改めて概略の講義をしておく。

さて、ホルモン漬といっても、何も特別な漬物があるわけではない。新鮮な大根その他の葉菜類、それに春先の木の芽または盛んに生育しつつある生食に適した植物の新芽、新葉、新蕾、新茎、新根、およそそういったものを毎日採集して、入念に水洗いをし、これを細かに刻み、食塩を少しふりかけ、しばらく石をのせて押しを利かせておくものに過ぎない。皆さんの家庭でも、作ろうと思えばいつでもすぐできるものである。ホルモン漬とは私の家でこう勝手に命名しておるだけのもので、決して専売特許でも、一手販売品でもない。

古来、新芽、新葉の健康食物として有効なことは、幾多の学者によっても証明されており、また実際にもなかなかにおいしい。私の家では十数年来すでに試みつづけているが、これは普通刻みたてをそのまま食膳に供するか、塩加減の少ない場合はゴマ塩、醤油、またソースなどをふりかけて食する。とくに、炊きたての熱い飯にまぜたり、蒸しパン、サツマイモ、馬鈴薯などと混食すれば一段とその味が引き立ち、代用食に対する食欲も増進してくる。まず数ヵ月これを常用すれば、だれしも、なんだか体中に力があふれ、頭がハッキリして、幾年も若返ってきたような気持ちになること請け合いなのである。

その分量は、一回、一人前、大丼に一―二杯ぐらいである。私どもでは配給米の足しに、一日二食ずつは必ず、イモ類、小麦粉パン、ホットケーキ等を常食にしているが、それにもこのホルモン漬はよく調和し、砂糖なしで結構なんでもうまく食べられる。また塩加減を工夫し、調味料を加えれば、立派なおカズにもなって、副食費の節約に大いに役立つものである。

ところで、このホルモン漬の材料は、前記のほか、人参、キャベツ、チシャ、ネギ、トマト、茄子、胡瓜、牛蒡等なんでもよろしい。さらに香味的副材料として、シソ、サンショウ（いずれも葉と実）、茗荷、ラッキョウ、唐辛子、ワサビ等を加えればますます理想的である。この中で、ちょっとした押しでは柔《やわ》くならぬ大根、人参、牛蒡などは、その都度おろしに掛けて別に添えてもよろしい。老人ばかりになったいまの私どもでは、大根と人参は、ほとんど年中欠かしたことがなく、いつもおろしにかけて常食している。だから、ホルモン漬——その実はホルモンおろしという場合もはなはだ多いわけになる。

ただし、ここにちょっと注意しておきたいことは、ホルモン漬は野菜の生食に近いので、寄生虫を予防するために、人糞尿は元肥に用いるほか、追肥としては、葉茎につけぬよう、遠くから根本に流し込むようにしたい。

栄養学に対する疑問

もう数年前のことになるが、私は薪を採りに山へ入って顔面に大ケガをしたことがある。それは薪材と取っ組んで、力を出し過ぎた揚句、かたわらに転倒して頬から口腔ふかく竹の切り株で突き通したのであった。

その入院加療中のこと、院長が首をかしげて、はて不思議なという面持《おもも》ちをする。何が不思議かときいてみると、あなたのような御年配にしては、意外に創口《きずぐち》の恢復《かいふく》がはやすぎるというのだ。いろいろ問われて、いろいろ答えたのだが、結局はホルモン漬常用の功徳かも知れないということになってしまった。かも知れないどころではない、たしかにそうなんだと決め、私はホルモン漬効用の人体実験をすましたつもりで、いまにいっそうその愛用をつづけているわけだ。

そのケガを機会に、また私はほおひげを生やして今日に至っているが、この自慢のひげは、取りも直さず、ホルモン漬の登録商標みたいな因縁をもつものである。

ホルモン漬が何故こうもケガの恢復にもよくきくものであろうか。植木の新芽の生長は、その先端細胞の分裂肥大によって行われる。すなわち、生長ホルモン（オーキシン）の働きによるものである。また、人体に最も必要な栄養素は、蛋白と脂肪と含水炭素（炭水化物）であるが、それはあたかも人体の燃料に匹敵し、ビタミンとホルモンはその機械油にも相当すべきものである。いかに栄養ばかりがよくても人体にビタミンやホルモンが不足すれば人間の機械はなめらかに回るまい、新陳代謝も円滑を欠いて、ついに病気にもなるのである。幼児と老人にはことにこのビタミンの不足が最も危険であり、しかもそれは食物中にあって最も壊れやすいのである。

難しい医学上の説明は、もともと柄にもないからこの辺でやめるが、いずれにしても、植物の新芽、新葉、新蕾には多分の生長ホルモン（オーキシン）、ビタミンＡＢＣＤＥ等がそろって含まれているから、私はこれらの栄養物質を完全に摂取したらよかろうと考え、しかもなくしてしまったり、煮炊きしてこれを殺さずにすむ方法としてホルモン漬を思いついたのであって、その歴然たる効果が、いま私のほおひげとなって間接に現されたのははなはだ愉快である。

実際において、牛や馬は青草ばかり食っていても、その体中には、多量の脂肪や、蛋白質や、各種ビタミン類など、あらゆる栄養素が完全生成されるのをみてもわかる通り、人間も、その地に産する新鮮な野菜類と米麦その他の穀類を混用していさえすれば、健康は十二分に保ち得るわけである。それなのに、不完全なるゼイタク栄養学、数字ばかり並べたがる人工栄養学は、やれ動物性蛋白をどれだけとらねば病気になるの、やれ肉や卵を食わねば栄養失調になるのと、できもしない相談をもちかけて嚇《おど》かすばかりである。今日の神経質な栄養学者は、栄養なんてことはてんで知らなかった昔の人のほうが、栄養学に嚇かされてビクビクしている現代人より、健康で、可働的で、耐乏のねばりに富んでいた事実をなんとみるであろうか。私の健康長寿法では、少々乱暴かも知れぬが、今日の不完全なる栄養学には、必ずしもいちいち拘泥する必要を認めないのである。

わたしの素人食養学

ホルモン漬の効能を述べたてたついでに、私の「素人食養論」を洗いざらいにしておくとしよう。

私は子供の頃から粗食には慣れッこであった。百姓時代は、どこでも同じであろうが、米半分、麦半分のいわゆる半白メシで、年柄年中、ミソ汁におこうこだけくらいのものであった。それこそ、いまの栄養学者がみたら驚いて目を回すほどのしろものであった。しかし、だれでも平気で農業の重労働に耐えてきたのである。それだからといって、別に私はことさら栄養摂取を無視しようというのではない。人間の健康に最も大切な食養にはできるだけの注意を払いたいと思うのである。

そこで、同じ穀菜食でいくなら、まず米は玄米または半搗き米にしたい。味噌類は欠かさず、しかも新鮮な野菜類を常用するように心掛けたい。地方によってはそれに土産の果実、雑穀、魚介類を副食物に加えるとし、必ずしも肉類、卵、その他のゼイタク品は無理をする必要がないと思う。しかし、新鮮な野菜類というのは、ホルモン漬と同じ理屈で、できるだけ加工調理を行わず、そのまま生《なま》で、または生に近い状態においてこれを食用することが大切であろう。

そもそも、米麦その他の雑穀類をはじめ、各種野菜、魚介類は、いずれもそれぞれ特有の持ち味を有しているものである。その持ち味を十分味わおうとすればできるだけ単純に、そのまま生食するか、少なくとも塩煮塩焼程度にとどめて食すべきである。もし砂糖、醤油、油その他の調味料を加えて料理しすぎると、かえってその食料固有の旨味が失われてしまう。たとえば米のメシのごときも、少しこわ目に炊いたくらいのものを、胡麻塩または味噌汁程度でよく噛みしめて食べると、メシの本当の味が出てきてとてもおいしい。それをほかの料理と一緒に食うと、その料理までいっそううまくなる。しかし、その料理のほうが濃厚で勝ちすぎると、今度はメシのほうが押されてまずくなる。こうしたところに、それぞれの持ち味を生かしていく工夫が必要となってくるのである。

曲直瀬道三《まなせどうざん》は、わが国最古の食養文献たる『養生物語』の中で、日本人はあくまで、米、味噌、鮮魚、野菜など、日本の土地土地でできるもので、しかも先祖以来食いつけた方法で食すのが一番よろしい。外国人が何を食べようと、そんなことを真似る必要はない。日本人には日本人の喰《くい》物《もの》がある、といっているが、私も日本人には日本食が最も適し、いかに珍味佳肴の中国料理や西洋料理でも、毎日つづかせるわけにもいかず、また毎日つづいたところですぐアキがきてしまうと思う。

例の二宮翁にも『飯と汁、木綿着物ぞ身を助く、其余は我をせむるのみなり』といった道歌があるが、粗衣・簡易食の耐乏生活は、単なる非常時切り抜けの一時的方便ではない。一国国民の意気を昂揚し、健康を保全し、永生発展への途を拓くものである。すなわち、人間の精神と肉体

（すなわち物質）とはもともと一つのもので、いわゆる霊肉一致、物心一如である。それは同じ一つの生命表現の両面であるに過ぎない。しかも互いに相補の関係に立ち、精神の欠乏はある程度物質をもって補うことができるとするも、さらにそれ以上たしかに、物質の欠乏は精神でこれを補うことができるものである。しかもまた、一面の事実において、物質生活が大なれば大なるほど、精神生活が小さくもなるものであるから、私は健全なる精神と、健全なる身体とを、両全、両立せしめるために、とくに道三、尊徳、二先輩の意に賛し、できるだけ簡易生活を実行したいと考える。

三、人間は百二十まで生きられる

老来変化した人寿観

私の人寿に関する考え方は、年を経ると共にだんだん高められてきている。ありていにいえば、自分がそれに近づいてくると同時に、順次先へ先へと繰りのべられたのである。あるいはこれも、老人の生存欲、自己ぎまんの現れとみる人もあるかも知れぬが、しかし、これは年と共に、私のいささか学び得た最新科学と、八十余年に及ぶ実地生活から割り出したもので、あくまでも真面目な、尊い真理研究の一端と御承知ありたい。

私は実父を十一のときに失った。父は四十二歳の働き盛りを脳溢血で急逝したのである。そこで私は、この父の死と、「人生僅か五十年」といった言葉を結び合わせて、人寿も普通五十か六十、「人生七十古来稀なり」といったくらいのかるい考え方をしたものだ。

それがために、私が満二十五歳のときにしたためた人生計画――本多一生涯の生き方について、予定計画を案出したもの（後述）――にも、

『もし自分が六十以上生きたら、その後の十年間は、いわゆるお礼奉公で只働きをする。幸いさらに七十の坂を越えることができたら、そのときこそ、居を山紫水明の温泉郷にうつして、静かに晴耕雨読の晩年を楽しもう』

と、ハッキリ書きつけておいたほどである。

ところが、いつしか七十を過ぎ、八十を越えても、一向に死にそうにはなく、「私の人生計画」にもこのところ大いに番狂わせを生じてしまった。思わざる予定突破というわけである。

そこで、さらに、この先を新たに継ぎ足した人生計画を樹てる必要にせまられ、その順序として、しからば、人間は果していくつまで生きられるか、人間本来の寿命如何、という研究をしてみることになった。

その手初めとして、まず、私の家の過去帳を繰りつつ調査したところ、大酒呑みや伝染病で早死した人々のほかは、だいたいみな八十五以上生きていることを、第一に発見したのである。

現に私の母は八十五、私を五つまで抱き寝してくれた曾祖母は八十九、私の伯母金子いの（父の姉）は九十七まで生きていた。なお私の義姉（いのの娘、折原孝）は当時九十を越えて健在であった。そこで私も、たしかに九十七まで生きられる血統の一人だという自覚をもつに至った。

このようにして、父の没年から人寿を比較的短かく考えていた私も、自分の健康と家系の調査から、「人生僅か五十年」と、早手回しにあきらめるのは間違いだと気付かされたのである。

老人はみなしぶとい

遺伝的寿命というものはもちろんない。遺伝的寿命といっても、それは決して寿命の長短が遺伝するのではなく、抵抗力のつよい、したがって長命にもなる体質が遺伝するのである。長生きの筋に生れた者が必ずしもみな長生きするとは限らない。人間の寿命には、もとより遺伝体質の優秀性がのぞまれなければならぬが、それよりも、その優秀体質を生かす生活環境への心配りが必要である。すなわち、体質遺伝よりも生活環境による影響のほうがはるかに大であると思う。

それは長寿者揃いの家系にあるものでも、大酒呑みや放蕩者など不摂生のものには早死があり、僧侶や学者など、肉体的にも精神的にも摂生しやすい境遇にあるものが、とくに残って長生きする例の多いのをみても、容易にうなずけることだ。

現に私の見聞したところでも、八十以上になって、なんら持病もなく、無病息災の人は、大ケガをするか、不養生なゼイタクをつづけるか、または自殺でも企てない限り、たいてい九十二歳以上まで生きているようである。これは七—八十年も生きている間に、コレラ、チフス、インフルエンザその他の流行病時代を幾度もくぐり抜けてき、各種病黴《びょうばい》に対して免疫性になっており、それらのためにいまさら死ぬ気づかいがなくなったからでもあろう。ちょうどこれは、一度疱瘡《ほうそう》にかかった人は、二度とかかることがなく、かりにかかったとしても、きわめて軽くすむのと同じ理屈である。

生長期の五倍の寿命

第一の理由は、わが一門の最高齢者であった金子伯母からのヒントである。伯母は九十七という年で亡くなったが、七十頃から眼が悪くなり、ついには全くの盲人となってしまった。その後ずいぶん不自由不衛生な生活をつづけたため、まずこれで十年くらいはたしかに寿命をちぢめたものと思える。さらに晩年は家運かたむき、かつて村一番の豪農といわれたのが、急に中農以下に転落してしまった。この気苦労にもたしかに十年の寿命をちぢめた。そこで併せて二十年の早死ということになる。したがって、その天然人寿は百二十歳前後だったという推測がなり立つ。

幸いに現在の私は、この伯母よりもはるかにめぐまれた環境と条件の下にある。すなわち、八十六になっても、まだ腰も曲がらず、眼も耳も、足も手も達者で——一番達者なのは口かも知れぬが——どこ一つわるいというところがない。前後十九回の海外旅行で、世界六大州を跋渉《ばっしょう》した結果、各地の風土病や伝染病にも免疫となっている。数回にわたる大戦争、大震災、大津波、大暴風雨、その他の厄災をも幸いに切り抜け、おまけに、幾度も死を決してしかもその死地を脱している。——つまりこれほどまでにしぶとい自分である。その上に、七十七からは、理想的の健康地、山紫水明の伊東歓光荘に住まって、文字通りの晴耕雨読ないしは昼耕夜学の生活をつづけている。すなわち、健康長寿には最もいい精神と肉体との併行的使役、しかも簡素な自然生活を悠々楽しみ得ている。

これで私が伯母より二十年以上長生きできなかったら、九十七で死んだ伯母に対してもバチが当たるわけだ。そこで、伯母の人寿と、伯母の残寿を加えた百二十歳まではどうしても生きなければならぬと考えたのである。この上はまた、自ら慢心と、贅沢と、怠惰と、名利との四つを慎みさえすれば、どうにか百二十以上は生きられそうだという信念がわき起こってきたのである。

第二の根拠は、生物学的考察から割り出したものである。有名な大隈侯の百二十五歳説は、発育期の五倍を平均寿命とする一般動物の例を採り、二十五歳で身心の完熟する人間は、必ず百二十五まで生きられるという主張であったが、私は欧米人に比べて日本人の発育期は少し短く、まず二十四年と踏んで、その五倍の百二十歳説をここに打ち立てたのである。しかも、人間を動物学的にみて、この百二十歳説は決して荒唐無稽ではない。牛・馬・犬・猫が立派にその発育五倍の生存を示している。

これにつづいて、さらに第三の根拠ともいうべきものが偶然にもみつかった。それはわれわれと同じ東洋人たる印度の釈尊が、そのお経の中で人寿百二十を肯定していることで、その経文は闍陀迦経《ジャータカ》（本生経または歴生経とも訳す）と称するものである。その中に、釈尊は二度までも繰り返して、「百二十歳を上寿、百歳を中寿、八十歳を下寿」と唱え、それ以下はいずれも夭死《わかじに》と説かれている。すなわち、私の人寿百二十歳説は、すでに二千五百年も以前、何もかも御存じのおしゃかさまによって裏書きされているわけである。

その他いろいろの理由や根拠もまだあるにはある。だが、問題は「どうして百二十まで生きられるか」ではなく、「どうして百二十まで生きるか」であろう。

集団自殺から逃れよ

私がいままでに実際接したことのある最高長寿者は、東京の王子滝野川、昌林寺住職鳥栖《とす》越山《えつざん》和尚である。私は学生時代王子の山林学校寄宿舎から、毎日のように境内へ散歩に出掛けたので、その当時としても相当な年配に達していた和尚と度々出逢う機会にめぐまれた。

聞くところによると、同師は毎朝四時起床、二時間にわたる坐禅ののち、朝食は緑茶と梅干だけということで、全くの粗衣粗食に耐えた生活をしていたようである。酒、煙草をたしなまず、また終生女というものを知らなかったとのことだ。そうして、人に健康長寿の法を問われると、常に「正しい生活、八分目の食事」と答えていたといわれる。

その入寂は昭和九年三月二十八日、享年は百十一というのであった。

これでみても、世に全く例がないことでもない。人寿百二十歳――少なくともそれに目標をおいての努力摂生は、われ人共に、ひとたびこの世に生をうけた者の義務であり、権利でなければならない。越山和尚の示すとおり、だれでも不養生、不自然の贅沢生活をしない限りは、百歳以上は当然生きられ、また生きねばならぬ天然自然の寿命と称すべきものであって、世人の大多数がこれに及ばないのは、ケガをするとか、神経衰弱に陥るとか、または不衛生、不自然の生活を不知不識のうちに繰り返すからである。これは広い意味での、人類の集団自殺とさえいえるのである。

人間が長生きするには、まずこの集団自殺から逃れてかからねばならぬ。

さて、それにはどんな方法があるか。精神的観念的方法と、肉体的実際的方法の二つがここに思いうかべられる。すなわち、前者は、まず自分の天然寿命は百二十歳以上であるという確信をもって、「人生即努力、努力即幸福」の本義に徹し、死ぬまでの努力精進を楽しむことであり、後者は、衣・食・住・性などの本能欲に対して、刻苦耐乏の自然生活に安んじ、物質界の不足不満は、精神的の充足感謝をもってこれを補うことである。日常、精神と肉体とを併行して働かせ、いわゆる働学併進の生活を怠らぬことにあるのである。

老衰の悪循環を絶て

それかといって、人間もやはり老境に入れば体が衰えてくる。気ばかり勝っていても、何一つとしていいところはなくなる。だからこそ、人は年をとりたくないと考えるのでもあるが、その老いを恐れるのあまり、四十になってもう初老だ、五十になってもう中老だ、やれ還暦だ、やれ古稀だのと、実際よりも先回りして老い込んでしまう必要はない。

人間老衰の生理は、これを医者の説くに任す。ここに私は、老衰は老衰、天然自然の現象とすればやむを得ない、それが病気でない限りは、少しも心配せず、ただ力相応、根限り働きつづけることを提唱したい。

通俗的にいって、人間の体は、心臓というポンプを、手足のハンドルで働かせ、血液を全身に送って各器官を活動させるもので、老衰におびやかされて、引っ込み思案ばかりしていると、手足のハンドルや心臓のポンプまでよく動かなくなり、自然血液の循環もわるくなって、頭も体の活動も次第ににぶってくる。したがって、いろいろ病気にも侵されやすくなるというものだ。

こうした原因結果の悪循環は、老衰を感じ始めたものを、たちまち、また本当の老衰に追いおとしてしまうのである。こういう場合、ナニ糞ッと、思い切ってよけいに体を動かしたり、脳を使うようにすると、はじめは少々つらくとも、心臓内臓の諸器官もそれにつれて、やがて活発に動き出す。手足も軽くなれば、頭もよくはたらき出す。したがって、再び働くことも、考えることも、楽に、面白くなってくる。もっともっととあとをつづければ、もっともっとよくなってくる。

「老衰の悪循環を絶つ」、ここのフンバリが、何人にも最も大切なところである。

ここを旨く切り抜けさえすれば、あとはもう大丈夫である。前にも述べたように、人間も老人の域に入ることになれば、それだけまた、自分自身の健康に自信をもってよろしいのだ。

最良の健康長寿法

最後に私の健康信条といったものを再言すれば、

『人間は決して自然的には耄碌《もうろく》しない。人為的に耄碌するのだ。人間は耄碌するから働けないのではなく、働かないから耄碌するのだ。いよいよ倒れるまで働学併進を楽しむことが、最大最良の健康長寿法である』

ということになる。これはただに、私の流儀による私の確信であるばかりでなく、最近（一九四七年）北米コロンビア大学のアービング・ロージ博士によっても、科学的実験をもって立派に証明せられたところである。

ついては、以下簡単に、何人にも当てはまり、何人にもすぐ実践できる健康長寿法の具体的八項目を挙げておこう。

第一は**食事**、これは前にもくわしく述べたので、ここには、「菜食・生食・少食」とだけ繰り返しておく。また摂取したものの排泄についても注意を怠らず、とくに便秘を戒め、一日に一回ないし二回の便通をはかるよう申し添えておきたい。それには毎朝洗面後、冷水を一―二合ずつ

人間は耄碌《もうろく》するから働けないのではなく、
働かないから耄碌するのだ。
いよいよ倒れるまで
働学併進を楽しむことが、
最大最良の健康長寿法である。

最晩年の本多静六

飲むことである。

第二は本能欲の節制である。心身の完全なる発達と、経済的独立の目当てがつくまでは結婚をのばし、結婚後も夫婦間に節度を設け、真に完全なる夫婦生活を楽しむべきである。この心掛けを失うとたちまち飽満と倦怠を招き、かえって結婚生活の有難味を損し、ひいては大切な人寿をもちぢめる結果となる。節度については各人の体質年齢によって多少異なるものがあろうが、だいたいその極限は結婚後一週間目くらいから、二―三十代は月八回以下、四―五十代は月六回以下、六―七十代は月四回以下、八―九十代は月二―三回以下が適度のように思われる。旧来の医書養生訓などによると、いずれも六十代以後は本能欲の充足を戒めているが、これは人間の実態に即しない不自然陳腐なる説というべきである。私の生物学的研究によれば、すべて不自然な生活は健康と長寿の目的に反する。老衰に従う自然の消滅は差し支えないが、あるものを強いて極度に抑節するのは不自然で、かつ有害、賛成し兼ねるものといわなければならぬ。まして、薬剤その他不自然な方法で、促進をはかるなぞはもってのほかである。この意味で、私は老人高齢者の再婚にあえて反対しない。

第三は睡眠、これはよく働いて、よく眠るに越したことはない。私の晴耕雨読、昼耕夜学も、実は頭と体とを適度に働かせて快《こころよ》い眠りを求めることでもある。私は若い頃から睡眠時間はきわめて短いほうで、その時間不足の埋め合わせを、睡眠の深さによって行っている。人はよく睡眠について時間のみをいうが、問題はその眠りの深さにある。私の熟睡法についてはのちにくわしく述べる。

第四には**住宅**に関する考慮、**第五**は**衣服**の問題である。これも経済生活に多大の関連をもつからそのほうで詳細に説くことにしよう。いずれにしても通風採光と薄着になれるのがこの項での主眼である。太陽と新鮮な空気を常に肌にしみこませるように心掛ければ、百薬にまさるクスリである。

第六は病気に対する**自然療法**だ。たとえば下痢をしたときは、一—二日の断食で静かに寝て治す。風邪を引いたときは、好きな仕事などに夢中になって、これをケロリと忘れてしまう。いわゆる無抵抗療法、働き療法である。つとめて医者の薬なぞはのまない。病気は自然が治し、御礼は医者が受けとる、というのが昔からの相場である。もちろん、大ケガまたは大病の際は医者にかからねばならない。医者はやはりそのほうの専門家である。

第七は**希望に生きる**。先へ先へと仕事の楽しみを追う。**第八**は頑固、慢心、贅沢、怠惰、名利を放逐して、**精神生活の精進**につとめる。これらはすでに再三再四繰り返したところであるが、いま一度ここに念を押しておくだけの価値がある。

これを要するに、百二十歳以上の人寿を全うし、一生耄碌しないで働き通す秘訣は、若い者の仲間入りをし、一日一日の働学併進生活に、焦らず、休まず、怠らず、早くより職業を道楽化し、とくに青壮年時代には、**三節**（食・性・眠の三欲を節する）、**三多**（多く学び、多く働き、多く施す）に心掛け、老年時代には**四慎**（慢心・贅沢・怠惰・名利を慎む）、**四快**（快働・快食・快眠・快通）の生活をたのしむことである。

それに関して、とくにつけ加えておきたいことは、老人になると、一種の老人癖とでもいうべきものか、「おれは若い者とはちがう、老人は老人らしく」と、ことさら若い人々から離れやすいが、これはどうも面白くない。

水清ければ魚棲まず、人あまりに孤高潔癖にすぎると、他から敬して遠ざけられる結果となる。孤独は人間をかたくなにし、不活発にする。これではいよいよ人も年をとってしまう。

そこで私は、自ら老いを感ずるようになったら、いたずらに聖人や宗教家のごとく禁欲主義にとらわれることなく、再び還俗したつもりで、生活的にも、気分的にも若返るようにつとめなければならぬと思う。花も弄《ろう》し、月も賞し、酒も肴も、自然が、世間が、他の人が与えてくれるまま、よろこんで味わうようにするがいいと考える。家庭生活においても、老人がいるから淋しいということにならず、老人がいるからいっそう陽気に、賑やかに感じるというくらいにならなければならぬ。

いわゆる「子供に還る」というのも、本当に耄碌して子供に還るのではなく、大いに若返るつもりで子供に還るのである。それにはできるだけ若いものの仲間入りをして、若いものの話などをよろこんで聞いてやるのがいい。若い人々も実は老人が自分らの仲間入りしてくれるのはうれしいものなのである。福沢諭吉先生も、「若いときには老人に接し、年老いては若い人に接せよ」と教えているが、これは最も適切な青年訓であり、また老人訓でもあるようである。

四、新生命観と人生計画の立て方

宇宙の大生命と自己

宇宙万物の根元は「原子《アトーム》」であり、その原子を構成する要素は「電子《エレクトロン》」である。電子は物質でも精神でもなく、ただ一つのハタラキをなすものである。いわば一種の機能《ファンクション》であり、宇宙の大生命である。

われわれ人間もまたこのハタラキの一部分であって、その機能、その大生命の時間的ないし空間的な表現にすぎない。だから、われわれはたえず働き、たえず生活して、この大宇宙の生命充実に貢献すべきであると私は考える。

われわれ人間がこの世で生きているということは、何かしら心の中で考えたり、何か必ず体をうごかして働かせているということである。いずれも人間のもっている生命のエネルギーが、精神と肉体の両方面に現されたものに過ぎない。筋肉的にせよ、精神的にせよ、生きている限りはこのハタラキが最も大切なものであって、私はこれを努力（勤労）と称する。したがって、努力こそは人間活動の本体であり、本能であって、私の「人生即努力」または「努力即幸福」といった新人生観はこれから生れ出てきている。

宇宙万物は一も完成し、確定したものがない。いずれも不完全、不確定のままで、たえず成長し、進化し、発展しつつ、うつりかわる。だから、われわれの人生も日に新たに、日に日に新たに、断じて現状に安んじ、とどまるべきではない。世の中は決して同じことを、そのまま二度とは繰り返さない。歴史は繰り返すといわれるが、それはきわめて皮相な見解で、繰り返すとみえても、その内容実質は常に大いなる変化を遂げつつある。今日のいわゆる真理真相なるものも、決して永久不変のものではなく、時代と共に推移し、人智科学の発達と共に進化するのである。

現在われわれの営みつつある人生は、遠い先祖時代から、各人の努力精進によって獲得した体質と知能を、代々遺伝蓄積して今日に至った集大成であって、いまもなおわれわれの責任として、その努力精進の途上にあるのである。すなわち、今日の人生を維持し、またこれを進歩発展せしめるには、私達は一日として不断の努力を怠ることはできないのである。

物質界の生命と精神界の生命

自分の生命は親の生命のうけつぎである。親の生命は遠い遠い祖先からのうけつぎである。われわれの肉体はその生命の容器《いれもの》であって、一代かぎりでついには死滅のほかはない。しかし、その中に存する生命は永劫不滅である。すなわち、われわれの肉体は死ぬことになっても、その生命は生殖細胞によって直接子孫に遺伝し、その精神はさらに言語・文章・事蹟等によって広く万人の精神界に生きるに至るものである。

宇宙の大生命から派生せられた人生は、もと電子という一元であるが、前にも述べたように、その表現は精神界（霊）と物質界（肉）の二方面となる。富めるも、貴きも、美しきも、その他のもろもろも、おしなべてことごとく、やがては墓にかえる。物質界の法相はつねに諸行無常である。しかし、これを精神界からみるときは、われわれの生命は永劫に生き、永世無限に栄えることが信じられる。

人間の一生は欲望充実の一生である。霊肉不二の生命をのばしつつ、しかも、あるいは物質界に欲望し、あるいは精神界に欲望する。この両方面の欲望を調和し、純化し、真善美の理念生活に入るのがわれわれの修養であり、自己錬成である。しかも、物質界にはしばしば不如意のことも多いが、精神界はつねに容易に意のごとくなるものだ。したがって、人はたえず精神の力で物質界を支配し、外界から来る不如意を、内面的な努力精進によってこれを如意に転換しなければならぬのである。

いわゆる神仏は決して外にあるのではない。みなわが身の中《なか》にあるのだ。人は神仏の理想に近づこうと常につとめつつあるのであるが、外界に対する本能欲の誘惑により、ややともすれば過失堕落に陥りやすい。しかし、これも人間本来の自然の姿であって、過失をおかすともあえて悲観絶望することはない。さらに大いなる勇猛心をふるいおこして、改過遷善《かいかせんぜん》、本来の理想に向かって突進すべきである。

どんな小さな理想（一歩前進）でもよろしい。それが一たび実現すれば、もはやそれはその人の人生の現実となる。しかも、その現実を土台として第二のより高き理想が現れてくる。理想追求は人間の本性であって、そこに「人生即努力」の絶えざる精進が生れてくるのである。そうしてまた、そこに「努力即幸福」の新人生観が生れてくるのである。

次表はこうした考えのもとに、私が満二十五歳に作成した人生計画表に、その後訂正に訂正を加え、今日ただいまの心境においてこれを良しとするものである。

人生計画総括表

期名	年齢	期間年数	計画目標	計画方法	悟道段階（理性と愛情）	実際生活
第一、教練期 少年期（教養） 青年期（錬成）	**六―二〇** 六―一五 一六―二〇	**一五** 一〇 五	人間らしく働くための準備	勉学錬成の道楽化 克乏生活の訓練 （従順・学習・錬成）	妄信―科学信 （愛情主・理性従）	**三　節** 食・性・眠の三欲を節す
第二、勤労期 少壮期（働き盛り） 中壮期（分別盛り） 大壮期（知能盛り）	**二一―六五** 二一―三五 三六―五〇 五一―六五	**四五** 一五 一五 一五	身のため国のため働き、名利を蓄積する	職業道楽、成功、勤倹貯蓄 （職域奉公・縦横活動）	科学信 （理性主・愛情従）	**三　多** 多学、多働、多施
第三、奉仕期 初老期（お礼奉公時代、感謝時代）	**六六―八五**	**二〇**	名利に超越して世のため人のために働く	名誉職、世話役、官公務、人生指導 （奉仕的円満無碍の活動）	科学信 （理性と愛情の調和）	**四　慎** 慢心、贅沢、怠惰、名利を慎む
第四、楽老期 中老期（指南時代） 大老期（無為化時代）	**八六―一二〇** 八六―一〇五 一〇六―一二〇	**三五** 二〇 一五以上	心の欲する所に従う、ただし八分目に逓減する	晴耕雨読、顧問、相談役、身の上相談、遊覧指導旅行 （和顔慈眼、光風霽月）	超科学信―霊感 （愛情主・理性従）	**四　快** 快働、快食、快眠、快通
第五、永眠期	一二一以上	朽ちざる事蹟の墓に眠り、伝えることに生き、知らるる名に残る				

【あとがき】

人間二十歳までを第一期教練時代とし、二十一歳以後六十五歳までの四十五年を第二期勤労時代とする。これが正味の働き盛りである。第三期六十六歳以後の二十年間をいわゆるお礼奉公時代とし、前期主として、自分のために働いたのに対し、名利を超越して、世のため、人のために働く。第四期の八十六歳以後は楽老時代で、「心の欲する所」に従って、しかも「矩《のり》を踰《こ》」えないようにする。

これは孔子が七十にして達した心境であるが、われわれは凡人だから十五年のばすのである。現在の私はこの楽老期に入ったわけだ。

私の暮らし方・考え方

一、ムリのない法・ムダのない法

すべては実行にある

なんでもよろしい、それがいいことだと思ったら、ただちに実践にうつす――これが私の生活流儀、「暮らし方・考え方」の、そもそもの第一条なのである。

由来、世の中のことはすべて相対性のものであり、人間行為はみな条件反射によるものである。だれが何をする場合でも、反射的、無意識的にうごくことが最も多い。したがって、すること、なすこと、過失もあれば、ヘマも多い。いわば人間の一生は、そんなことの繰り返しである。ままにならぬも無理はない。

われわれ平凡人が、このままにならぬ世に処して、これをままにするただ一つの法は、環境を支配するなんて大ソレたことを考えないで、自らをその環境にできるだけ適応させていくことである。

それには、どんな小さなこと、どんなツマラヌことでも、それが少しでもいいことであったら、「よしッおれも一つやってやろう」と、意識的、努力的に――これも一種の条件反射であるが――ちゅうちょなく、実行していかねばならぬのである。

マゴつかぬ早手回し

自分の仕事は自分で、しかも、できるだけ先へ先へと早目に片付けていく。これが日常生活における私の一番の心がまえである。

きょうの仕事をきょう片付けるのは当然のことであるが、もしできることなら、明日の仕事をきょうに、明後日の仕事は明日にと、順次手回しよく片付けるようにしておきたい。ホンの少しずつでも、少しずつ早目に片付けるのと、少しずつ遅らせてしまうのとでは、そこに大変なちがいが出てくる。こうした心ぐみで、なんでもいったん取り掛った仕事を、つぎつぎに追い込んでかかれば、どんな事故が不意に起きてもまごつくことがない。いや、その事故さえも起きることが少なくなる。

きょうの仕事を明日へ繰り越すとなると、明日の仕事はまた明後日というわけで、仕事が溜まり溜まってついに動きがとれなくなる。毎日毎日仕事の仕残りが気にかかって、家へ帰っても十分休養がとれず、夜も安眠ができなくなる。したがって、日曜にも臨時出勤しなければならず、過労に過労が累加されてきてしまう。

これは仕事のことばかりではない。なんでも早目ということのすきな私は、汽車旅行の場合などでも、支度のでき次第、早目に停車場へ出掛けていく。そうして、時間があればそこで本を読むなり、何か調べものをやる。この方が時間ギリギリまでうちで仕事にかじりついているよりも、落ちついて、かえって能率が上がる。本を読んだり調べものができなければ、居眠りでもして、その晩の睡眠の前払いをしておく。もしまた、予定よりも前発の汽車に間に合えば、それに乗ることにする。こうすれば、時間にも余裕ができ、途中で故障が起きても大丈夫だと、心にも十分ゆとりが生ずる。

　せいては事を仕損ずるというが、せいてしなくともすむ仕事を、ゆっくり、先へ先へと手際よく片付けておけば、やがてせく必要もなければ、せいて事を仕損ずることもない。先へ先へと片付けた仕事には、いかなる場合もほとんど手落ちというものがない。

　仕事の大きな手落ちは、あわてて片付けようとする際にのみ起きるようだ。

時間のムダをしない法

　仕事の段取りのわるい者に限って、よく「時がない」という。

　一ヵ月はだいたい三十日、一日は必ず二十四時間と、だれにも同じように決まっている。一人一人に過不足のあるものではない。それなのに、得てして、こういう声を聞くのは、そういう当人の仕事に対する段取りがわるいのか、時間に対する心掛けが間違っているからである。

　もっとも、世間にはクダラヌことで大切な他人の時間をうばう悪風が少なくはない。ちょっとした旅行の送り迎えなどもその一例だ。だから、前記のような汽車の乗り方をする私は、いつも、出発時間や到着時間の未定を口実にして、一切の旅行に見送りや出迎えを断ることにしてきたのである。

　さて、汽車や汽船の中では、仕事のないときはいつも寝溜めだ。時間が長いの、スピードがのろいのと、自ら求めてイライラすることはない。

帰宅の夜には、留守中溜まっていた仕事を必ずその夜のうちに片付けてしまう。長い旅行のあとなど、ときどき家人から、「今晩はおそくなったから明日になさっては」といわれることもあるが、汽車の中で十分に寝溜めしてあり、帰った晩とてよけい眠る必要もないから、必ずその晩中にできるだけのことはやってしまう。

大学や官庁の実地調査でよく出掛けた際なども、つとめて一日の日程以上に仕事を片付けることにした。ことに私の関係したものは山林関係で、こちらが勝手な日程を立てても、天候に左右されて進まぬ場合が多かったので、とくに先へ先へと手回しよくしておくことが必要であった。少し手回しよく仕事をすすめておけば、出張先でも、雨の日はまた雨の日で、それに向く仕事が見付かったものである。この辺の心得のない人は、よく山林調査などで降り込められると、気ばかりあせって、そのくせタイクツで困り果てるようであるが、私などいつどこへ出掛けていっても、タイクツで困るということはなかった。

それからまた、仕事の多すぎるときは、急ぎのものから先にやるのはもちろんであるが、その次にはいやなこと、難しいことを先にし、好きなこと、やさしいことは後にすることにしてきた。このやり方は、「むしりやすい草からむしっていけ」という、二宮翁の教訓にそむくようであるが、あれは全体としてものをみた場合の行き方、これは部分としてものをみた場合の処理法である。

なお、来信に対する返事は、故石黒忠悳翁《いしぐろただのり》（枢密顧問官）のひそみにならって、来訪者への挨拶と同じに考え、何よりも先んじて、即時即答するようにつとめてきた。

物をムダにせぬ心掛け

仕事の段取りをうまくつけることは、取りも直さず、時間のムダを避けることであるが、さらに、時間と共に物を粗末にしないのが私の大切な流儀である。

自分のものを自分でムダ使いしないのはもちろん、官庁や会社工場等、勤務先のものをいっそう大事にしなければならぬのはいうまでもないことだ。——みんなが物を大事に使っているかどうか、これさえみれば、そこの職場のすべてがうまくいっているかどうか、一目でもってすぐよくわかりさえする。

官庁や会社の物品は、得てして粗末に使われやすい。役所の便箋でムダ書きをしたり、会社の状袋で私用の手紙を出したり、はなはだしいのになると、真ッ白な用紙をピリッとはぎとってハナをかんだりする。こんなのを見掛けると、よそごとながらわれ知らず腹が立ってくる。私は学校や学会の用紙を使用する際など、余白のあるものや裏白のものはみんな取っておいて、次に必ず何かの下書きに使うように心掛けた。また自宅でしたためる文章なども、たいていは古いノートの残頁や広告ビラの裏面で間に合わせた。これはいずれ清書しなおすものであるから、初めかられいな紙を使用するに及ばないのである。さらに一度使った封筒も裏返して使い、いろいろな包紙もいちいち皺をのばしておいて、再度の用にそなえた。

紙の話のついでであるが、便所の落し紙などでも、ドイツその他欧州の民家では、どこでも多く古新聞であるのをみてきた私は、昔から、古新聞のやわらかなものを選んで適宜の大きさに切り、それを手でもんでさらに使いよくし、便所の備え付けには、ボール箱を二つに重ねて、下のほうへ入れることにした。つまり、来客のためには、上の箱に立派なチリ紙が用意されているが、家人はすべて下の新聞紙を使用するという仕掛けである。これでいくと、チリ紙一帖で、何年も何年も用が足りる有様であった。

貧乏学生とアルバイト

物を大切にする話が出たので、少しばかりここに学生時代の貧乏話をしておくとしよう——貧乏話イコール倹約話なのであるから。

今日の学生諸君も、金に困っているものが多い点において、昔の学生と少しも変わらないようである。それどころか、相次ぐ経済変動のあおりで、われわれの時代よりもっと深刻なものがあるのかも知れない。しかし、学に志して粗衣粗食を恥ずるはともに語るに足らずで、学生に貧乏はいつの世にもつきもの、諸君は決してこれを恥じたり、悲しんだりすることはない。むしろ、貧乏は学生の本分、最も貴重な賜りものと心得て大いに奮発すべきである。

そこで、六十余年前の私の貧乏話にうつる。

山林学校へ入った当時の私は、一家が困窮のドン底に在って、一ヵ年五十円の学資しか出してもらえなかった。それも国元の兄姉が、養蚕や野菜の積み出しで身を粉にくだいて働いた金なのだから、いくら足りなくても、もうそれ以上一文も無心がいえぬものであった。

いかに子供の頃から貧乏なれた私でも、これを月謝と寄宿舎費とに前納してしまうと、手元にはもはや一銭の小遣いも残らないので、すこぶる弱らされたのである。

そこで、苦心の結果案出したのが、今日でいう一種のアルバイトである。それは、すでに払い込んだ寄宿舎費の中から、外食をして欠食届を出すと、一定額の払い戻しが受けられるので、それを目当てに、毎日曜必ず、四谷の知人宅まで家事の手伝いに出掛けることであった。

そのために、私は日曜ごとに特別の早起きをした。そうして、スキ腹をかかえながら、三里半の道を四谷仲町まで急いだ。先方も歓迎して待っていてくれ、畑仕事や掃除の仕事をあてがって、三度の食事にはどっさり御馳走を出すのが常であった。何しろ若いものの元気と、金のないかなしさで、七里の往復を七日ごとに繰り返したのであるが、これで一日十二銭五厘、一ヵ月四回で五十銭也の欠食払い戻しが受けられた。おかげで、どうにかこうにか小遣いのほうのしのぎがつけられたものである。

もちろん、こんなにしてまでこしらえた五十銭であるから、使うほうでもそうやすやすとは使えなかった。したがって、鉛筆などは寄宿舎の窓下に捨ててある使い残りを拾い集めたり、また紙も、駿河半紙の裏表へ、顕微鏡でみなければわからぬような細かい文字を隙間なく書きつけたりした。学生服は官給だったが、靴下は自弁なので、いつも素足にドタ靴をはいた。四年を通じてただの一足ですまし、はいているよりポケットにおさめられているほうが多かった。すなわち、訪問先の門前まで行ってはき、帰りにはもう門前でぬいでしまった。これでは四年でも五年でも保つわけである。

また遠足の途中、山谷の渡しを一人だけ駈け足で吾妻橋まで大回りし、たった五厘の船賃を助けたことまである。——もっともこのときは、払おうにも払うその五厘を持っていなかったのであるが。

十二単衣と猿股一つ

私は何十年来、詰襟《つめえり》主義で押し通してきた。これは「本多の詰襟か、詰襟の本多か」とまでいわれたほどで、われながらいささか誇りにすらしているものだ。

さて、私の詰襟主義のそもそもは、ドイツ留学中の、林学生の制服を着ふるして持ち帰ったのに始まり、その後同じものを内地でこしらえて、外出用——したがって常服——に充てたのである。夏冬二様の準備で、これはワイシャツもネクタイもいらない。便利かつはなはだ経済。それから、外套も薄いレインコート一枚で一年中を通した。もちろん、厚ぼったい冬オーバーなどはぜんぜん不用である。

その代りに、私は寒くなると、人の着ない「内套」という奴を用いた。外套の反対である。すなわち、夏シャツを二—三枚、股引も重ね着をするのである。これは重苦しい外套などよりは、いっそう便利重宝なもので、職業柄山などへ出掛けて汗になっても、一番下のシャツを脱ぎかえて上に着れば、さっぱりして気持ちもよくなり、またそのシャツも体温で自然にかわくといった仕掛けである。

冬は十二単衣、夏は猿股一つ。これが若い頃からの私の衣生活の流儀なのだ。

なお物を大切にする建て前から、なんでも修理できるものは、トコトンまで修理して使用するようにしてきた。とくに靴下や重ね着のシャツなどは、継ぎハギだらけでほとんど原形をとどめないほどに愛用する。戦時戦後の木綿糸の払底時代には家内もすこぶる困ったようだが、そこをなんとか工夫して、大戦中から八年間一枚も買わずにうまく切り抜けてきた。

この継ぎハギものを、家族仲間では「山陽道シャツ」、「山陽道ズボン」と称してしゃれている。というのは、東海道の五十三次（継ぎ）をとうに通り越して、百次、二百次にもきているからである。

着物についてもう一つのしゃれを御披露に及べば、私は一張羅のレインコートのほかに、ちょっとした雨の日の外出には、山行きの檜笠やござをいまもって常用にする。これを私のうちではニュー・レイン・コート（濡れんコート）と愛称しているのである。

本多家式買物法

私の家では、昔から買物はすべて現金主義であった。御用聞きというものは絶対に入れなかった。なんでも必要なものは、現金をもって、こちらから買いに出掛けた。そうして、できるだけ実質的な安いものばかり買うことにしていたのである。これによる利益は、長年に見積ってどれだけになるかわからないほどである。戦時中は「顔」で買うということもあったようであるが、極端な耐乏生活にたえてきた私どもには、あえてその必要もなかったのである。しかも、それは一時の変態で、やはり現金買いの出張購入が、一番経済でもあり、たしかである。現に再びそうした時代に帰ってきたようである。
それから、私の家では、衣服などについて、いつもつもり買いのつもり貯金というのをやった。すなわち、呉服屋のショウ・ウィンドウを外から眺めさせて、気に入った柄、気に入った物はいつでも望み通り買うことに賛成した。賛成はするが、それを即座に持ち帰るのではない。ただ買ったつもり（気分）にさせるだけだ。そうして、品物はそのままその店に預けておくことにし、ぜひその品物がなくてはならなくなるまで、別にその代金同額を銀行に預けさせておくのである。すると、いつしか欲しいと思ったものも欲しくなくなり、必要なものも必要でなくなって、貯金だけがチャンとあとに残るという仕組みなのである。

さて、この私の考え方は、食物や娯楽品などでも同じことで、おいしそうなお菓子、珍しい果物、そんなものは、飾り窓の硝子越しに、いくらでも食いたいだけ食べる。御馳走してやる。そうして、その都度、食ったつもり、馳走してやったつもりのつもり貯金となるのだから、イザ何か必要なものをといえば、今度はいつも本当に買うことも、買ってやることもできたのである。

こんな調子だから、全く私どもほど街に出てゼイタクな買物をやったものはないことになる。ちょっと渋谷や青山通りへ出ても、お菓子屋から花屋である。花屋の次は洋品屋である。

「食べ物はもうたくさんですから、植木をみましょう」

と家内がうながす。ひと渡り眺めて、秋海棠《しゅうかいどう》の一鉢が気に入ったという。例により、

「欲しけりゃ買うさ」

と答える。そこはあいにくと硝子越しでなく、店先の棚に並べてあったので、家内が手をのば

せばすぐ持ち上げられる。

「オイオイ、買うは買っても、気分で買うのだぞ、それを持ち帰って枯らしてしまうより、この店に預けておけば水も忘れずやってくれるし、枯葉もいちいちのぞいてくれる。みたければいつでもここまで散歩に来ればいいじゃないか」

幸いに店の人がかたわらにいなかったので、二人は笑いながら次に移るというわけ。それでみな愉快で、幸福なんだから有難い次第だ。——花屋さんにはちょっと気の毒かナ。

嫁入り道具と貯金帳

私には娘が三人あって、その娘を嫁にやる際なども、世間一般の馬鹿馬鹿しい支度は一切やらなかった。もちろん、必要なもの、望みのものはいちいち用意することにしたが、その方法というのが、つもり貯金術の応用でいささか変わっていた。

すなわち、欲しいものはなんでも作ってやるが、一度に渡しても置き場に困るであろうし、盗難のおそれもあり、それにまた流行遅れにもなりがちである。だから、買いととのえたいものを、あれもこれもとみんな書き出させ、それだけの金額を貯金通帳で渡してやったのである。つまり買いたいものはみんな買ったつもり、買い取って、まず一切を、三越か、なんなりへ預けておくつもり、そして、いよいよ本当に入用の差し迫ったものだけ、その都度、随時店へ引き取りに出掛けてゆくという寸法にしたのである。

こうしたいき方で、実際には、結婚式の式服と行李一個ぐらいをととのえてやっただけで、その他はすべて「預け物」貯金帳でもたせたのである。ところで、結婚後娘たちは、実際生活の上で新たに生れ出た必要品ばかりを、改めてあれこれデパートへ出掛けて買い求めたのであるが、本人らは最も必要なとき、最も必要な物を、しかも最も新しい品で、それぞれ気に入った店から受け取ることができたわけである。

結婚の前と後とでは、娘たちの購買心理にも大変な相異がある。平たくいえば本当の欲も出てきて、いつもギリギリのものしか買い入れないで、貯金帳の帳尻には相当のものが残った。

これは三人が三人とも同じで、初めはちょっと「お父さんもひどい」とうらまれたが、後には、「あれはホントウによろしゅうございました」と一斉に感謝されるところとなった。インフレ時代にはできぬことだが、経済安定化の今後は、再びみなさんにもおすすめしたい私の考え方である。

二、大切な住《すま》いの工夫

生活転換の第一歩

生活の単純化は、まず居住の単純化から始まらなければならぬ。私も早くからそれに気付いたので、「自分の家」と名のつくものに住むようになってこの方、ずっとその実現につとめるべく心掛けてきている。

昔から、「居は志を移す」とも、「居は気を移す」ともいわれているが、いかなる場合も、居住の合理化は生活転換の第一歩をなすものといえる。

ちかごろ、戦後とくに、文化生活などとやかましい。だが、その本当の意味は悲しいかな、日本人にはまだまだわかってはいない。マッカーサー元帥も日本人の文化程度を評して、十二歳の子供ぐらいだといったが、まずまずそんなところであろうか。その証拠には、ただ住の方面のみについてみても、いままでの日本家屋は、玄関と外見だけが立派で、いずれも内容はそれに伴ってはいない。

もちろん、住宅難、資材難に苦しむ今日の家屋についていうのではない。追って改善改良されるであろうが、これはこれで仕方がないのである。私がここに衝きたいのは、虚偽と不合理にみちみちた、これまでの日本人の暮らし方、考え方なのだ。

一例をこの住居にとっても、ムダな間数ばかりが多く、実に不便と、不健康と、不快適とを極めたものばかり。こんな家を設計するのもわるいが、注文するのもわるく、平気で住んでいるのも気が知れぬ。自分自身の家でありながら――この場合、持ち家たると、借家たるを問わない。自分の住む家は自分の家である――すこしも住みよいように心掛けず、ほとんどすべてが見せかけばかりを考えているのである。

ことに日本人の悪い癖は、一年に幾人ともない来客のために、客間を一番いい場所において、自分たちの三百六十五日使用する居間や、寝室、台所などを、不衛生な面白くないところにこしらえて平気でいる。いったい住宅はあくまでも住まう人のためのもので、接客業者のように客をもてなすのが目的ではない。自分の家はあくまでも自分たちのものだから、居間や台所とかは、何よりも一番いい場所を威張って占領するがよろしいのだ。

真の文化生活とは、外見は後まわしにして、まず第一に内容の充実を考えなければならぬ。内部を便利に、快適に、またムダのないようにすることが大切だ。つまり、外見にかける費用を内部にかけなければならぬ。その点からいうと、住宅はできるだけ小さく、便利に工夫するに限る。そうすれば、女中なども使わずにすみ、外出も安易だ。日常の失費も省け、日常生活が大いに合理化され、したがってまた充実されるわけである。

誤った従来の考え方

住宅の問題で一番大切なのは、高燥で日当りのいいことである。井戸水または泉水の豊富かつ良質であることも望まれる。もっとも、都会地では上水道があるから、これには一応頭を悩ます必要はなかろう。

つぎに家屋の建て方であるが、これは棟が東西に走り、およそ二十度位東南に向かっているのが理想的である。たとえ部屋が南北に重なるとしても、その北側の部屋にも夏は西日が当る。むろん西日はいやなものだが、ぜんぜん当らぬよりはずっと衛生的である。「太陽の入らぬ部屋には医者が入る」といわれているが、西日でもお医者さんの御入来よりは、はるかにマシというものであろう。

繰り返すようであるが、日本住宅の大部分は、たまにしかない来客のために、一番日当りのいい座敷を客間として空けておき、肝腎な家族は、一年中、医者を呼び呼び、日陰の湿っぽい部屋に閉じ込められているなんぞは、全く意味がない。愚の骨頂である。

おまけに、この誤った考え方には、つまらぬ接待準備の附録がつく。すなわち、年に一度か二度、ときとしては数年に一度という招待客のために、多数の座布団、煙草盆、手あぶり火鉢、膳椀、茶道具、皿小鉢といった類のものまで、一通り用意しておかねばならなかったのである。したがって、必要以上、実力以上にも大きな家に住まわなければならず、またその手入れのために、よけいな人手もそろえねばならなかったのである。だから私は、すべての生活改善は、まず住宅改善からといいたいのである。

いずれにしても、われわれ日本人の身辺には、あまりに用もないガラクタが多過ぎる。このガラクタを思いきって追放し、できるかぎり整理しなければ、われわれの日常生活はすっきりしてこないのである。ガラクタの中に埋まりつくしていて、全く文化生活などあり得ようはずはないではないか。

そこで、居住の単純化は、また身辺のガラクタ征伐から始まらなければならぬのである。

私のやった工夫のいろいろ

そんなこんなで、私は六十五で伜《せがれ》と別居してからは、東京の本宅（渋谷）に、九十坪の敷地へ三十五坪の二階家を作ったが、イザというとき、また二階全部を他家族に貸せるよう、二階にも便所や洗面所をこしらえ、上り口も玄関からすぐに行けるようにした。さらに屋根裏全部を物置に利用し得るように工夫したので、ほとんど三階建てにも等しい効果を生んだものである。なお台所は全く新式で、居ながらにして何もかもやれるように設備したので、だれにも働きよく、したがって女中なしにも暮らせることになったのである。

いったいに、日本家屋というものは、それがいかに大きく立派でも、二世帯以上の共同使用に適していないのが最大欠点で、これからの設計には、とくにこの点の留意、改善が必要であると思う。

つづいて、これに関連したことであるが、住居のムダで一番問題なのは、留守番がいつでも一人いなければならぬという、在来日本家屋の構造そのものである。しかもこの問題もまた、今後の日本住宅が、みなしっかり建て直らない以上、根本的な解決法はないとも思われる。

私は渋谷の本宅を建てる際、それでもできるだけこの欠陥をおぎなう設計をこころみた。そうして、玄関にあたる西洋館には、アメリカから特別の錠（ナイト・ラッチ）を買ってきて、家のものがめいめいその鍵をもって出掛けることにした。それはすこぶる小さな鍵で、一度しめたら外からも内からも開かないので安心しきった。もちろん、二日も三日も空け放つわけにもいかなかったが、ちょっとした外出にはそれで十分といった心安さがあったので、私も家人も、留守番なしでよく出掛けたものである。

つぎに一般の家庭で、最も意を用うべきは風呂と洗面所だ。私どもの渋谷の家では、九尺四方――四畳半の広さ――にこの両方を収めた。風呂のほうは、比較的大兵な私の身体が入ってちょうどよい加減の大きさにし、ここまで水がはいれば、こぼれずにいっぱいになるというところに、線を引いて印をつけ、水と燃料の節約を第一に心掛けた。ユブネの型は小判型を選んだ。これは隅々まで掃除が行きとどくからで、角が多いのはどうしてもそこに湯の無駄があり、また腐りつく箇処が多くなる。それにドイツから取寄せた――今日ではガス会社で売っている――パイラントの自働噴泉機というのを使用したので、昼でも夜中でも栓をひねるとすぐ熱湯が出て、すこぶる経済でもあり、便利でもあった。

いったい私は、前にも述べたように、住居というものに対しては、できるだけ狭小な区域を、できるだけ能率的に活用することをもって理想としている。これがまた、あらゆるものについての私の考え方でもある。

これから家を建てる人に

いずれにしても、こうした配慮のもとに建てた私の家（渋谷）は、幸いにして戦災にも焼け残った今日、現住者たちも大変便益を得ているようである。さらに現在私のいる伊東の別宅も、戦時中にこしらえただけにいっそうこのことに注意して、通風、採光に十分工夫をこらしたのはもちろん、常用する食堂兼居間のごときも、東南面の一番いい位置を選んだ。それに、一般には、ネズミのいい運動場にしかなっていない屋根裏も、渋谷のそれにもまた改善を加え、物置としての完全利用を行ったのである。したがって、平家建ではあるが、二階家同様に大きな便益を得ている。

以上を総括して、これから新しく家を建てる人々のために、私の体験と理想をつきまぜた結論を老婆心までに申し添えると、だいたい次のようなことになるかと思う。

まず敷地の選定については、周囲の状況、買物の便否、保安、衛生の諸条件、地盤の強弱、地坪の大小及び形状、その他に考慮が払われなければならぬのはいうまでもないが、とくに建築設計上の注意としては、

一、最も多く使う部屋を最もいい位置におくこと。

二、来客にあまり私室をみられないですむようにすること。（これはお互いの不快を避けるためである）

三、部屋から部屋への連絡をよくすること。

四、貸間または共同使用の便益を考えに入れておくこと。（いつかその必要が生じることもある）
五、非常の場合の避難について万全を期しておくこと。
六、すべての場所の掃除が行きとどくようにしておくこと。（とくに台所、浴室、便所等、不衛生になりがちで、しかも痛みやすい場所には、この工夫が大切である）

以上の諸項目を忘れてはならない。通風、採光、防火、盗難予防については、これまた前に述べた通りである。

庭はどうしたらいいか

建物にもまして、私がさらに頭をひねったのは、あますところなき庭園の利用法である。

日本住宅の庭には実に無駄が多い。一般には庭はただ眺めるもの、もしくは眺めてもらうものとされてきているようであるが、これははなはだしく非生産的だ。

いったい日本人は、昔から自分だけの小さな庭に金をかけ、公共で楽しむ大きな庭、すなわち、公園の利用ということをかえりみないのはすこぶる遺憾である。私は職掌柄、日本国中はおろか、海外にまで公園を作って歩いたせいか、風景美、庭園美の満足は、もっぱら、私園に求めず、公園にこれを求めるようにしてきている。そこで、私は公園主義、公園学者の立場において、この眺めるための庭園は、すっかり立派な公園を利用するほうに譲って、東京在住時代から、庭の生産的活用に徹底を期したもので、一切無用な庭石などは置かず、樹木はすべて地味に合った果樹を植え付け、余裕のあるところは隅から隅まで自家用菜果園に仕立てることにしたのである。これでけっこう風致もあり、雅趣も味わえて、十分に二様の収穫を楽しむことができたのである。

いますこしこれを詳しく述べれば、六十坪ばかりの庭を（東京の場合）、すべて花壇と果樹園と菜園にしてしまったのであって、一坪の簡単なフレームもあり、果樹もみなそれぞれ美しい花をつけ、実を結び、梅、柿、みかん、いちじく、ぶどう、その他の果物も、野菜も、草花も、いつも気やすく庭先から採れるというわけ。そのために、妻なども天気さえよければすぐハダシで庭へ降り立ち、それらの世話に忙しく、草花や野菜が可愛くてたまらぬので、さしせまった必要以外には、どうしても外へ出たくないなんていっていたものである。おかげで、芝居やデパートなどへも自然と足が遠のき、そういう方面での冗費も省けて、一石にして二鳥というところであった。いやまだ、それに健康上の功徳を加えれば正に一石三鳥にもなったわけである。もっともこれなぞは、戦時中どこででも行われたことであろうが、私どもではすでに三十年も前からやっていた。そこに私どもの自慢があるのである。

こんな有様なので、私は林学博士という植木屋さんの親類みたいな肩書をもっていながら、ついぞ、一度も植木屋さんにものを頼んだことがない。昔、大山元帥も「松もいいが、金ばかり食って」とこぼしておられたそうだが、私も小さいながら、六十坪の普通の庭をもっていたら、年々どれだけの金を食われたものか知れない。それを、私どもはあべこべに、その庭を年々腹いっぱい食ったのだから、大したものといわなければなるまい。

ついで伊東へ来てからのことは、すでに何度も各方面に吹聴を繰り返したのでここに省くが、ともかく、この庭園利用にもいっそう徹底をはかったので、戦中戦後の食糧不足時代にも大いに助かった事実だけを申し添えておきたい。

住生活と順応生活

次に住居についての、生活上における私の考え方をさしはさもう。

昔から一口に衣・食・住といいならわされているが、この住居の問題は、他の二者とちがって、すこぶる固定的な要素がつよく、人々がこれを支配し、変更していくというよりは、むしろこれに自ら順応していかねばならぬ部面がはるかに多い。ことに戦後の住宅難時代では、どんな家でも、家がありさえすれば有難い。バラックであろうが、古家であろうが、見つかりさえすればこのうえないという有様である。また借地の、新築の、改造のといっても、それは、一部の人々にのみゆるされる事柄で、普通の者には借家、下宿、合宿といった類の選択の余裕すら与えられていない。つまりは、自ら選んで住まうというよりも、与えられたものに住まわせてもらうというほうが適切なぐらいである。したがってここに、住居に関する限り、順応生活の工夫と心構えが最も必要となってきているのである。

元来、住居はひとり健康上の問題からばかりでなく、人間生活のいろいろな方面に、いろいろ重要な意義をもつものである。それは一種の生活道義にすら通うものがある。たとえば、現に自分の住んでいる家を愛して——持ち家であろうが、借家であろうが、もちろん、これを問うところではない——できるだけ住み心地よくすることは、個人生活ばかりでなく、家庭生活、社会生活の規律基準となるものであって、住居愛はひいて家族愛ともなり、隣人愛ともなり、やがて大きく国家愛、人類愛ともなるのである。また子弟の教育にもすこぶる重大な影響を及ぼしてくるものである。

住居愛の心と手

各人がつとめて住み心地のいい家にするということは、単に主観的に、どうこうというばかりでなく、実際的にも、その施設と手入れにそれぞれ工夫をこらしていかねばならない。

住居というものは、住みつづけることによって、自然破損もし、腐朽もし、不潔にもなり、不整頓にもなりがちである。ときに倒壊・失火等の危険をも生ずることがある。それで常にこの住居愛の心と手がよく働かないと、どんな家でもすぐにムザンに住み荒されてしまう。住み荒された住居に、規律と幸福の生活があり得ようわけはない。なにもかも、実に見るに堪えなくなってくるのは必定だ。

その人の住いをみれば、その人の全生活がわかるといわれているように、住み心地よく、創造し、工夫されつつある住いか、投げやりにスッポかされた住いか、一見、そこに住む人々の、道徳も、品性も、残りなく見透かされるというものである。

いったい人間というものはなさけないもので、それが自分の持ち家となると、何から何まで大事にして、ちょっとした子供の悪戯や過失にもすぐ目に角を立てて叱りとばす。決して、意識しながら住み荒しはしない。ところが、いったん借家ということになると、いわゆる借家人根性で、子供ばかりではない、大人まで一緒になって住み荒しにかかる。柱には釘を出鱈目《でたらめ》に打ち込む、ふすまは破る、壁は落ち放題ということになる。こんなことではとてもすっきりした生活なぞはのぞめない。一同の生活も自然、自堕落に陥って、子供らの家庭教育も台なしになってきてしまう。

もっとも一面からみると、家主が営利のためにははなはだ粗悪なものを承知でこしらえたり、家賃収入の上らぬまま構いつけなかったり、またはいたずらに因業な暴利をむさぼるので、いきおい、借家人もその家にアタルということともなろうが、いずれにしても、私はいわゆる禅家の「随所為主《ずいしょにしゅとなる》」で、自分の物たると、他人の物たるとを問わず、住居をできるだけ愛し、美化し、浄化し、強化して、いつまでも保存に堪えるように心掛けたい。それは単に住む人の生活をよりよくするためというばかりでなく、また家主のためというばかりでなく、国家社会のために、ことに子女の徳性涵養のためにも絶対必要なことであると思う。「居は気を移す」といった昔からの言葉も、実はこの辺の教訓を含むものであって、決して次から次へと引越しばかりするのをいたずらに、奨励しているものではない。

三、家の内のこと・家の外のこと

世界に誇る「ジャン憲法」

私の家には、古くから「ジャン憲法」というのがある。終戦後といえども、別に廃棄もされなければ、また改正の必要にも一向せまられていない。

それは、夫婦間もしくは家族たちのあいだで、何か意見の一致をみないことがあると、お互いに二度までは意見を主張し合うが、それでも決まらぬとなると、三度目はいつでもジャンケンで決めることになっているのである。ジャン、ケン、ポン、すなわち「ジャン憲法」である。もちろん、この場合、負けたほうが勝ったほうの意見に従わねばならぬのだ。

もともと同じ家庭内のことであるから、たいていのことはだれにも利害一致で、そうそう大問題の起きることはない。「ジャン憲法」を適用しなければならぬのも、実はどっちに決まってもいいようなことばかりである。

ところが、このどっちでもいいようなことが、お互いに行きがかりの意地を張り合うと、つまらぬ議論になり、口争いとなって、家庭内が不愉快になりがちなものである。そこで、笑いながら、この「ジャン憲法」の適用によって最後を決するのである。これなら、どっちが勝っても、負けても、朗らかに解決されるので、しごくよろしい。――たまには、これがために、あたたかい日に、いっそう厚着を強いられたり、カンカン照りになるような日に、一日中雨傘を持たされて閉口することもあるが。

なんでもないことは、なんでもなく解決する。これがまた、私の大切な「暮らし方・考え方」の一つである。

この世の中は鏡のようなものである。だから、自分が額に八の字を寄せて向かえば、世の中という鏡もまた自分に八の字を寄せて睨みかえす。人間はまったく気の持ちよう一つである。何事にもみなあまりに深刻に考え過ぎないことだ。それかといって、もちろん、何から何までエヘラエヘラといった態度で過ごすのも軽薄だ。真剣に考え、真剣に立ち向かわなければならぬ事柄もはなはだ多い。しかし、なんでもないことに思い過ごしをするのはつまらぬ。虚心坦懐、あっさり片付けてゆくに限る。

われわれが常に心を快活にたもち、いつもニコニコ生活をつづけるには、遠慮、痩せ我慢、負け惜しみ、虚偽、それにまた、きまりがわるいとか億劫だとかいうようなことを一切追放してかからなければならない。なんでも、子供のように無邪気になることである。

それにはまず、「ジャン憲法」の施行が一番いい。

わが「ジャン憲法」のねらいは、すなわち、つまらぬ日常生活の邪気、慢気、争気の放棄にあるのである。

夫唱婦随と婦唱夫随

こうして家庭内における尋常茶飯の難問題は、難問題というところまでいかないようにして、「ジャン憲法」であっさり決めてかかる。そうすれば、どこの家庭にも、そうそうほんとうの難問題ばかり出てくるわけのものではない。普通のことを普通に取りさばいてさえいけば、これはどうしようもないという難問題も、自然にしかも事前に、その影をひそめていく。家庭内は常に春風駘蕩《しゅんぷうたいとう》で、夫唱婦随、もしくは婦唱夫随で——これもまた実はどっちでもいいことだ——しごくおだやかに過ごしていかれるわけである。

それにはまず、夫は夫の仕事、妻は妻の仕事で立つべきだ。

忙しい世の中で、また懸命に仕事と取り組んでいる人で、男が家庭のことを何から何まで指図するとか、自分で片付けるとかいうわけにはいくまい。その必要もない。私どもでは最初から、すべてを家内に任せてしまった。月給袋などは持ってきたままそっくり渡す。そして、確たる方針の下に、収入の四分の一はまず貯金に回し、その後でお前が自由に生計を立てろ、それができなければ「出て行け」というわけだった。もっとも、この場合、「出て行け」も、ニコやかに笑っての「出て行け」である。

こういうふうに、何もかも細君に任せてやれば、自然責任も持つし、その方面の知識もできてくる。亭主がいちいちヨケイなことをいうから、自分で研究する気持ちもなくなり、責任観念も失せてしまう。だから、責任をおっかぶせれば、女というものはエライもので、なんとかして、うまくやっていくのである。それに貯金帳も全部女房の名前にさせれば、貯金もどんどんやる。元来女は貯金好きなものだ。

いったい、女性が自分で金が自由になると、勝手気ままに浪費するようにいわれているが、事実はその反対で、物を買うより貯めるほうが面白くなるようである。そうして、また女というものは、いったん丹精して貯めた金は決して使うものではない。金なんて、女房に貯めさせて、女房にどっさり持たせておけば一番安全なものである。それをチビチビ渡すと、使わなければ損のように使ってしまう。これは、私の体験であるばかりでなく、諸君においても先刻御承知のことであろう。

要するに、家庭内のことはすべて夫妻相信じ合うのが第一で、亭主が細君を信ずるのはもちろんだが、ことに細君が良人を信ずべきは絶対である。細君に心から信じられれば、信ずることのできぬような良人でも、必ず信ずるに足るべく変化する。またそれが、貧乏その他の不幸を駆逐して幸福になる法でもある。

私はこういう方針で、いつも若い人々を指導しているが、一人も食うに困ったものも出なければ、夫婦別れしたものもない。みんな円満幸福な家庭生活に入っている。

厄介な「おつきあい」

家の中のことはマルクおさめる。それも右に述べたような相互の心遣いで必ずウマクいく。ところが、ここにすこぶる厄介なのは、家庭外の第三者を相手とした社交儀礼の問題である。内輪は内輪ですまされるが、「おつきあい」になるとそうは参りませんよという、いわゆる世間の御義理である。この御義理と申すのが、どうも文字通り義理に適っていないのだから、はなはだ困り物である。

今日の社会生活には、大敗戦を経てなお、訪問、接客、贈答といったことがなかなか煩雑で、これにはだれも相当頭を悩まされる。頭を悩ますばかりでない。金と時間の空費を余儀なくさせられている。

早い話が、社交生活の眼目は、相互の実意を通わせ合うにある。先方に愉快を感ぜしめ、迷惑をかけないことが第一であるはずだ。それなのに、実際には、むしろ反対な結果になるものが、きわめて多い。というのは、得てして、人間社会では儀礼が虚礼となり、ギリがムリとなり、ツキアイがツツキアイになってしまいやすいからである。

そこで、私どもの社交、私どもの流儀にも一工夫あってしかるべきわけ。一切はその精神を主にし、形式は従に、ときにはこれを無視して精神を生かすことにするのである。

世間の逆を行く贈物法

まず、その一例から申し上げると、先輩師友に対する訪問なども、私は年末年始寒暑のごとき形式的のものをなるべく避けて、年一回以上表敬の礼を尽くすにしても、かえって、平時に、しかも先方に便利な喜ばれそうな物が手に入った際、そのお福分けかたがた出掛けることにした。もっとも、病気や不幸のあった場合などまっさきに駈けつけて、できるだけのことを手伝うのはいうまでもない。

また自分や家人が出掛けないで、何か贈物をするときは、なるたけ質素な、目立たないような荷作り、包装にして、「何々地方より到来にまかせ、少々お福分け申し上げます」云々と書いてとどける。こうすれば先方ももらいよいし、また返礼の苦痛がない。いままでの世間一般のやり方は、この点はなはだおぞましいもので、同じ贈物をするにも、できるだけ目に立つよう、立派に見えるように仕立て、まるで先方へ、物を贈るというよりも、むしろ返礼の心配を強要するようで、はなはだ賛成致しかねた。

つぎに、よそから物を贈られた際のことであるが、私はただちに鄭重な礼状を出し、別にすぐ物をもって返礼することをしない。そのかわり、その人の厚意を感謝し、贈り物を大切に賞味し、また保存する。それが食料品であるような場合は、まず半分を家に残し、半分を他にお福分けする。そうして、家に残したものも、その半分を家人で翫味《がんみ》し、あとの半分を客人の接待に用いることにしている。

つまり、自分らで頂戴するのは全体の四分の一になるわけである。

いったい、物は多過ぎると得て粗末になりやすく、またその価値を減ずるのだから、たくさんもらったものをそれぞれに分福するのは、贈主の厚意に対しても、すこぶる好ましいことに考えられる。

ところで、サテその返礼についてであるが、私は、物をもってただちに物への返礼をいそがない。それはせっかくの厚意を突き返したような形になるばかりでなく、返礼の返礼を強い、相互に心配をし合って、ついにイタチゴッコに陥る。つまるところ、社交の本義を没却して、いたずらにこれを複雑煩瑣《はんさ》にしてしまうからである。

こんな場合、私は、ちょうど先方へ贈って喜ばれる物が有り合わさない限り、そうした物が自然に手に入るか、または何か、先方の参考になりそうな自著でもできる折まで、その返礼の機を待つことにしている。こうした不自然な作意や無理のない本当の好意の交換が、自他ともに幸福を増大するオツキアイだと信じておるのである。

ほんとうのもてなし方

つぎは他からの訪問を受ける場合である。

これには忙しいとき、都合のわるいときに、いつもよく不意の飛び込みがあって困るものだが、私はできるだけ、ハガキなり、電話なりで、前もって打ち合わせることを希望し、また自らも他人に対してこれを実行するようにしてきた。別に面会日といったものはこしらえなかったが、来訪者にはなるべく午前を望んだのである。

私は面会人がある場合、どこでもたいていつとめて会うことにしてきた。名刺が通ぜられると、そのまますぐに、たとえ自分がシャツ一枚で働いているときでも率直に出向いて、ただちに「御用の趣《おもむ》きは」と切り出し、その場でどしどし用を片付けることにしてきた。そうして、忙しいときには、初めから、ただいま用事中で長くは手を離せないが、せっかくですから何分間だけお目にかかりますと、ハッキリ断ったのである。不得要領な居留守などは一度も使ったことはない。居留守を使われる不愉快を知らぬでもないだけに、これだけは絶対にやらなかった。第一、おっておらないなんて、ひきょうなウソは私にはつけないのだ。

それから、家庭的な来訪者のために、茶菓や食事を供するのにも、お互いに決して無理や無駄をしないように心掛けてきた。

元来、客に対する御馳走は、ハセリ、ハシリという文字通りに、心から奉仕奔走することが一番大切で、なにも美々しく食膳をかざり立てるのが本意でないのだから、ムリをせず、ムダをせず、あるだけのもの、間に合うもので心からもてなせばよいのである。世間にはよく、お客の接待をお茶やお菓子に任せきったり、徳利や食膳に命じて事足れりとしている向きもあるが、なにもお客は喫茶や飲食が目的で来たのではないのだから、明るく気安いもてなしが一番肝腎であろう。

交情を長びかせる法

私の家の流儀では、とくに招待した場合のほか、臨時の客には決して特別の料理を取り寄せることをしないで、私どもの常用するものを出す。私の好物のうどん、そうめん、塩せんべい、果物、野菜の天ぷらなど、そのときどきにあるものを残りなく出す。最近では手製自慢のホルモン漬も必ず卓上に姿を現す。こういうやり方でもてなせば、いくら客がおしかけてきても困らない。困らないから、したがって、わるい顔色も出ない。客にもかえって気安く食卓に向かっていただけるわけである。

飛び入りの客で、頭数だけ物が揃わなければ、一つのものを半分ずつにしてもむつまじく食べ合う。お客も喜び、自分らもうれしく、家内中賑やかになる。すこし手前味噌ながら、こうした「私の流儀」には、客も教えられるところがあったといつも喜んで帰り、自分の家も同じ流儀を始める。そうして、次から次へと拡がって、社会生活改善の一助にもなっているようである。

もしこれに反して、ない金で無理をして御馳走すると、お客の来るたびに、困る困るといった顔色が出てしまう。どんなに隠してもお客に心の中をよまれてしまう。それが、主客お互いの気にかかる雲となって一座が白けてくる。どうもはればれとしなくなる。結局は、せっかくの珍味佳肴もはなはだしく有難味が失せることになるのである。これはただに、金と労力のムダになるばかりでなく、その客のところへ、今度こちらから行った際、義理にもムリな御馳走をさせなければならぬというような苦痛を与える。まったくもって馬鹿馬鹿しい、愚かな馳走法といわねばならない。

そこで私は、あればあるように、なければないように、あるがままの最善を尽くしてもてなすのが、かえって本当の御馳走になり、またお互いの交情を心から感謝し、長びかせるゆえんではあるまいかと考えているのである。

金をかけない結婚披露

つづいて、家庭生活、社交生活に関連してなかなかうるさいのは、いわゆる冠婚葬祭である。中でも結婚式というのが、こちらばかりでなく、対手の意向に難しいものもあって、さようバリバリと簡単には片付けられない難物である。しかし、私は子供や孫がたくさんあって、自然結婚の扱い件数というのも多かったが、いずれも私の流儀を押し通して、これまでの一般のやり方は一切用いなかった。

それは、今日の時勢において、どうすれば一番いいかを考え、一つの改善式方法を実行してきたのである。もちろん、結婚という事実はきわめて厳粛に取り扱わねばならぬ。したがって、結婚式もおごそかでなければならぬ。そこで、ごく親しい間柄のものだけ——だいたいにおいて、親子身内のものだけで神前結婚式を挙げた。けばけばしい結婚披露というものは、まったくしなかった。

世間ではよく結婚式に馬鹿馬鹿しいほどの大金をかけるが、それは結婚式の厳粛を期するためではなく、多くはどうでもいい結婚披露のハデを競うからの結果である。これさえ、身分相応に自制してかかれば、元来が、結婚式なんて、そう金のかかるものではない。だれの場合でも、安易にかつおごそかに執り行われ得ることなのだ。

これをもし、世間並みに派手な披露をしようとすれば、まず、相当な処で相当な御馳走をしなければならぬ。また招ばれたほうでも、御披露とあればただでは行けない。迷惑顔をかくして、しかるべきお祝品を持っていかねばならぬ。それに対してまたこちらから返礼をはずまねばならぬというわけで、二重、三重にも、金ばかりではない、心配と手数が大変なことになる。そこで、私は断然世間並みのうるさい披露はやめにした。その代りに、本多家独特の天ぷら会というのをやったのである。

私の家の天ぷら会

本多家の天ぷら会にはこんな由来がある。

私の学生時代、「幸手」の叔父に、上野広小路の「梅月」で天丼を御馳走になったが、生れて初めての珍物で、天下にこれくらいうまいものはまたとあるまいと驚嘆した。私は実はもう一杯食べたかったのであるが、叔父にこの上散財をかけてもわるいと考え、その日の日記に、「ソノ価三銭五厘ナリ、願ハクバ時来ツテ天丼二杯ヅツ食ベラレルヤウニナレカシ」とひそかに書きつけたくらいだった。この天丼が病みつきで、その後、何かというと私は天丼会を開くことにし、自他ともに、その満々腹を享楽したのである。

たとえば一冊の著書ができ上がると、それを手伝ってくれた助手連を集めて天丼の御馳走をしたものだが、それがたび重なって、とうとう「本多の天ぷら会」として有名になってしまったのである。

そこで子供たちの結婚の披露も、みなこの天ぷら会の開催で間に合わせることにした。すなわち、ただ、例によって天ぷら会を催すから来てくれという手紙を出す。みんないつもと変わらない顔付きでやってくる。その際に新夫婦を前へ突き出して「今度これが結婚したからどうぞよろしく」と頼み、また本人たちからもお願いさせる。これで万事相済みというわけだ。来客にお祝品の心配もさせなければ、こちらもただ頭を下げるだけでオー・ケーだ。

いったいに結婚披露などと大仰にふれ出すと、呼ばれた奥さん娘さんは、人によってはやれ裾模様がないの、紋附きがないの、やれ何をこしらえなければならぬのととんだ大騒ぎになる。そこで、何もかも一切、事があれば、天ぷら会一つですますようにすれば、呼ぶほうも呼ばれるほうも双方大助かりなのである。

不幸の際、不祝儀の場合、いずれもまたこの伝でいくのが私の流儀であるが、さらに私は、葬儀などで受け取った香典の「香典返し」は一切しないことにし、すべて故人名により、慈善団体、育英会、奨学資金等に寄附してしまった。

四、頭の使い方と足の使い方

手帳の大きなハタラキ

少年時代のこと、十五の暮れに上京する際、祖父の折原友右衛門は私にこういった。
「塙保己一《はなわほきいち》は盲目でありながら、六百冊からもある群書類従《ぐんしょるいじゅう》その他立派な本をこしらえた。目が見えるお前が保己一のように勉強すれば、保己一以上に本がいくらも書けるはずだ。うんと勉強しろよ」

この言葉は、私の頭にしみこみ、ぜひ大いに勉強して、本の書けるような偉い人になりたいと思いつづけた。そうして、その勉強のつもりで、上京以来、毎日就寝前に日記をしたためることにし、その日の出来事や所感、新知識を細々《こまごま》としるす習慣をまず身につけたのである。

そのために、私は学生時代から、常に手帳をフトコロからはなしたことがない。そうして、見たこと、聞いたこと、思い付いたこと、すべてを片っぱしから記け込んでいる。

人間の知識や考案等は小鳥のようなもので、目の前、頭の中に飛んできたとき、さっと捉えて籠の中に入れておかぬと、過ぎ去ったが最後、もはや自分のものとすることはなかなか難しい。そこで思い付いたその折々に、電車の中でも、夜着の裡でも、必ず要点だけでも書き留めておく必要がある。思うに、人生にはこうした断片的な知識の集積がきわめて大切なもので、名案妙策の多くも、こうした瞬間的な閃きから生れてくるのである。

さてその手帳の利用方法であるが、私は多年の経験上、のちに整理差し替えに便利なように、縦四寸九分、横二寸八分のルーズ・リーフ式のものを用いた。そうして、その枚数を左の八項目に分けて、常に二、三分の厚さに保ち、古いほう、いっぱいになった分から、適宜差し替えることにした。

1修養　**2残用**（仕残した仕事のメモ）　**3カレンダー**（だいたい半年分くらいの用意をし、日付の下に予定事項のメモを記入、毎朝必ずこれを一見する）**4当用**（用事を気付くごとに記入し、それがすめばその行を消しておき、就寝前には消さない行をなくしてしまう、それが一日でできぬ大問題の場合は、忘れずに前の残用欄にうつしておく）**5日記**　**6資料**（一切の見聞読書メモを類別して記入、のちにその重要部分を転記保存する）**7会計**（一切の収支をその都度記入し、月末に計算原簿にうつす）**8宿所録**（これは別にカード式のアドレス・ブックがあるから、それに登録するまでのメモである）

なお、こうした分類記帳法は、その後繁忙の度がうすらぐにつれ、小型の日記帳――銀行会社などから歳暮に配布するもの――に改め、常時懐中にして記入を怠らず、毎夜就寝前さらに卓上日記に詳記し直すことにしている。

グラッドストンのような大人物でも、不意にくる一分時を空費しないために、常に小冊子を懐中に忘れなかったというが、われわれはさらにより以上の勉強を志さねばならぬ。それにはこの手帳常備は、このうえない勉強の手助けになる。私の過去における三百七十余種の著述も、幾千回に及ぶ演説講演の資料も、実はみなこの小さな手帳から生れてきたものといっても差し支えない。

新聞雑誌の読み方

次に、毎日の新聞雑誌の読み方について申し添えると、私はいつも赤鉛筆を片手にして、手帳や日記に書き抜くべき部分には「　」印をつけ、切り抜きを要する部分には――印を、それぞれその日の中に処置をつける。新聞でも雑誌でも、新たな統計表、法令、税率、その他生活に必要な新知識で、簡単に抜き書きできないものは、むしろ、それをいちいち切り抜いておくほうがよいようだ。ただし、そのスクラップ・ブックには、必ず新聞名、雑誌名と共に年月日を書き込んでおくことを忘れてはならない。

またバック・ナンバーを揃える雑誌や報告書などについては、自分に必要だと思われる記事の総索引をこしらえておくとすこぶる便利である。

いずれにしても、人間の記憶には限度があり、何から何までそれに頼り切ることはできない。小さな手帳も、こくめいに絶えず働かし、活用していけば、一生の中どれだけの利益になるか、はかり知られないものがある。

エキス勉強法と行読法

つづいて、私の実行してきた、学生時代からの読書法、勉強法を御紹介しよう。もっとも、これは私の独自な環境によって生れ出たもので、諸君にもあるいはよりよき方法が発見採用されているかも知れぬから、単にそれと比較研究を願うだけで結構である。何もこれでなければならぬと、押しつけがましく披露するわけではない。

　ところで、私のやってきたもので、最も効果的であったものの一つに、自称「行読法」というのがある。

　十九歳で東京山林学校の生徒になり、いままでの百姓をやめて机にかじりついてばかりいたせいか、たちまち、胃病と眼病になって困り抜いた。そこで思いついたのが、エキス勉強法に加うるこの行読法の実行であった。

　それはまず、その日に学んだ講義筆記や参考書を一心不乱に熟読し、ぜひ覚えなければならぬ重要なところに、鉛筆でしるしをつけておき、一章読みおわるごとに、その要点、とくに定義や方程式、数字などを別の紙に記入してゆく。すると、だいたい百枚ばかりの筆記が、結局は二―三頁に圧縮することができる。つまり学課目のエキス抽出である。これをフトコロに入れて、毎夕または早朝一―二時間ずつ外出する。なるべく通行者の少ない田圃や山道を歩く。そうして歩きながらそれを頭に入れていくのである。

　歩行しつつ読む法――すなわち「行読法」である。

　頭に入れる順序や、難しいところは、いちいちエキス・ノートをのぞく、そうでないところは、暗記のまま頭の中で繰り返す。あやしくなったらすぐノートをみる。これは机の上ではどうもうまくいかぬが、歩きながらだと不思議にうまくいく。こうして、その日に学んだことは、スッカりその日のうち、もしくは翌朝までには自分のものとしておく。だから、その日の新しい学課も、しぼり切った海綿のように、よく吸収できたわけである。

ただ「行読法」でちょっと困ったことは、ときどき牛の尻ッ尾に失敬をいったり、水溜りに踏み込んでボロ服をいよいよ汚すことであった。今日みたいに自転車や自動車がなかったから、もちろん、生命を危険にさらすようなこともなかった。こうして、学期の終わりになっても、各学科ともたいてい数枚のエキス・ノートを残すだけであったので、試験になったからといって、みなのように頭痛鉢巻で大騒ぎをする必要は少しもなかった。試験の日割が発表されても、いつものようにエキス・ノートを携えて行読に出掛けさえすればよかった。いずれも二—三時間くらいで、一—二科目くらいは完全に復習ができ、少なくともその要点だけはみな覚え込まれたから、試験場へのぞんでもいつも綽々《しやくしやく》たる心の余裕があった。答案はみな、まるで醤油エキスに水を加えて醤油をつくるように、大切な要点を間違いなく掴んで、それに常識を加え、縦横無尽に、かきたて、のべたてたので、講義筆記や参考書をマル暗記したものより、個性も発揮でき、応用も十分で、かえって好成績が得られたのである。

後年のことになるが、こうして、私が日独両大学の学生時代に作り上げた林学のエキス・ノートは、秩序立てて整理したところ、はからずも立派な一著述にさえすることができた。四十数版を重ねて、いまに行われている『森林家必携』がすなわちこれである。

およそ、一切の努力には、精神と筋肉との併用を要する。精神に偏すれば病弱となり、筋肉に偏すれば魯鈍となる。ところが、この「行読法」は、頭と体とを一緒に、適度に使うことになるので、健康上からみてもはなはだよろしい。

元来、この「行読法」は、駒場の大学寄宿舎辺が未開だった時代に編み出した私の流儀であって、繁華になったいまどきにはちょっと実行困難かも知れない。しかし、早朝とか夜分――エキス・ノートを見るのに不便ではあるが――なれば、どこでもやってやれないことはないと思う。

事実、私はドイツの大学にはいってからも公園や河堤の上をさかんに行読したが、人通りが多過ぎて思うようにできなかった。そこで、やむを得ず、夜おそく、十一時から一―二時までずっと夜間行読をやった。ときどき外灯の明りで書き抜きを見るくらいで、主として頭の中で歩きながら復習することにした。とくに寒気のきびしいドイツの雪中行読は、一種の悲壮感さえ伴い、身も心も緊張してすこぶる効果的であった。

次に大学教授になってからは、東京郊外には行読をやる場所も時間もなくなったので、屋外行読が屋内行読にかわった。すなわち、十八畳ほどあった勉強室をグルグル歩きながら思索し、案が成り、想がまとまるとすぐ机に向かってペンをとった。またそれが終わると行思にうつるといった按配。おかげで洋室内の敷物は、歩くところだけ擦り切れて条がつき、友人達はこれを「本多家の林道」とひやかすまでになった。

野外行思法と書抜き

大学をやめて少し閑《ひま》になってからは、室内行思法は再び野外行思法に発展した。毎晩七時半のニュースをきくと、すぐそのまま出掛けて、散歩しながらいろいろと思索し、帰宅してから必ずそれを記録することにした。六十過ぎから七十七まで、在京生活中、必ず毎晩二時間の散歩に出掛けたのは、すなわち、この行思法の実行であったのである。

二時間の行思で約二里の散策、しかも晴雨にかかわらずであったから、老来の健康法にもまた、大いに役立ったようだ。

それから、教授時代からの読書には、常に赤鉛筆を手離さず、重要な箇処に朱線または朱印をつけ、読みおわるごとにそれを別紙に書き抜く読書法をとった。それはちょうど二度読みかえす以上にもよく理解され、記憶に残って、その書き抜きは後日の講義や著述の好資料ともなった。また新聞雑誌のように、一読後廃棄するものは、読みながら切り抜くところへ印をつけ、私自身、あるいは家内や助手に切り抜かせて「スクラップ・ブック」をこしらえた。

つづいて、専門外の雑書や新刊書は、老来とうてい精読の時間も必要もないので、まず目次をみて、興味と必要を感じたところだけを拾い読みにする。とくに近頃の研究書には、たいてい巻末に摘要書きがあるので、まずそれを一覧して、わからない点だけ本文を読むことにしている。もっとも、重要な箇処を書き抜き、また切り抜くのは、いまもって従来通りである。

七十を過ぎた頃、一時記憶力が衰え、いよいよ書き抜きや切り抜きの必要がましてきたようであったが、その後肉や卵類を廃して、ホルモン漬（前出）愛用の結果からか、再び頭脳も若返り、記憶力を増進したため、八十五を越えた今日でも、再びドイツ留学時代ないし三十代の学究的態度に復活、さらに耄碌防止の意味で、新しく英会話の勉強までを加えたので、いよいよ毎日が面白く、毎日が忙しくてならぬようになっている。

老衰をふせぐ徒歩主義

つぎに、私の健康法、生活法として逸《いっ》することのできないのは、子供の頃から終始一貫してかわることのない徒歩主義であろう。

若い頃から歩くことの好きであった私は、八十六になったいまもって、できるだけテクテク歩くようにつとめている。

日曜日の三食を食《く》い出《だ》すため、七日目ごとに、王子から四谷まで、往復七里の道をテクテク歩いたのは、前にも述べた苦学生時代の一種のアルバイトであるが、その後ドイツ留学時代も、忙しい教職についてからも、いよいよ盛んに歩き回ったものだった。駒場の奥から、深川や日本橋の渋沢さん（郷党の先輩）を訪ねるにも、いつもテクテク歩いたし、早稲田大学への出講《しゅっこう》にも、決して俥《くるま》などは使わなかった。ちょっとした気散《きさん》じにしても、渋谷、赤坂、日比谷、銀座と長丁場《ながちょうば》をのし、疲《つか》れ、好きな天ぷらで一杯やりながら、またテクで戻った。当時は、電車に乗ろうにもその電車はなかった時代である。さらに、職掌《しょくしょう》からの山林調査の山歩き、これはもういうまでもない。

つづいて、中年期はもとより、老年期に入っても、一日に必ず二時間以上は歩いた。昼間少々歩き足りないと思った日は夕食後必ず散歩に出た。それもたいてい二里以上はつとめて歩くようにしたのである。短時間睡眠で、時間のほうは十分稼ぎ出してあるので、それだけの余裕《よゆう》はいつでもあった。

私の散歩は、いつもどこという目当てなしに出掛ける。大きなステッキを振り振り――さよう、これを突くということはなかったようだ——尻《しり》ひっからげて、学生時代に覚えた歌なんかどなりながら歩いた。知らぬ人がみると、どこの気狂いかと思ったかも知れぬ。

こんな場合、渋谷に住んでいた際は、つい近くに環状道路や放射道路の立派なのができていて、いくら威張って歩いても人車にぶつかる心配がなくてしごくよかった。少しぐらいの雨の日にも、雨傘とステッキという珍妙な両刀使いで出掛けたりした。

ところで、この徒歩主義のテキ面の効果は、つもり貯金の対象となる俥代、バス代、電車賃の節約であったが、なんといっても一番の収穫は健康上の利益である。私の今日の人並みすぐれた頑健《がんけん》も、実に、半ばはこの足の鍛錬《たんれん》からきているものとみてよろしかろう。

ことにその日その日の大きな有難味は、よく歩くということが、取りも直さず、よく眠れるということでもあった。要するに、よく歩くことと、よく眠ることとは、健康長寿——老衰予防の一番手近な秘訣のようである。

話は前にもどるが、八十六にもなった当節、私はまだまだ昔通りに歩けもし、また歩いてもいる。伊東の山奥(市内から半里の山の手、鎌田区歓光荘)に住みついて、伊東の街に出るにも、バスなどはめったに使用したことがない。上《のぼ》り下《くだ》りにもみな徒歩だ。日によっては二回も往復することさえある。これをみて、中には、本多もいい齢《とし》をしていまだにテクテクやっている。気の毒なものだ、なんとかしてクルマぐらいに乗れんものかと、憫《あわれ》んでくれる人もあるらしいが、本人の私は、まだまだそんなものの厄介にならずに出歩かれるということがうれしく、反対に、六七十の若盛り(?)に、もう自分の足で思うまま出歩けぬ連中を、気の毒なものだと、憫む気持ちのほうがはるかにつよい。

しかし、なんといっても、八十六といえば私も老齢《ろうれい》の部であろう。そろそろ足に任せ、気に任せて、自分勝手に出歩いていては、はたのものがなかなかにうるさくなってきた。よけいな心配をするなといいたいところだが、客観的情勢でそうもならない。そこで私は、そうした人々に心配をかけないために、且つは、自分としても最後の日まで働き抜き、学び抜き、自由に、自分の足で出歩きたいために、一策を案じて実行にうつすことにした。

それは、常に携えて歩く懐中手帳の第一頁に、「本多静六、何々居住、死体としての私を発見された方は、御手数ながら上記宅まで御知らせください。遠距離にて時日を要する場合には、ただちに灰にして木の肥料となし、手帳と所持品だけを宅にとどけて頂きたい。それに要した費用一切は右において支弁いたします――云々」といった文句を大書したのであって、その旨を親戚各方面へも知らせておいた。これならもう、どんなことになっても大丈夫だ。矢でも鉄砲でも来いというわけである。そこで、このところ大いに気強く、気楽になって、なんの気兼ねもなしにほうぼう飛び回れるというものである。

私の旅行と旅行法

歩く話の次は旅行の話である。

世に旅行ほど愉快なことはない。私にとっては幸福そのものにすら感じられる。

私は海外に遊ぶこと十九回、北はシベリアの果てから、南は濠州、人間の住む最南端トリスタン・ド・ダクニア島等まで、アルプスやロッキーはもちろん、南米のアンデスをも踏破し、アフリカにも二回出掛けた。日本内地は全く知らぬ処がない。明治二十九年、新高山《にいたかやま》（台湾の玉山《ぎょくさん》）へも日本人として一番槍の登山をしたのが、いまもっての自慢だ。私はひそかに日本一の大旅行者と自任している。したがって、また日本一の幸福者でもあると考えている。

私の旅行は初めは職業で、のちには道楽となった。目的もいろいろに変わり、その都度の旅行形式も異なった。しかし、私の旅行の流儀はいつも同じである。それは、できるだけ身軽気軽に出掛けることと、もう一つは、あくまでも健康に注意を怠らぬことであった。

まず健康のことであるが、これには身体の健康と財布の健康という二面がある。この二つに抜かりなく気をくばるのが、すなわち、旅行を有益かつ愉快ならしめる最大の秘訣である。できるだけ身軽にするというのも、つまりはその目的にそうための手段でもある。私はいつもたいてい、きたないリュック・サック一つ、着のみ着のままで、必要品はときに応じ、出先出先で求める。戦争中の不便な時代や、前人未踏の登山隊でない限り、まずまず普通の旅行には引っ越し騒ぎは無用である。また出先出先で必要品を求めるということは、旅の思い出にもなってなかなかいいものである。

その代り、金は十二分に用意する。もっともこれには盗難遺失に対する注意を怠ってはならぬ。相当の工夫を必要とする。いずれにしても旅行の快適には、大トランクよりも小財布のほうが大切なようである。「行きの大名、帰りの乞食」なぞは禁物だ。

身軽に出で立てば、ちょっとした内地旅行なら三等でたくさん、赤帽などにも荷物を持たせることはない。しかし大旅行ことに海外に出る場合などは別だ。鶏口《けいこう》となるも牛後《ぎゅうご》となるなかれで、ホテルも乗り物も最高級のものを求め、日本人としてできる限りの大威張りで押し通してきた。文部省留学生の手当が年に千円、二千円というようなときに、一旅行で何万円（私費）も使ってきたことさえある。これら豪華旅行の思い出は、いまに楽しく私の心をふくらませるものがある。

チャンスを掴む用意

さらにもう一つ、私の旅行には私独特の流儀があった。それは世界各地を回り歩いた際、常にバンドやステッキに尺度の目盛りをつけておいて、行く先到る処で、珍しいものか、新しいものに出食わすと、交通機関、公園設備、都市計画、はては坐り心地のいいホテルの椅子の高さなどまで、なんでもござれ、片ッ端から、物指《ものさ》しならぬ物指しで寸法をとり、立ち入ったところまで調べるようにしてきた。もちろん、それはすぐ手帳に記録しておくのだから忘れることはない。しかも、物指しや巻尺をさがし出すという手間隙《てまひま》がかからぬのであるから、なんでも気安くすぐノートを取っておくことができたのである。

そのために、のちに日本へ帰っても、どこそこのなんという設備は、どういうふうで、何尺何寸（何メートル何センチ）とすぐ持ち出すことができ、登山鉄道やホテルの観光設備、または各方面の都市計画や工場設置にクチバシをいれても、案内書や仕様書きには出ていないタネをもっているので、いつもかならず、チャンチャンとすぐ役に立つ意見が述べられたのである。それがみな、だれにも答えられぬことばかりだったので、本人すこぶる愉快を感じた。

こうした私の旅行副産物を、一番よく利用し、この価値をみとめてくれたのは、東京市長または復興院総裁としての後藤新平氏、財界世話係としての渋沢栄一氏などであった。

これなども、一つの旅行を単なる行楽や漠然たる見聞にのみ終わらせないで、いかなる場合も、それから本当に生きた知識を吸収するチャンスを掴む――私の用意、私の流儀だったのである。

五、ぐっすり眠り忙しく働く法

短時間の睡眠主義

日常生活のいろいろについて述べつづけてきたら、お前の健康法にはどんな秘訣があるか、お前の老来《ろうらい》いよいよ元気なのはなんに拠るのかと、読者諸君からの質問がたくさんやってきた。かずかずあるその質問の中で、私の睡眠法についてたずねられたものが意外に多かった。そこで、今回は私の眠り方からお話を始めよう。

私は昔から、睡眠時間をあまり多くとらない主義だ。元気に任せた学生時代はほとんど三時間くらいしか眠らなかった。これは糞勉強《くそべんきょう》のために時間を惜しんだためであるが、変則な進学と生来の鈍才であった私は、これまでにしなければ他の学生についていけなかったのである。さらにまた、ついていけるところまで来ると、今度は、多少頭角《とうかく》を現そうという欲が出てきて、どうしてもこれくらいの糞勉強が必要だったのである。

こうした習《なら》いがついに性《せい》となって、その後も、夜は四時間、昼間に少しずつの眠りを寄せて、一時間、都合合わせて正味五時間の睡眠で糞勉強を押しとおした。それでは身体《からだ》がもつまいとよく注意されたが、慣《な》れるとよくしたもので、それ以上寝ていようと思っても寝ていられなくなった。

元来、われわれ凡人が、他の天才者についてすすんでゆくのには、なんとしても、勉強時間、働く時間を引きのばして努力を積んでゆくよりほかはないのである。それにはまた、眠る時間をつめるよりほかに手はないのだ。私の短時間睡眠主義はここから出発してきたのである。

いったい、睡眠の度というものは、眠る深さと長さを掛け合わせたものであるから、普通の人が二尺の深さで八時間眠ると、二八の十六という量であるが、私は熟眠を心掛けて、五時間四尺の深さで眠ることにしたから、四五の二十で、普通の人より四だけなおよけい眠る勘定になった。しかも勉強時間は、人よりも数時間多くなる。まさに一挙両得《いっきょりょうとく》の睡眠法というわけであった。

眠りを深くするには

ところで、二尺の眠りを四尺の眠りにもってゆく――すなわち、普通人より深く眠る法であるが、それにはまず、頭と体とを適度に（あるいは十分に）働かせなければならぬ。私の徒歩運動は、頭を使うことの多い職業上の偏《かたよ》りをよく防いだもので、毎日の徒歩主義は、また毎晩の熟睡主義とも一致したのである。

私はいつでも、眠くならなければ眠ろうとしない。十分に疲れるまで、眠くなるまで働きつづけて、その上、全く安心――何もかもカミサマに返上した気持ちになって、毎日毎夜、横になるのである。そうすると、雑念《ざつねん》も妄想《もうそう》もなく、床に入るとすぐグッスリ深い眠りに入れるのである。

しかし、たまには、いろいろとものを考えつづけて眠りつけないこともある。そんな場合は「おや、まだ眠る時間じゃないのだな」と思って、枕元の手帳を引きよせ、思い浮かぶことをあれこれと書きつける。つまり勉強の床上延長である。それがながくなっても、「いやまだ眠らなくてもいいんだ」と頑張る。頑張って頑張りつづけているうちに、いつしか本当に眠くなって眠るのであるから、これまたやはり熟睡ということになる。

よく人は不眠症になって困るというが、それは眠れないのをムリに眠ろうとするからで、眠れなかったら、それだけ儲けたつもりで、勉強に頑張れば、自然に生理的な熟睡がとりもどせる。すでに、自然な、生理的熟睡であるからには、四時間もすれば自然にこころよく目が覚める。覚めたところでウジウジしないで、思い切ってパッと飛び起きることだ。

こんなぐあいで、熟睡が活動の基《もと》となり、活動がまた熟睡の因となって、善循環《ぜんじゅんかん》がどこまでもつづく。これがもし反対になってしまうと、熟睡できぬからなまける、なまけるから熟睡できぬというわけで、悪循環《あくじゅんかん》がどこまでもつづく。そうなったら、この善悪の転換がなかなか困難である。不眠症はいよいよ不眠症に陥り、なまけ者はますますなまけ者になる。

そんな場合は、何か思い切った心機一転法を講ずることだ。旅行でもよい、スポーツでもよい、家中《うちじゅう》を引っくり返した大掃除でもいい、ひとふんばりして、満身の惰気《だき》一掃をこころみることである。

いずれにしても、よく眠り、深く眠るためには、いたずらに時間の多きを要しない。前述のような訳合いで、私はいつも短時間の就寝で十分事足《ことた》りてきたのである。熟睡の秘訣といったところで、すこぶる簡単な話である。

上手なヒルネの仕方

それからまた、日中における眠りであるが、職務上に差し支えない限り、あるいはそのことが可能である限り、疲れを感じ、眠りにさそわれたら、その場で十分でも十五分でも眠るがよい。私は大学などでも、三時間の講義をおえると、つぎの合間《あいま》までたいていひと眠りすることにしていた。しかし、昼間の不定期な眠りは、しばしば人に妨げられるので、近年は中食と夕食後に各十五分くらいないし三十分ずつ、習慣的に眠ることにした。それは床の上でも、椅子の上でも、草原でも、どこでも眠る。人はよく十五分とか三十分とか、あらかじめ時間を決めておいては寝込まれないというけれど、それも馴れるとなんでもない。眠れるのも、眠れないのも、要するに心理学上の自己暗示に過ぎず、何分眠れば必ず覚めるのだと確信してかかれば、その通り眠れ、その通りに起きることができる。

この場合、なんとしても心を快活に、自由に、あっさり持つことが必要であろう。もとより、睡眠の時間は、その人の体質と境遇で一定できないが、要するに疲れれば休む、眠くなれば眠る、その代り眠るとなれば深く眠り、十分に寝て、自然に覚めたらすぐ起きることだ。うとうとと浅く永く寝たり、床の中で目を覚ましてぐずぐずしていたりするのは愚《ぐ》の骨頂《こっちょう》、ナマケモノの悪癖《あくへき》というべきであろう。

またヒルネなども、端目《はため》にはちょっとだらしがないようで、昔からあまり感心されていなかったのであるが、規則正しい健康的なヒルネは推奨《すいしょう》さるべきものであって、活動的な欧米人の間にも、この習慣がひろく行われているのである。この意味において、汽車や電車の中でも、下手な読書よりは上手な居眠りのほうがはるかに有益なものともいえる。

いったい、昼寝などというと、論語でも孔子が、宰予《さいよ》の昼寝を戒めて「朽木《きゅうぼく》は雕《ほ》るべからず、糞土《ふんど》の牆《しょう》は杇《ぬ》るべからず」とその弟子を叱っている。しかし、何かのひと休みに、まず一服と煙草の輪をふかすのと、その短い時間に要領よくひと眠りするのとどれだけの違いがあるであろう。同じ休養ならば、最も効果的な睡眠のほうがはるかにいいように思える。少しも差し支えがないばかりでなく、大いに奨励してよろしいのだ。欧米人の活動家中に、多くこの昼寝の習慣をもっているのをみかけるのも、合理主義にかなっている。

前に述べた睡眠の深さという点から考えてみると、昼寝こそムダ寝より大いに利益がある。睡眠の深さはたいていの場合、いわゆる「寝入りばな」といって、最初にグッと深く、それからだんだん浅くなってくるものだ。心理学者の研究によると、全睡眠時間の後《あと》四分の三よりも、初めの四分の一のほうがはるかに休養の目的を達するものだそうな。その点からみて、いたずらに尻《し》ッぽを長く引いた長時間の睡眠や朝寝はつまらぬわけであって、できるだけその尻《し》ッぽのほうを切り取り、昼間の都合のいい時間に、ちょっとでも初めから出なおしたほうがいいわけである。すなわち、朝の一時間よりはヒルネの十五分間のほうが睡眠効果があることになる。要するにヒルネは、この睡眠の最も深い谷を一日のうちにいくつもこしらえることで、忙しい人、時間を無駄にしない人には非常に大切なものなのである。

毎日を忙しくする工夫

それからもう一つ、よく食えてよく眠れるためには、毎日をできるだけ忙しくする工夫が大切である。それには、自分でやれることはなんでも自分でやるようにするがいいだろう。

私は大学に勤めていたときも、帝国森林会に日勤していたときも、共に必ず定刻よりは早目に出掛けた。そうして、自分の部屋を自分で掃除もし、雑巾がけもやった。とくに森林会では、どのような来訪者にも職員がただちに応接し、会長自らもどんどん出ていって話を片付けることにしていた。そのため給仕小使等の必要すらもないほどであった。要するになんでも自分のことは自分で済ます、これが私の事務所における一切の流儀であったばかりでなく、家庭においても日常の生活態度であって、玄関番、掃除、薪割《まきわ》り、なんでもござれで引き受けてきた。忙しいというほど体の薬になるものはない。

書くこと、しゃべること、働く（百姓仕事）こと、それに水源林の視察、演習林の指導、講演行脚と、いまもって私もなかなか忙しい。しかも、忙しければ忙しいほどますます愉快だ。

この間も東京大学の南原総長の招待があって、満七十五以上の名誉教授が集ったところ、最年長者田中舘愛橘《たなかだてあいきつ》博士（九十六）に代って、――私がその次位――長講一席の挨拶をこころみたが、その際にも最も痛感したことは、大学を離れてなお、研究に、経営に、社会事業に忙しく働きつづけているものが、同じ老教授の仲間でも、暦年の齢《とし》を超越《ちょうえつ》して、みな元気で、若やいでいることであった。つまり、仕事が人を年寄らせない。忙しさが人を若返らせる。――そのことについてであった。私もここで、われとわが身を大いに顧《かえり》みさせられたわけである。

働学併進の生活

そこで、話は本論に立ち戻って、健康に関する「私の暮らし方・考え方」であるが、これを繰り返しいえば、衣・食・住については粗衣粗食の簡便主義、あとは何事にも明るい方面ばかりをみて、くだらぬ心配をせぬことだ。いかに金ができようと、いかに生活が楽になろうと、楽隠居などとはもってのほかで、息の根がとまらぬうちは、どんなことがあろうと、なんでもいい、うんと働き抜くことだ。

人間は老衰《ろうすい》するから働けぬのではなくて、働かぬから老衰するのである。耄碌《もうろく》なんていうものも、働きをやめてとくに志願しさえしなければ、決して向うから押し強くやってきたりするものではない。

ただし、うんと働き抜くといっても、その働きには法がある。無理は一切禁物のこと。みなそれぞれ分《ぶん》に応じての考慮が払われなければならぬ。体ばかり働かせても駄目、頭だけ働かせても駄目、そこは私のいう働学（労働と学問）併進で、両方を適度にまぜ合わせなければいけない。体ばかり働かせていたのでは頭が先に参り、また、頭ばかり働かせていては体が先に参る。人間の健康長寿には、この両全が最も大切なのである。

老衰にはだいたい二種類あって、頭のほうから年をとる人と、足のほうから年をとる人とがある。どちらのほうから年をとっても、結局、年をとるという結果においては同じである。そこで、その両方を年とらないように心掛けておりさえすれば、だれでも、いつまでも元気に働きつづけられるわけである。

戦中戦後を通じて、いまや時勢は急変した。過去において積み成されたところの一切の地位、名誉、財産といったものはなんのたしにもならなくなった。いかなる身分の者、いかなる老人といえども、否応《いやおう》なしに、働かねば食ってゆけない時代となった。これに対していまさらグチを並べてみても始まらないし、文句をいってみても追っ付かない。

働かざるものは食うべからず、食わんとするものは働くべし。道理も道理、これこそ、なかなか結構な世の中ではないか。ことに老人にとっては、平素ならばとうに老い込んでしまうところを、老い込んでいては生きてゆかれず、生きてゆくためには働きつづけなければならぬというわけであるから、これこそ老衰防止、若返りの絶好の機会である。

最近新しく「老人の日」というのが制定された。はなはだ結構なことである。私はその第一日にＮＨＫの放送を行い、老人の生き方・暮らし方を説いて、この「働学併進」の強調をこころみたが、「老人の日」というも単なる敬老慰老の日に終わらせては意義がない。私はこれをぜひ、老人奮起の日、老人若返りの日として、どこまでも積極的な意味をもたせたいと考えるものだ。

逝く水のごとくに

私はかつて、「如水生《じょすいせい》」という筆名《ペンネーム》を用いたことがある。それは、流水のごとく自由に、さらさらと、世に処し、生を送りたいと願ったからだ。

水のごとくといっても、水の姿にはいろいろとあり、怒濤逆捲く荒海の姿もあれば、洋々と流れる大河、潺々《せんせん》と楽し気に走る小川の姿もある。しかも私の、自らあらまほしく考えたのはその徳と力とである。中でも私は、水は淡々として方円の器に従うというところが気に入った。すなわち、いかなる境遇にも自ら適応し、安住する。かつ澄み、かつ濁り、しかもいつかは、自ら貫くべきものを貫いていく。自分もぜひそうなりたいと念じたのである。

したがって、水を見ならった私は、何事にも一切悲観しない。常住坐臥《じょうじゅうざが》、すべてを「有難い有難い」で過ごすことにつとめている。

毎朝目が覚めれば、まずきょうも生きておったなと感謝するのである。忙しければ忙しいほど、自分がよけいに働けることを感謝するのである。そうしてまた、もしちょっとした病気にでもなれば、天が休息の機会を与えてくれたものと解釈して、しずかにその天意に従うのである。

これが、私の暮らし方・考え方の根本義なのである。底抜けの楽天とわらうなかれ。世の中のこと、それかといって、底抜けの悲観ばかりでも始まらないではないか。われわれ凡人に、聖者のいわゆる中庸を選び、中道を行くことが難しいとすれば、むしろすべてを楽観主義で押し通していきたい。

これが家庭においても、社会においても、お互い常に快活と明朗を保ち合う暮らし方となり、またお互いに楽しく、健康にして長寿たり得る生き方のもとともなろうかと考える。

現在における「私の一日」

最後に、八十六になった私の、今日の日常生活を御報告しておくと、朝はたいてい五時半に起きる。必ず六時のラジオ英語をききおえて朝食にする。

私はドイツへ留学したので、ドイツ語なら相当なものであるが、不幸にして英語は、いままで落ちついて習う機会がなかった。そこで、六十の手習いどころか、八十の中学生で、数年前から、新しく英語の独習を思い立った。ラジオはその私の先生なのである。

さて朝食後は三十分間の食休み、ついで書斎に入って読書または執筆を始める。そうして、十一時頃に到着の郵便を開いて、ただちに返事を要するものには返事をしたためる。決して明日には持ち越さない。十二時にはニュースをききながら中食を始める。好天気には十二時半か一時から畑に出て百姓仕事に精を出す。一年中を通じて畑仕事は相当に忙しい。また散歩を兼ねた使いに出歩く。四時にはだいたいこれを終わって入浴または手足を拭き清める。

五時にはニュースをききながらの夕食だ。あとは一時間椅子か寝床でゆっくり休息する。六時はまた英語会話で中学生に若返る。さらにつづいて、夜はずっと執筆時間にあてるのであるが、昼間は来客などで邪魔が入るので、この夜間が文字通りの書き入れどきになる。しばしば興に乗じて深夜の一―二時に及ぶこともある。しかし、この頃はもうつとめて無理はしないようにしている。

早晨希望にめざめ、深夜感謝に眠ることは、昔からの私の理想であるが、まだまだ、毎日が必ずそうばかりいくとは限らない。そこに私の自己反省があり、いっそうフンパツと努力が求められる。年老いてなお、私には、学生時代の向上心と努力精進の意欲とが、多分に残されている。これは、どうしても死ぬまでつづかせねばならぬことである。

私の講演行脚

なお、マル八年間ほとんど伊東の歓光荘を出でなかった私は、自分の健康もよく、一般の交通状態も改まったので、昭和二十四年（八十四歳）の四月一日から、思い切って講演行脚に出ることを発表した。

ところが、たちまち各方面からの申込み殺到で面食らってしまった。その四月一ヵ月で、講演三十七回、訪客来談者が朝早くから深更にも及び、睡眠不足と疲労のために、さすがの私もヘコたれて、血圧が急に百四十から百七十台まで飛び上がった。家族のものは大あわてで、いずれも大反対をとなえ出し、娘などは泣いてその中止を迫ったぐらいである。しかし私は、いったん発表した以上はどんな反対があってもやめられぬと頑張り、とうとう次のような行脚条件の下に妥協を成立させた。すなわち、平素はきびしい耐乏生活を自らすすんでやっているので、せめて講演に出掛けるときだけでも、老人らしい心使いとわがままを通すようにとせめられ、私としては飛び切りゼイタクな旅行約款《やっかん》を取り結んでしまったのである。

1、伊東市以外は、気候のよいときだけに限り、かつ隔日休養の遊覧旅行となすこと。

2、出発から帰宅まで必ずしっかりした同伴者を連れ、自身はいっさい荷物や金を持たず、ただ杖だけ持つこと。

3、旅行中は芋粥・ホルモン漬の簡易食を中止し、いたるところで名物の御馳走になること。ただし、なるべくソバ・ウドンその他麺類の主食に願いたきこと。

4、朝食前と夜十一時過ぎの来客は謝絶し、毎日一時間以上昼寝励行、昼夜共、湯タンポその他で決して脚部を冷さぬこと。

5、一日に二回以上、並びに一度に引きつづき三十分以上講話せぬこと。すなわち演説の間に二―三分ずつ、他に代読させた上につづけること、いずれにしても一日の講話を三時間以上にわたらぬこと。

とにかく、こういうやかましい制約で、私は私の講演行脚をゆるしてもらっているが、その後も機会あるごとに絶えず各方面へ出掛けておる。そうして、講演行脚はいわば私のレクリエーションで、行く先々、酒も、肴も、肉も、卵も、歌も、踊りも、またしゃべること、書くこと、万事そのときどきの心の欲するままに遠慮えしゃくなく「実行」している。ただそれにも、八分目という控え目は決して忘れない。そのために、ノンキな旅行が、いよいよノンキな気分を掻き立ててか、二―三時間ぐらいの講話にも、なんら疲労を感ぜず、かえってそのたびごとに、大変な若返りを感ずるようにさえなっている。

人間も忙しく、そして面白いと、年を取るのも忘れてしまうようだ。

六、金の話・人の話――ある日の放談――

八十五にして矩《のり》を踰《こ》えず

（「さあどうぞ」といわれて、用意された電熱行火に入る）

ウワアハハハ、こりぁ有難い、極楽極楽、これなら何時間でもしゃべれる。――御元気な先生でも、寒さにはかないませんか――というのかね。当たり前じゃよ。寒いときにはあたたかく、暑いときには涼しく、これがムリのない人間の生き方というもんじゃ。ことに、老人にはムリはいけない。ヤセ我慢は禁物だ。健康長寿の秘訣もまたこんなところにあるのだ。

わしは平凡人で、とても孔子様なぞにはかなわない。そこで、凡人と孔子のへだたりを十年にとって、八十になった際、「八十にして心の欲する所に従って矩《のり》を踰《こ》えず」としゃれてみたが、どうもまだ危《あぶ》なッかしい。わしの八十は孔子の四五十にもあたるものか、心の欲する所に従っては、まだまだ剣呑《けんのん》でかなわない。そこで、さっそく心の欲する所に従うのはやめにして少しのばしたわけ。その辺、聖人よりわれわれ凡人のほうが得《とく》だ。それとも損かな？　ところで、八十五になった昨年の暮れになって再び考えたね、わしも孔子より十五だけ兄貴になったのだから、そろそろまた、心の欲する所に従ってみても大事なかろうとねえ。そこで、今年（八十六）から、おっかなびっくり孔子の真似をし始めたのじゃが、どうやら、大失敗はおこさないできている。

そこで、今年からわしも、矩を踰えぬ程度に、わがままにすることにしたんじゃ。酒も呑むことにしたんじゃ。昨晩も、伊東の町で知人に引きとめられて酒の御馳走になった。久しぶりでいい気持ちになったので、ぜひ送るという自動車を断って、書生時代に覚えた詩吟などしながら、半里の山道を、ブラブラうちまで帰った。ばあさんはわしの若返り振りに大ビックリさ。

働食併進じゃよ

孔子の、吾十有五にして学に志し以下、七十にして云々は（注――論語為政篇「子曰く、吾十有五にして学に志し、三十にして立つ、四十にして惑わず、五十にして天命を知る、六十にして耳順《したが》う、七十にして心の欲するところに従って矩を踰えず」）、孔子が七十年を内省して心境を述べたものだが、聖人でも、凡人でも、天才でも、鈍才でもこの順序にはだいたい変わりはあるまいと思う。これは普通人を基本とした向上生活の述懐だ。道徳修業は万人に等しく要求さるべきであるが、これは一時的の力や方便をもって、一挙に飛躍できるものではない。この一歩一歩における不断の実践と努力、これが最も大切なのであって、帰するところは年の功じゃ。わしもとにかく、八十五になって、どうやらこの天命を知り、耳順い、思うまま振舞う心の自由解放を得たのじゃ。おっと、慢心してはあぶない。いや、やりそこなったら四十にして惑わず辺りからやり直すまでかな。なんにしても長生きすればその辺の融通がつくわけさ。お互いに長生きしなければウソじゃよ。

「ホルモン漬」というのはどういうのかって？　うん、あれか。あれは早くいえば、生野菜の塩もみなんだ。大根、菜ッ葉、人参、キャベツといったのを塩もみにして石をのせておいたものだ。しかし、この頃は歯をわるくしたので、大根や人参をおろしにして味噌を添えて食っている。実はホルモン漬でなくて、ホルモンおろしかな。

　このほか、私は普通の家庭では切って捨ててしまうような大根の芯——首根ッこ——をやわらかく煮たり、サツマイモをふかしたり、できるだけ果物をうんと食う。肉はつとめてやらない。同じ食うなら魚の肉だ。それもできるだけ淡白なのを選ぶね。それから、間食《かんしょく》は全くやらない。いろいろなものを客に出したり、客に行って出されたりしても、食事どきまでとっておいて、それを一緒くたになんでも平らげてしまう。夜はたいていうどん類である。自然、メシのほうをひかえる結果になるが、総量では相当なものになるらしい。よくうちへ手伝いに来てもらう婦人が、「先生は腹八分とおっしゃるが、その腹八分が他家《よそ》の御老人の倍ですよ」と笑う。

　あるいはそうかも知れんね。昔から「腹八分」を厳守してきてはいるが、大食いは大食いだったからね、ハハハハ。

　それに、なんでもウマク食うことじゃよ。なんでもウマク食えんようでは、食い過ぎか、本人の働き（労働）が不足なのである。人間が老い込まぬ秘訣は、「働学併進」にあるのだが、また「働食併進」にあるのじゃよ。

時の加勢を得ること

貧乏や失敗は、人間が一人前になるのに、どうしても一度はやらねばならぬハシカだから、同じやるなら、なるべく早いうちにやるがいいねえ。

貧乏や失敗が早いほどよいのは、昔からの俗語に、「昼過ぎから降り出した雨と、四十過ぎての浮気はどうしてもやまぬ」というのがあるように、人生も半ばを過ぎて、貧乏や失敗を繰り返していると、いわゆる日暮れて途遠《みち》しじゃ。実はなかなかそれを抜け切るに容易ではない。

かといって、何もわしは、中年者の失敗や貧乏は絶望と申すのじゃない。世間にはいくらも、中年過ぎから頑張り直して大成した験《ため》しはある。高橋是清がペルーの銀山で失敗して、裸一貫から出直したのも四十過ぎなら、馬越恭平《まごしきょうへい》が三井を追ん出されて大日本麦酒の基礎を築いたのも五十三からだった。人間奮起するのに、いまからではもうおそいということは決してない。本人一代のうちに余年がなければ、きっとだれかが代ってこれを完成してくれる。要は貧乏にめげず、失敗にへこたれないことじゃ。ますますその経験を生かし、いよいよ勇気を奮いたたしていくことじゃ。それには、やっぱり、体を大事にして長生きを心掛けていくことにもなるねえ。

わしの、処世の要訣の一つに、いかなることにも、「時の加勢」を忘れぬことというのがある。健康に注意して長生きを求めるのも、つまりこの、時の加勢を求めることだ。けれども、ただ長生きをしたところで、常にアタマとカラダを十分に働かしていかねば駄目である。単なるしゃばの場所塞《ふさ》ぎになってしまってはいかん。

小さなことの大きな力

平素の心掛けでは、わしも八十年来――いや、中途から始めたものもあるから、五、六十年来といわねばならぬのもあるかな――とにかく、いろいろやってきたものがある。例の「四分の一貯金」もそれ、「腹八分」もそれ、「一日一頁」の原稿書きもそれ、「あらゆるチャンスを生かす」といった心配《くば》りもそれ。なんでもよろしい、それには、いったん思い付いたことはあくまでも徹底し通すということが大切だよ。

おう、これこれ、これを見てくれたまえ。（ズボンにつけた革帯をはずす）このバンドには、いままでもちゃんと目盛りがついている。これはわが輩が初期の洋行時代からやっていることで、どこへなんの視察に出掛けても、参考になると思うものの寸法などを、いつでも即座にはかって帳面につけておける仕掛けである。坐り心地のいい椅子の高さがどれだけ、能率的な電車の昇降口の幅がどれだけ、何山の何年木《ぼく》が目通り何尺に育ったかなどというように、何事にもすぐ、立ちどころに間に合ってはなはだ便利なものである。

それから、いまもって歩く杖にもこれがある。昔は世界中携えて歩いたステッキに、人知れずそっとこの仕掛けがしてあったのじゃ。

まるでスパイだって？　うん、そうかも知れん。スパイというものは四六時中常にチャンスをねらっているものだ。まず、何事にもその心掛けが必要なわけだね。このように、一度始めていいと思ったことは決してやめない。どこまでも実行しつづける。これが何事にも大切なことだねえ。いまではもう、それほど心を配っていろいろ調べ上げることもなくなったが、それでも、こうして歩かぬと気持ちがわるい。いわゆる慣《なら》い性となるというやつかな。なんでもこれくらいの徹底性が欲しいね。このバンドやステッキが、どんなに役立ったか、どんなにどえらい効果をもたらしたか、いろいろ面白い話がたくさんあるよ。

子供に何を残すか

この間もある人がやって来て、人間も金、金、金とさわいでいるが、金もあまりできるとイヤになりますといっていた。いまどきめずらしい話だが、ハハハァ、イヤになったら、今度はイヤでないように、上手に使うことだね。金を使うことも、金を作ることと同様、なかなか骨が折れる仕事だよ。

私の場合は寄附することだったんだが、いや、その寄附というのも上手にやるにはなかなか難しい。ただ、他人《ひと》にくれてしまえばそれでよろしいというわけでもないからねえ。いわれなく人に金をバラ撒くということほど、人に悪影響を与えることはない。ことにそれが近親者であればあるほど結果においてよろしくない。普通に残して、普通にくれてやるのでも、金持ちや財産家の子孫に、あまりロクなものは出んのじゃからねえ。

こうなると、ありあまる金ほどちょっと始末に困るものはないことになる。しかも、この始末に困る金を活かして使うのが人生の達人だ。

その人も——わたしも、先生のおっしゃることがある程度わかるような気がします。そこで、大勢ある子供には、それぞれ真面目に一所懸命働いていきさえすれば、社会のみなさんから食わせていただけるところまでにして、生じッか、親爺のものを当てにしないようにしたいと思っています。親爺のものは親爺のもの、親爺が好き勝手に使ってしまう。いや、社会へお返ししてしまうものと考えさせていますーーといっていたが、それが本当なんだ。わが子が可愛ければ可愛いほど、しっかり独りで世の中に立っていけるように、事業とか仕事とか、また学問、技芸の習得を心配してやるべきで、従来のような古い考えで、金を残すとか、財産をくれてやるとか、そんなことをしてはいけない。また残そうと思っても残してやれぬ世の中になった。金や財産は子孫にとっては大きなマイナスだ。むしろ借金を残して奮起させるほうが慈悲になるくらいだね。ハハハハハ。いやァ、これも少し極端だがね。

金儲けのできる奴はエライ

なんといったって、金儲けのできる奴は、エライ奴じゃ。世の中には学問しようという奴もおれば、大芸術家になろうという奴もいる。しかし、それには、それ相当の素質もなければならぬし、修業の機会もなくてはかなわぬ。百人が百人というわけにはいかない。ごくごく、限られた一部の者しか、いけない。

そこへいくと、金儲けは万人に門戸開放、機会均等じゃ、何人にも禁じられてはいない。商売人はもちろん、サラリーマンでも、百姓でも、公職追放者でも、後家さんでも、だれでも儲けようと思えば儲けてよろしいのであるが、それだけに競争者も多ければ、競争率も激甚だ。世の中で、一番ありふれて、一番真剣なのが金儲けの道であるとさえいえると思う。それだけに不正でない方法、不正でない努力で、金儲けに成功できるものは、どこかに常人の及ばないエラさがあると私は信ずる。金を儲けて馬鹿になる奴はあるかも知れぬが、なかなかもって、馬鹿には金儲けができるものではない。どっかエライところがあるに相違ない。私は、その金儲けの成功者の、そのどっかに、何人も一応敬意を表すべきだと考える。

金儲けに成功したのをわるくいわれるのは、一に全く、金儲けしそこなった連中のしっとからじゃよ。わしは、正しい金儲け、ヤミとかヤミがかったうすぐらい金儲けでないかぎり、いつ、だれが、何をやっても、「金儲け――いや、結構じゃねえ」といいたい。

儲けるばかりじゃない。世の中のために使うのにさえ、なんのかのといわれる。いずれにしても、金のことというと、世間は黙っておれんようじゃな。はなはだ口うるさい。全く関係のないものまでおせっかいをする。これはあきらかに、世人がみな一様に金を欲しがっている証拠だと思うね。何もやかましい社会心理の、精神分析のといわなくってもねえ。

人を見る一つの尺度

金なんて、他人《ひと》の知らぬ間に儲けて、他人の知らぬ間に使えば文句はないが、何もそんなにこそこそやることでもないさ。威張ってやってよろしいよ。

わしは金を貯めたのがけしからんの、寄附金をはずんだのがけしからんのと、大学の辞職を勧告されたことまであるが、金というものが経済生活の手段である以上、金は決して馬鹿にしてならないと思っている。金を馬鹿にした連中は、いや本当に金を馬鹿にし切った人間というのは少ない。内心はそれほどでもないのに、口先ばかりで馬鹿にしたような顔をするものが多いのさ――そんなのが、金のことでかえって他人《ひと》に迷惑をかけたり、不義、不徳をおかしたり、大切な

どんな小さな理想（一歩前進）でもよろしい。
それが一たび実現すれば、
もはやそれはその人の人生の現実となる。
しかも、その現実を土台として
第二のより高き理想が現れてくる。

東京帝国大学千葉演習林での造林実習（大正14年4月）

私の肉体は、――百二十まで生きると頑張っても――
いつかは滅び去るであろうが、
私の思想と事業は、永劫につたわり、
永久に生き残ると信じて、
最後まで働き通そうと決意したのである。

世の中で、一番ありふれて、
一番真剣なのが金儲けの道であるとさえいえると思う。
それだけに不正でない方法、不正でない努力で、
金儲けに成功できるものは、
どこかに常人の及ばないエラさがあると私は信ずる。

自分のつとめを怠ったりする連中である。

この意味において、わたしは金を大切にする人、ハッキリする人、軽く考えない人を、少なくとも、そうでない人より信用するね。これがたしかに、人を見分ける一つの尺度になるよ。

金儲けはもちろん、「金と人生」の全部ではない。それなのに、いつでも金を語ればすぐ金儲けオンリーと考える連中が多いから困る。金によって精神の独立を裏づけるのも、人生における一つの行き方だし、できた金をどう使うかも、きわめて大切な問題である。

『私の財産告白』を、自分勝手に金儲けの奥義書と早合点して読んだ人も多いようだが、その欲張りに答えるものは何も出していないはずだ。先日もあるブック・レビューに近頃よく売れる本として紹介してくれたのは有難いが、いささかその評者の見解に遺憾があった。しかし、これは評者ばかりでなく、金の話といえば、すぐ金儲けの話でなければならぬと考える連中にも共通することなので、ここにちょっと、一言さしはさんでおきたいと思う。

評者も「四分の一貯金」の必要と効果を、一分の真理として認めている。貯金すればしただけ間違いなく金が貯まる。これは金儲けの奥義でもなんでもない。当たり前のことである。真理とはすべてそんなものである。当たり前のことを当たり前とするところに真理があるのだ。しかもこの平々凡々な貯金をすら、すぐ金儲けであるかのごとくみたがる点に、「金欲し屋」のさもしい悪癖があるようである。

貯金は貯金、それは決して金儲けでもないし、金儲けに入らねばならぬ初歩でもない。貯まった金をそのままにしておくのもよし、有用に使い切るのもよい。私の場合はこれを株式と土地・

山林に投資して大いに殖やしたのである。微《び》を積むこと、よく巨万の富となし得たのである。だが諸君よ、早まってはいけない。私が有望株に投資したり土地・山林に目をつけたのは、日清戦争直後の日本経済の上昇期である。バカでもチョンでも株や山林を買っておけば成金になり得た時代である。いってみれば私は運がよかったのである。しかも、同時代人に、なんと、そのバカでもチョンでもが少なかったことかといいたいのである。

宝クジを買えば必ず百万円当ると決まっていたようなその際、月給や売り上げの天引きをしてクジを買うもののいかに少なかったことよ。また買ったにしても、辛抱強く持ちつづけるものは少なかった。それをあえてする――世間のいわゆる金儲けの奥義などというものはたいていそんなところにある。これは私の実験ずみの奥義である。

しかも、これがウソとなるのは、時代もちがい、境遇もちがう人の経験を、そっくりそのまま自分に頂戴しようとするアタマなしか、横着者の見方であって、欲があまり深すぎるというものだ。当節はそんじょそこらに、この金儲け病患者がウヨウヨと多過ぎる。

時勢に即応して、新たに、日に日に新たに考え直す。そうして、それを新たに、日に日に新たに実行する。これが政治、経済、教育、生活等人生のありとあらゆるもの、また、ここにいう金儲けにも必要であるのだ。

私は学問を愛した。仕事を愛した。しかも学問を愛し仕事を愛したがゆえに、世の中に厳存する俗生活の力強い生き方をも蔑視しなかったのである。このことは、ここに改めてみなさんにも念を押しておきたい。

貯金は金儲けではない。しかも、金儲けは金儲けとして、あらゆる人が、与えられたすべてのチャンスを掴むのがいい。それには常に、自分のアタマで、自分の力と立場とを考えて、時勢の動きというものを捉えていかなければならない。単なる人聞き、人真似では絶対に駄目なのである。

アタマの人間・ウデの人間

わしもいろいろな経験をもっているが、商売の経験だけはない。もっとも本多はショウバイニンだよと、学者仲間で悪口をいわれたこともあるが、学者として一人前にやってきてる上に、商売人めいた何かがあったって、別に非難されることもないと考え、大いに威張り通してきた。いったい学者なんてものは、どういうものか、昔から商売人を目の敵のようにするが、わしはそう思わん。商売人——いいじゃありませんか。

商売道に徹した商売人は、やはり尊敬すべきである。むしろ、ヘボ学者よりヘボ商人のほうが、ヘボはヘボでも、社会有用の価値においては、はるかに右に出でるものがあると考えられる。だから、わしはいまでも、若い人々から身の上相談などをかけられても、ずば抜けたいい頭脳を持ち、それにそうだけの大創意家でない限りは、柄にない学者などを志すべからずといつもいいつけている。二流、三流の実業家はいくらあっても苦にならぬが、学者の二流、三流ばかりは、どうにも始末がわるい。国家的にみても大きなついえである。アタマの人間は少なくていい。しかし、ウデの人間は多くなくちゃならん。

世の中たしかに、下手にアタマの人間になろうとするよりは、しっかりしたウデの人間になることだねえ。近頃はいっそう、学校学校と騒ぎ立ててきだしたが、学校にしばられていちゃあロクな人間は出んよ。本当に役立つ人間になるには、みな社会大学でうんと勉強しなくちゃねえ。それに生じッかな学校卒業生は、その学校出ということにとらわれてしまっていかん。この間もわしの処へ父子《おやこ》でおしかけてきた人が、なんでも美術学校を卒業したから絵描きにならなければならん、いやそれじゃ食っていけん、食えんでも絵描きだ、それより学校の先生になったほうがいい、いやいやそれでも美術を出たんだから……と、まず半日近くもオヤコ喧嘩だった。そこでわしが、美術学校を出たって、必ずしも初めから一家の生活を犠牲にして、金にならぬ絵を描いていなくちゃならんというわけはない。それに必ずしも天才的な素質を持ち合わせているというのでなければ、出身学校にとらわれて見込みのない美術家生活に入らなくともいい。学校の先生になれるなら、一応学校の先生になって、それから絵でもなんでも、改めて勉強すればよろしいではないか、立派な一人前の教師になって、その上美術方面の特殊な勉強を生かす努力をするのも、決しておそくはないと結論づけてやった。このように、わずか三年や四年の学校生活で、長い一生の方向を自分自身でせばめようとするのは実につまらん。

何学校でもよろしい、ともかく、一つの学校を卒業すれば、それだけの人間的な修学と教養は身につけられたのだから、それを基本に、また新たな社会学校の勉強を始めるべきだねえ。境遇と、機会と、素質と、実力とに応じて、自由にその身の振り方を考えてよろしいのだ。一つの学校を相当な成績で卒業すれば、どこへ行ってもまた立派に働けるものだ。学校でならった一つの専門は、つまり一つの専門的な常識で、どこへ行ってもそれが通用する。また通用させるだけの努力と融通が必要なのだ。

世間にはよく、医者の子供だから医者にならなければならぬなぞと、本人の素質や志向を構わず、医者にしようと無理強いする親もあるが、これなどは全く馬鹿の骨頂じゃ。本人にその素質がなく、その気がないものを、無理やり医者にしたところが、人殺しのヤブ医者が一人ふえるだけのことじゃないか。社会も不幸なら、本人もまた不幸だ。

わしは一切の学校選択、一切の職業選択は本人の自由にしたい。もちろん、父兄としてのしかるべき指導は必要であるが、原則としてはあくまでも本人の自由意志にまかすべきじゃ。今日の学制で六・三・三・四の六・三までは義務教育で問題はないが、あとの三・四は必ずしも、世間でみんな行くから、しょうことなしに行くという必要はないと思う。三・四以上の高等教育、専門教育は、それを欲するものだけ、頭のいいものだけが行って、あとは一日も早く実業について、いわゆる社会大学で働きながらの勉強が一番いいと思う。

ウデの人からアタマの人へ

アタマの人間が——つまり事務屋のことだがね——途中からウデの人間になるのは難しいが、ウデの人間が途中からアタマの人間になることは容易である。ウデがある上にアタマの人となるのだから、それこそ鬼に金棒だ。普通人よりもっと有利な地位が築き上げられる。もちろん、ウデの人間が、ウデの人間として大成することも大切であるが、大成した上にアタマを加えることは別に差し支えはない。ウデの人間――つまり技術屋のことになるがね――が、ウデの人間として行き詰まるのも、多くはアタマの人間となるべき勉強が足りないからだ。アタマからウデへ、これは前にもいったように順序が逆で、ウデからアタマへ、これは最も普通な、無理のない行き方といえる。

だから、わしは、だれでもまずウデの人間になりなさい、ウデの人間になれば、自然にアタマの人間にもなれるといっているんじゃよ。

卒業学校の専門にとらわれず、また途中から転向してアタマの人間になり、それで立派に大成功をしている人は世間にいくらでもあるよ。鮎川義介《あいかわよしすけ》さんなども工学士出身の大経営家だったし、尾崎行雄さんなども古い工部大学の学歴がある。わしの友人にも、お医者から天下の大政治家になりすました後藤新平などという男がある。

近頃新進実業家として大分売り出してきた第一生命の矢野一郎君なんか、世間の人はあまり知らんようだが、あれは駒場出身の立派な農学士じゃ。もちろん今日あるのはオヤジの七光り――恒太さんの頭のことではない――もあろうが、農学士として身に体《たい》したものが、保険界にも十分発揮された結果じゃとわしは思うね。これでみても、大学や専門学校で修めた三年や四年の学問で、自分のすすむべき道をことさら狭くして考えるのはおろかなことだ。一芸、一科に通ずれば、その道はまたすべての道に通ずるのじゃ。それが本当の学問というもんじゃ。

わしの知ってる男――いや実はわしのムコじゃが――大村清一（元内務大臣）も、農学校、農専の出身で、のちに京大法科を経て官界に打って出たもので、もともと農業方面の勉学が、いろいろな点において援けにこそなれ、決して邪魔にはならなかったとつねづね申しているよ。

要するに、人間の成不成は、すべてのものを時勢と境遇に応じて生かす努力にあるのであって、学問と経験はいつも尊いその基盤となるものである。

まァ、ここらで、わしの人生観、処世観を端的にいわせてもらうと、やッぱり「人生即努力」、「努力即幸福」ということになるんじゃよ。金の話、人の話の結論もまたここからくるねえ。

【附】だれにもできる平凡利殖法

私の致富奥義

本多流の致富奥義は、しごく平凡だ。だれにもやれる。またどれにもやってもらいたいと思う。
第一に、常に、収入の四分の一を天引き貯金すること。
第二に、いくらか貯まったところで、巧みに投資に回すこと。
第三に、ムリをしないで最善を尽くし、辛抱強く時節の到来を待つこと。
ただこれだけである。諸君はハハンと片付けてしまうかも知れない。しかし、これをハハンと片付けてしまう人には、金持ちにも財産家にもなる資格はない。何事にも、最善の途は平凡にあるのであって、平凡こそ最も確かであり、効果的であり間違いのない法である。いくら名案奇策でも、その可能性にとぼしく、限られた一部の人々にしか実行できぬものでは意味をなさない。天才には天才の道がある。その天才にしかできぬことを、われわれ凡人が真似たとてなんにもならぬ。生兵法が大ケガの元になるぐらいが落ちである。だから私は、理財投資の途においても、常に平凡人の平凡道しか説かない。しかもこれが一番の正攻法でもあるのだ。
正攻法を馬鹿にしては戦いにも破れる。致富、金儲けの途もやはり同じことで、何人もまずその定石と正攻法を学ばなければならぬ。それは勤倹貯蓄である。いや学んだばかりではダメ、これを習い、これに十分至らなければならぬ。

本多式四分の一貯金法については、すでに『**私の財産告白**』——実業之日本社発行——において詳細を尽くしたので、ここにはあえて再言しない。これは私が行ったから本多式であるが、諸君が行えば諸君の何々式になる。別に専売特許でもなんでもない。しかもなんら難しい方式があるわけではない。手ッ取り早くいえば、四分の一天引き貯金の断行である。平常収入の四分の三で生活を立てて、余りはすべて（臨時収入は全額）貯金に回すというだけのことである。

どうかして金持ちになりたい、どうかして財産を作りたいと思うものは、まず、これから実行してかからねばならぬ。いわば、これは致富要訣の第一課といったもので、何人もこれから入らずに前へすすむことはできない。貯金はイヤだが金持ちになりたいなぞは、あまりにも虫がよすぎる。そういう人は、私の話も、この辺で見切りをつけたほうがよろしい。私のほうも、その人を見切りたいと思うのだから……。

さて、いまからでも遅くはない、諸君にこの四分の一貯金をやってもらうとする。その結果はどうであるか。三年先、五年先、十年先、収入の増加と複利の加算で、計算だけでもまず相当なことになる。しかもこの計算は、五年なり十年なり、実際にやり上げた場合、予想以上に大したものになるのだから、貯蓄というものは不思議なものである。私の体験でも実はそれに驚かされた。本多式貯金法の偉大さは、この本多さえ全くびっくりさせられたのである。

サラリーマンと経済生活

私は学問をもって、立ってきたものである。いわゆる実業家でも、商売人でもない。しかし、いろいろと考えてみた。

由来学問の道と、経済生活の充実とは両立しないように思われてきたが、果たしてそうであろうか。特別な事情のない限り、学者といえども普通の経済生活をしなければならぬ。学問も経済も生活的に一致しなければならぬはずだ。仏教の言葉にも「道中衣食あり」とあり、また論語にも「禄其中にあり」といっている。学者ばかりが何もすき好んで、貧乏しなければならぬわけはない。

いわゆる営利を目的とする実業に比すれば、学問の道が経済的にめぐまれないのは事実である。しかし、世間並みの俸給をもらって、世間並みの生活ができぬと泣き言をいうには当らない。学問的優秀性を経済的貧弱で説明しようというのもおかしなものだし、もちろん、自慢にもなんにもならない。それはただ、学者の迂遠と薄志弱行を暴露するものでしかない。学者とてもその俸給の範囲内において最善の経済生活法を営み、能う限りの勤倹貯蓄を行うに毫《ごう》も不都合はない。さらに自己の学問研究に対し、積極的に努力を積み、活動を行えば、ゆるされた限度において自然とその収入も増加するのである。学問と経済とが共々《ともども》に向上するのである。それゆえ、学問の道に立つものは、むしろ、あらかじめそれだけの覚悟と用意をしなくてはなるまい。まして一般のサラリーマンたるものにおいてをやである。

私は幼少より貧乏にならされ、貧乏に発奮してきたものであるが、幸いに今日まで大過なく人生を切り抜け得てきたのは、こういう流儀で、学問に対する努力を怠らぬ半面、また経済生活の充実に何事もおろそかにしなかったからである。

そこで私は、大学奉職以来質素緊縮を旨とし、奢侈《しゃし》と虚栄を戒めつつ、例の四分の一貯金をつづけてきた。他面学問的活動もさらに倍し、それによる収入もおのずから増加、その経済的余裕は再び学問的活動の原動力となるに至ったものである。

貯金は馬鹿げている？

私は私の流儀で、四分の一天引き貯金を実行して、予期以上の資産を作ったが、実を申すと、ただ貯金するばかりでは大したことにはならぬのである。その多寡は知れている。たとえば、私の三十六年間の大学俸給を年三千円平均とふんで、これを四分利で全部貯金したとしても、総計十九万余円にしかならない。しかも、その間の物価値上り――つまり貨幣価値の下落――を勘定に入れると、考えようでは、貯金ほど馬鹿げているものはないかも知れない。ことに戦後の通貨処理や、財産税、封鎖切り捨て、大幅インフレーションの打撃を受けた人々は、それを生々しく痛感するであろう。それにもかかわらず、私の流儀としてこれを力説するのは、いかなる場合も、致富の第一要素となるものは貯金だ。貯金なくして投資なく、利殖なし。蒔く種がなくては何も生《は》やすことができぬからである。ことに必要なのは、貯金の精神であり、貯金をする生活態度である、と考えるからである。

さて、貯金は必ずやる。しかも、貯金だけではダメだとして、次に採り上げられなければならぬのが、その巧みなる投資である。この巧みなるというところがなかなか難しい。実は貯金だけならだれにもできるのだが、これからがすこぶる厄介なのである。頭も働かせなければならぬし、また小マメに手も足も働かせなければならぬ。なれぬものにはなかなかの事業だ。

貯金から投資へ

貯金の足並みというものはきわめておそい感じがする。しかし、おそいだけにまたたしかなものである。これを静かに見守る辛抱が初心者には最も大切だ。私の四分の一貯金は、やり始めてからマル三年目に、やっと——あるいは、早くもか——約七百円に達した。それで私は熟考の末、日本鉄道（上野・青森間私鉄）の新株を三十株買い入れた。これが私の株を持つようになったそもそもの初めで、その後も毎年少しずつ買い増していった。年一割の配当は貯金利子よりも有利であり、また値上りの楽しみも持ち得たからである。それが間もなく、ついに三百余株になった。つまり貯金帳に貯めては、株のほうへすくい出したのである。

これは、日本のような国情（日清戦争以前）では、投資をするなら、幹線鉄道の株か未開発地の山林不動産だと教えられたドイツのブレンタノ教授の言葉を、そのまま実行にうつしたのであるが、間もなく日本鉄道は国有化されることになり、払い込みの二倍半で、五分利付き公債をもって買上げられ、私は一躍三万何千円かの大金持ち（その頃の）となった。この五分利は年二千二百余円で、大学からもらう年俸より上回《うわまわ》っているから、われながら驚かされる次第であった。

こうなると、いわば貯金と共稼ぎの有様で、年来のぞみつづけていた経済生活確立の基礎も、どうやらかためられてきたわけである。

ブレンタノ教授の教訓を守って、私は鉄道株の買い入れと同時に、交通不便な奥地の安い山林を買い入れることにした。しかしこれには自分の貯金だけでは資金が不足したから、実は某大資産家に話して出資せしめたのである。

すなわち、私は買い入れから経営一切を引き受けて、その代償として山林の四分の一を自分の持ち分にしてもらい、純益の四分の一を受け取る約束をした。ところが、その資産家は日露戦争後の大恐慌で一敗地にまみれ、全山林を私には内々で銀行の担保に入れてしまう仕儀となった。もっとも、初めのうちはすぐ返金して私に知らせずに済ますつもりであったらしいが、ついに再起の機を得ず、数千町歩の山林を抵当流れにしてしまったのである。

私はこのことを聞いて、すっかり驚いた。知らぬ間に自分の山林（四分の一）がなくなっているというわけで、さっそく銀行に掛け合ってみたところ、銀行でも山奥の大森林を背負い込んでどうにも困り切っていたため、元利ともに支払ってくれれば、みんな売り渡すという話だった。

そこで私は一大決心をもって有金全部のほか、銀行から新たに生れて初めての金を借りて、その山林を引き受けてしまったのである。

土地・山林の目のつけ方

いまから顧みると、まるでウソのような話であるが、その後その山林は木材の搬出が可能になって、立木共一町歩四円内外にしか当らなかったものが、木材だけで一町歩二百八十円に売れるようになった。だから、数千町歩のうちのわずか数百町歩の立木を売っただけでも、たちまち十数万円の金が転げ込む有様となり、私はその金で、新たに格安の山林を買い集めたり、また東京市内の場末で、坪二円から六円までの土地を買い入れたりした。

市内の土地はどんなところに目をつけたかというと、その頃はまだ渋谷、目黒、淀橋といった辺に、まだ開けていない雑木林の高台がいくらもあったので、その日当りのいい南半を無条件で片ッぱしから買い取ったのである。これは東京の郊外発展はうたがいない事実であり、また高台地域の実測面積は帳簿上よりも概して広いのが普通、しかも日当りのいい南面から漸次開けていくのは常識であったからである。

果たして、これは決して間違いのないところであった。そうした土地は、数年ごとに必ず倍加の地価がとなえられた。そこで私は、倍加する度に、その所有地の半分を手放した。すなわち「**十割益半分手放し**」という私の流儀で、半分残った土地を只《ただ》にしておくのである。これは株式でも同じことで、あまり欲張らず、それかといって別に遠慮もしない。儲かるときに儲けて、手持ち分の原価をゼロに消却しておくのである。こうなると、あとはいくらで売れてもそれだけが儲け、どんなことがあっても損のしッこはない。すでに損はしないと決まれば、そのものについてのあせりはなく、ムリもなく、したがってまた最も有利に処分することもできたのである。

こういう方式で、私の投資は行われた。巧みであるかどうかは知らぬが、結果的には巧みにいったと自認できるものがあった。満二十五歳で四分の一貯金を始めて、五十歳過ぎた頃には、田畑山林一万町歩、別荘地六ヵ所、銀行会社等三十余会社のちょっと知られた株主仲間となることができたのである。年収二十八万円で、淀橋税務署管内でのナンバー・ワンになったのはこの当時のことである。

元金を倍に働かす法

世の中には、投資と投機とを混同しているものが少なくないが、投資と投機は断然ちがう。私のここにいう投資とは、あくまで勤倹貯蓄で作り上げた資金を、最も有利有効に働かせることで、そこにいささかのムリや思惑があってはならない。理想的にいえば、その元本の安全確実を第一とし、有利有望な事業（株式その他の方式で）に注ぎ込み、年々それから利益配当を受けていくことである。投機とはしからず、ムリな金でムリな算段で、投資対象の実体をしっかり掴むことなしに、いわゆる一攫千金を夢みることである。ある程度の証拠金取引で、相場の高低を思惑するの類である。したがって、予想通りになれば時として大儲けもするが、予想が外れればたちまち大損をする。大損するばかりではなく、他人にとんだ迷惑を及ぼすことになる。私の流儀では絶対にとらないところである。

では、投資にはいかなる方法をとればよろしいのか。

それは必ず自分の金でやること。自分に与えられた信用利用の範囲内でやること。投資対象の実体をしっかり掴んでかかること。たとえ元も子もなくなる場合があっても、ただそれだけの損で済む範囲内にとどめること。こういったところが私の流儀の根幹である。これでいきさえすれば、決して間違いはなく、巧みなる投資といった巧みにもおのずから通じることになるのである。たとえば、銀行へ預けた貯金が相当額にまとまったとする。ところが、銀行の利子は最高のもので四分になるかならないかである。これをそのまま寝かせておくのは惜しい。それで確実な会社の株式に乗り替えれば、利回りはうんとよくなる。かりに六分になれば元金が五割増しになったと同じであり、八分になれば正に二倍化だ。一万円の預金をもっていたものが二万円もっているると同じになる。一割になれば二万五千円、一割二分になれば三万円にも匹敵することになる。私の投資というのは、初歩的にはまずここへ眼をつけることで、貯金で貯めた金をさらに何倍化にもして働かせる法である。それにはやはり株式投資が一番いいと考えている。

安全と有利を兼ねた法

私の株式投資法には、前にもちょっと述べた「**十割益半分手放し**」という流儀のほかに、「**二割上げ利食い**」といったものがある。この両者を適当に使い分けていくのが、私の株式投資法の全部であった。ほかにはなんの名案奇策もない。

「**二割上げ利食い**」は主として清算取引（現在未再開）の行われていた際やったもので、銀行にまずしかるべき額の金が貯まると、その限度内で先物を買いつける。引き取り期日までに二割以上の値上りをみたら、欲をかかないでそれを処分する。たとえば、六十円の株を買っておいて七十二円以上になればあっさり手放す。そうして十二円の値上り分を元金に加えて預け直すのである。

そうすると、そのまま五年間放っておくとしても、二割の利益は年平均四分になるのであるから、銀行利子の四分に加えて八分になる。だから、八分に回すために株を買ったと同じ勘定になる。しかも、その間には必ず買おうと思ったときの値段、もしくはそれより必ず下る場合があるものであるから、改めてその気があれば買い直しさえすればいい。あるいは反対に、清算中に買い値より下がれば、それだけの資金がちゃんと用意されているので、それを引き取って持ちさえすればなんでもない。銀行利子よりはましの配当がとれて、その上再び必ず値上りする機会もあるものである。つまり資金さえ手持ちでかかれば、株式の選択をあやまり、とんだボロでも掴まない限りは、どちらへ転んでも、安全にしてかつ有利である。

私の株式投資流儀は、まずこんなところである。いまに、清算取引でも再び始められたら、諸君もこの方法を行うがよい。

あるいはこの方法も、ちょっと見には投機と違わないではないかという疑問が起こるかも知れない。だが、これには根本的な違いがある。実力以上（手持ち金なし）に思惑をすれば、もちろん、危険このうえもないが、そこは投資と投機と違ったところで、ちゃんと最後的に引き取るだけの金の用意ができているのだから、値下りを食っても決して損をすることはない。予定のごとく実株を握って、予定のごとく配当をもらいさえすればよろしい。

次に「**十割益半分手放し**」であるが、単なる利回り計算だけで、銀行貯金から乗り替えた株も、もし割安時代に確実なものを手に入れておけば、五年十年の間には必ず大きな変動があって、買い値よりいちじるしく騰貴をみる場合がある。

たとえば六十円で引き取っておいた株が十割騰貴して百二十円になったとする。この際私はいままで忘れていたようなものでも、さっそく半額だけは必ず手放す。もっと上がりそうだと思っても、それ以上の欲を出さない。

あとに残った半分を、ゼロに消却するのが目的で、ゼロになった株なら、持っているのも気安いし、配当も、売却代もみんな只《ただ》もらいという勘定にもなる。この場合、もちろん、十割益半分手放しの金はすぐ貯金のほうへ戻しておく。そうして、再び何かの機会に出動させるのである。

つまり、元金だけを投資準備に還元してあとは只の株で只儲けをするだけである。

要するに、株式投資の秘訣は、いずれも自己資金をできるだけ用意（貯金または利殖）して、その限度内で、割安に買い、割高に売ることだ。だれにでもわかり切ったことで別に奇も変哲もない。平々凡々を極めたことである。

それだのに、どうしてこれに失敗するものが多いか。儲けるものが少なくて、損をするものばかりが多いのか。それはあまりにも株屋のいいなりに動いて――株屋は商売だから無責任に動かしたがる――しっかりして自主的に動かないからである。つまり俺の流儀という流儀を、確乎たる自信の上に押し通さないからである。私が冒頭において述べた、「ムリをしないで最善を尽くす、そうして、辛抱強く時節到来を待つこと」というのは、すなわち、ここのことであって、しっかりした合理的な自分の流儀を立て、どんなことがあっても、その流儀から逸脱しない操守をもつことが、株式に限らず、すべて巧みなる投資に成功するゆえんである。

自主性の保持と先見

以上は主として、貯金を株式に乗り替える場合の投資法について述べたのであるが、経済界は時勢と共に変化し、株式の有利な時代もあり、土地、山林、家屋の不動産、公社債の有利な時代もあるから、何人も資産の全部を一つものに投資しておくのは決して賢明の策ではない。私はその後、資産の十分の一以上を一事業に投ずることを避け、少なくとも常に十以上の種類に分けて投資するようにつとめてきた。

時勢の動きを絶えず注意していること。そうして、それに対し常に事前にしかるべき手を打つこと。

これが、如上《じょじょう》の諸流儀を実行したうえ何人も怠ってはならぬ投資家の用意である。いかなる名案も、いかなる努力も、時勢に逆行しては敗けである。表面にあらわされた社会事象から、その逆の動きをみてとることは、時勢に逆行するものではなくて、むしろ、一歩先に時勢に順応するものである。「好況時代には思い切った勤倹貯蓄を、不況時代には思い切った投資を」とつねづね私が説いているのも、実のネライはここにあって、真夏に冬の仕度を、厳寒に夏の準備をといったくらいの明察と、勇気と、実行がなければならぬのである。付和雷同は一般処世においても慎まなければならぬが、投資行動としてはことに戒めなければならぬところである。

私の生活流儀　解説

渡部昇一《わたなべしょういち》
（上智大学名誉教授）

本多静六博士が終戦後の混乱期に書かれた三冊の本（『私の財産告白』『私の生活流儀』『人生計画の立て方』）は、私にとって「恩書」というべきものである。まさに恩人や恩師のような、人生の進むべき道を指し示してくれた書物であった。

世の中には、立派な学者もいれば、実生活でもその道の達人というのがいるわけだが、その双方を兼ね備え、しかもすぐれた常識人となると、なかなかいるものではない。その点、本多先生は林学という分野で学問的に重要な業績を上げたのみならず、実生活の面においても、われわれの手本となるべき理想の生活を実現なさった方である。

学者として、またひとりの人間として、私が今日あるのも、その基本的な生き方を本多先生の書物から学んだおかげである。

私が本多先生から学んだ最大の点、それは「努力するという覚悟がすべてを変える」ということだった。

先生は、極貧の暮らしを経てようやく入学した東京山林学校（東大農学部の前身）で、最初の学期に数学ができずに悩み、井戸に飛び込んで自殺を図ったという。だが、その後「死んだ気になって」勉強した結果、次の学期には最優等の成績をとるほどになった。わずかの期間の命がけの努力によって、落第から最優等にまで行くことができ、「お前は数学の天才だ」と教師から称えられたというこの先生の体験談は、先生同様の貧しさに苦しみながら学問を志していた私にとって、衝撃でもあり、勇気を与えられることでもあった。

生まれつきの秀才ではなくとも、努力が人間の脳の中までも変えてしまう——そう言われてみると、確かにかの夏目漱石も英語で失敗しているではないか。ところが漱石は、好きだった漢文の書物を売り払って英語に集中する決心をして、猛勉強した結果、日本で最初の英文学研究の文部省留学生として、イギリスに派遣されるのだ。思い切って命がけで努力すると、その方面で第一人者になれるという実例であろう。

本多博士の「努力はすべてを変える」という体験は、山林学校時代だけでなく、その後ドイツに留学した際にも現実となっている。当初、婿入りした先から受けるはずだった資金援助が銀行破綻のため途絶え、極貧のなかで留学生活を強いられた博士は、ドイツ語の能力も充分でなく、なおかつ四年間の予定だった留学期間を半分に短縮して博士号を取得しなければならないという二重、三重のハンデを強いられたが、見事、日本人として初めてその専門分野での博士号を取得された。かくいう私も、大学で英文学を専攻しながらある偶然でドイツに留学することになり、その意味では本多博士と同様の苦しみを味わったのだが、このときも本多博士の教えによって、「努力することで、人間は脳まで変えることができるのだ」という確信があったからこそ、乗り越え、博士号を取ることもできたのだった。

そもそも私が学生時代に本多先生の書と出会うことができたのは、実は戦前からそのお名前を存じ上げていたからである。といっても、幼かった私が先生の学問的な業績を知っていたわけではなく、家族が買ってくる『キング』や『婦人倶楽部』、『主婦の友』といった雑誌の「身の上相談」のコーナーで、詰め襟姿の先生の写真と懇切丁寧な回答をよく読んでいたからだ。

その当時、帝国大学の現役教授がこうした通俗雑誌に登場するということはまれで、本多先生以外には、大正時代の『実業之日本』で全国の青年を励ました新渡戸稲造博士が唯一の存在だったといってよいだろう。一高の校長だった新渡戸博士は、「校長ともあろうものが、通俗雑誌に執筆するとはけしからん」と周囲から非難され、ついには退任の一因となったという噂さえ飛んだほどだった。

こうした時代風潮のなかにあっても信念を貫いた新渡戸博士や本多博士は、自分の歩んできた人生に絶対の自信があり、自ら語ることが前途有為な青年や女性たちに必ずや役立つはずだという信念があればこそ、周囲や世間がなんと言おうと、あえて通俗な形でその知見を披露すべきだという「覚悟」をもって臨まれたのだと思う。

この『私の生活流儀』からも感じられるように、本多先生の説く内容はきわめて常識的で、「親切で人生経験豊かな親戚のおじさんが、孫や甥たちに語っていく」ような風情が、なんともいえない暖かみを醸し出している。博士の言に間違いのないことは、ご自身のご子息やお孫さんが、ひとり残らず社会や学問の世界で立派に活躍されていることがなにより証明している。たとえばお孫さんのおひとりである本多健一氏は、日本における分子工学の権威として東大教授や東京工芸大学学長を歴任された方で、本多静六博士のご縁で私も知遇を得ることができたのは、大きな幸いであった。

また、本多先生晩年の三部作の特徴は「偽善を排した」点にある。先生は『私の財産告白』の冒頭で、こう記している。

世の中には、あまりにも多く虚偽と欺瞞と御体裁が充ち満ちているのに驚かされる。私とてもまたその世界に生きてきた偽善生活者の一人で、いまさらながら慚愧《ざんぎ》の感が深い。しかし、人間も八十五年の甲羅を経たとなると、そうそう、そ、い、つ、わ、りの世の中に同調ばかりもしていられない。偽善ないし偽悪の面をかなぐりすてて、真実を語り、「本当のハナシ」を話さなければならない。これが世のため、人のためでもあり、またわれわれ老人相応の役目でもあると考える。

その当時、帝大の先生が金儲けの話をするなどというのはとんでもないことだったわけだが、先生は勇気をもって財産や金銭についての真実を語られ、学者から大富豪となった自らの体験を赤裸々に示したのであった。

さらに先生は、漫然と人生を送るのではなく、計画を立てたほうがよいとして、なんと百二十歳まで生きることを前提に「人生計画」を立案し、それを実行していった。その内容は、本書のほか『人生計画の立て方』に詳しいが、先生と同じように年齢を区切って考える必要はないにせよ、博士が死の床で「百二十を目標にした八十五年の充実は、本多静六にとって、満足この上もない一生だ」と語ったように、何歳になっても目標をもって生きることが大切なのは、改めて申すまでもないだろう。

私は、「人生計画」とは「人生のイメージトレーニング」であると理解している。すなわち、スポーツ選手がイメージトレーニングによって大きな成果を上げているように、人生という長いマラソン競技においても、その道筋をイメージするかしないかで大きな差が生まれるということではないだろうか。

偽善的なことは一切言わない、という本多先生の姿勢は、「結婚」に関する問題でも一貫している。

自然科学者でもある博士は、『人生計画の立て方』において、結婚相手を選ぶ際には、なによりも相手方の一族における心身の健康が重要である、という点を強調している。結婚を考える若者に対して、ふたりの愛情や経済的なことよりも、まず心身の健康、とりわけ血統について説くというのは、人権意識が行き過ぎた方向にある現在では、いささか勇気を要することになってしまっている。だが、長い結婚生活、しかも子孫を残すという重要な役割を担っている以上、この問題に目をつぶってはいけないという博士の言葉には、おそらく強い反感を抱く人もあるだろうが、一方ではこうした真理を戦後社会が封じ込めたことが、いまの世の中の混乱を招いているという現実も忘れてはならないだろう。

私自身、縁談に際しては本多博士の教えに従い、幸い子宝にも恵まれて、幸福な家庭生活を営むことができた。もちろん恋愛至上主義も結構である。だが、恋愛はあくまでスタートであって、結婚は恋愛だけでは終わらないのだ。本多博士の家庭論、結婚論は進歩的な人々から見れば古くさいものであろうが、親が子や孫を思うのと同じように、なにより読者のためを思って説く博士の教えは、物事を真面目に考える人からは必ずや受け入れられるはずである。そして博士の書には、この種の知恵がぎっしりと詰まっているのだ。

もうひとつ、私が本多博士の三部作から受けた大きな感銘は、これらが昭和二十年代に書かれたものであるにもかかわらず、マルクス主義の思想にまったく毒されていないことであった。共産主義が台頭し、貧困こそ美徳、といった戦後の風潮のなかで、まったく悪びれず「経済的な自由なくして、学問の自由なし」と言い切った博士の勇気は、いまこそ再評価すべきであろう。

博士の著作の根底には、明治維新の直後に日本に紹介され、当時の青年たちに多大な影響を与えたサミュエル・スマイルズの『西国立志編』にあるような、「セルフ・ヘルプ」すなわち「自助の思想」が流れている。この自助の思想は、社会主義に侵される以前の大英帝国を史上最高の繁栄に導いたもので、その後のイギリスは、このセルフ・ヘルプの時代の遺産を食いつなぐことでようやく成り立ってきたといっても過言ではない。本多先生の教えからは、国も個人も、大英帝国をもっとも偉大ならしめた時代の生き生きとした思想がダイレクトに伝わってくる。

不幸にして、戦後のわが国はかつてのイギリス同様に、「自助努力」よりも国の社会保障や福祉政策を求める声が社会のマジョリティとなっていった。もちろんそれにはプラスの面もあったわけだが、それが行き過ぎると社会主義国家・ソ連のような自壊作用をもたらすことは、二十世紀の歴史が端なくも証明している。金の埋蔵量が世界一で、石油や森林資源も豊富に持つソ連が、なぜ国民を豊かにすることができず、ついには崩壊しなければならなかったのか？　それは一にも二にも、国民の心に「セルフ・ヘルプ」の心がなくなってしまったからなのだ。

それゆえ二十一世紀においては、再び「セルフ・ヘルプ」の心を取り戻すことが世界的に大きな流れとなっているが、日本でそれをもっとも理想的な形で実践し、個人として、強力かつ危なげない教えとして示した人といえば、本多静六博士をおいてほかにない。

この本多博士の名著が、本来の出版社である実業之日本社から復刊されることは、困難ないまの時代を生きる日本の青年のために、きわめて祝福すべきことと考えている。

最後に「本多博士の前に本多博士なく、本多博士のあとに本多博士なし」という、元中央大学総長・林頼三郎博士の言葉をもって、この解説を締めくくることとしたい。

人生計画の立て方

序

本多静六博士の長逝は惜しみても余りがある。われわれはいまさらに、「本多博士の前に本多博士なく、本多博士の後に本多博士なし」の感がまことに深い。啻《ただ》に郷党の一先輩を失ったというばかりでなく、祖国再建の最も重大な秋《とき》にあたり、偉大なる指導者の一人を失ったうらみははなはだ切なるものがある。

博士の高邁なる識見と、該博なる知識と、崇高なる人格とは、一度《ひとたび》、親しく博士に接したる者の、ひとしく敬服に堪えざりしところであった。またいかに博士が、国家を思い、社会を念とし、さらに個人生活をも考慮せられ、事々物々の実際問題をもって、青年学徒といわず、後進後輩といわず、一般世人に適切な指導を垂れ、それに絶大の感化と影響とを与えておられたかは、実に、測り知られぬものがあったといわなければならぬ。

林学と経済とは、もともと博士の専攻とせられるところであったが、元来博士には、人生のあらゆる問題に興味と造詣がふかく、かつ何事にも、徹底的に突きすすむ素質と情熱とを有しておられた。いわゆる「往くとして可ならざるはなし」で、学者としても、教育家としても、経済家としても、また一種の警世家としても、多角的な性格に出で、多面的な活動にわたり、その足跡の偉大さは、断じて他の追随をゆるさぬものがあったといえよう。

正にわが本多博士こそは、比類稀なる人生行路の練達の士であった。得がたき八十五年の高寿を得て、しかも、これを二倍にも三倍にも、よく活かし、よく使い切った偉人である。

今回、その本多博士の遺稿として、「この人にしてこの著あり」ともいうべき、万人待望の好著『人生計画の立て方』が、その遺志により実業之日本社から発刊されるに至ったことは、私としてもまことに欣快にたえない。けだし、本書こそ、故博士のわれわれ後進に対する最大の贈りものとなるであろう。

昭和二十七年六月

中央大学総長室にて

法学博士　林　頼三郎

自序

私が初めて「人生計画」を思いついたのは、第一回ドイツ留学時代（明治二十三―二十五年）のことである。当時ドイツには、林業一代の経営法を研究する「林業計画」――森林経営学――なるものがあった。すなわち、その計画の確立によって、年々の事業を合理的に経営していくのであるが、私は、ドイツの林業がいかにも整然として、秩序的、経済的に運営されつつあるのに驚嘆の眼をみはった。同時に、このような計画性は、ただに林業上のみならず、吾人一代の生活上にもきわめて必要欠くべからざるものであることを痛感した。

そこで、ドイツより帰朝後、私は、さっそく粗笨《そほん》ながら自分の「人生計画」をたて、これを実行にうつす一方、ぜひともその後の体験と研究にもとづき、これをしかるべく体系づけようと考えついた。それが空しく五十余年を経過し、ようやくその着手に及んだのが、伊東隠棲後、七十八歳に至ってからのことであった。

昭和十八年十月のこと、たまたま、世界的に有名なドイツの地政学者エブナー博士が、巡回講演の途次、私の歓光山荘をおとずれ、その力作『ドイツ国民と森林』の原稿を示し、私にその批判と序言とを求められた。その際、談はからずも人生論に及び、この「人生計画」の稿書を示すに至った。しかるに、博士は非常な驚きをもってこれを迎え、人生計画学は世界万人の欲求するところであるが、それは非凡の才に加うるに長寿者でなければできない仕事だ。すでにゲーテのごとき、早くもこれに着眼して筆を染めたが、惜しくも稿半ばにして逝いたものである。それを貴下の手で成し遂げられたとはまことに素晴らしい。けだし世界最初の快著であろう。希《ねが》わくば速やかに完成の上一本を賜りたい、さっそくその要点だけなりと独訳したいと、言葉を極めて褒め上げられた。

もとより私も、遠来客のお世辞をそのまま真《ま》にうけるほどおめでたくはないつもりであるが、とにかく、人生指導に関する先哲の遺著すこぶる少なからぬ中に、人生全般にわたり、各年齢層それぞれに、適当な事例をもって指導した好著の見当たらぬのを遺憾とし、エブナー博士の勧説に従ってこれが完成を急いだ次第である。

いずれにもせよ、正しい科学的人生観に立脚した「人生計画」は、吾人がそれぞれ一代の人生を築く上に、必要欠くべからざる設計図である。設計図なくしては、いかに老練な建築家も立派な家を造ることができないと同様に、まず「人生計画」を樹てることなくして、何人も完全な意義ある人生を築き上げることは難しい。

まことに、「人生計画」こそは、人生充実の至福生活をもたらすただ一つの指針であるといわなければならぬ。

私の「人生計画」は私の体験と確信の所産である。正しくは私一個にのみ通用するものであろう。これをそのまま他の人の「人生計画」となし得るかどうかははなはだ疑問である。しかしながら、私の乏《とぼ》しきをもって築き上げた「人生計画」も、今後における時代の推移を考え、各人各自の性格と環境に適応して、諸君が諸君の「人生計画」を樹てられる上に、なんらかの参考にはなるものと確信している。少なくとも本書の一読が、読者諸君おのおのの「人生計画」確立の機縁ともなるならば、著者の望みは十二分に達せられたものと欣快に堪えない。

昭和二十六年十月

本多静六識

人生計画の立て方

一、人生にはナゼ計画が必要か

人間生活と計画性

まずわかりやすいところで、動物の例をとってみよう。一般に動物の知識はすこぶる単純で、ただその動作を反覆してゆくうちに、自然にできる習性と記憶が、その知識の根柢となっているものだ。したがって、日常の生活が行き当たりバッタリで、なんらの計画性がない。習性になった自己の経験と、本能による無意識な知識で生きているばかりである。ところが、人間となると、さすがは「万物の霊長」といわれるだけあって、その知識もきわめて複雑で、物事を分析したり、総合したり、またいろいろなことをながく記憶する能力があるので、一つの事柄を中心にして、複雑にアタマを働かせることができる。これが人間と一般動物のまず大きなちがいになってきている。

もちろん、人間と威張っていても、やはり動物の一種である以上、固有の習性もあり、本能も大いにある。だが、教育とか教養の力で――近頃大分それもあやしくなったけれども――普通の動物のごとくそれをムキ出しにしないところが、人間の人間らしい取り柄《とえ》になっている。すなわち、人間の本能は、教養の力によって適度に制御《せいぎょ》され、しかも日常生活では、多数の仲間（人々）の経験を分解したり、寄せ集めたりして得た知識にもとづく計画性をもっているものである。つまり、何事にも計画を立て、計画に律せられ、計画に従って生活しているのが、人間の特性ということになるのである。

言葉を換えていえば、人間とは計画生活を行う動物なのだ。そこで、私はよき人生はよき人生計画に始まる、といいたいのである。しかも、その計画は日常生活を基盤の上にしっかり樹てられなければならぬと思う。

日常生活と計画の有無

世の中には、意識的には計画のない人生を渡る人もないではない。しかしそういう人でさえも、無意識的には必ずある程度の計画性をもっているものである。

早い話が、どんなデタラメな生活をしている人でも、普通の感覚をもっている限り、明日のこと、明後日《あさって》のこと、次の時間、次の仕事を考えないで生活している人はあるまい。かように、いわゆる大計はなくとも、目前の小計はだれもがもっているはずだ。つまり、自分の行為の結果、現在の仕事の成り行きを予想することなしに生活し得る人間はないのである。

これが人間生活の本然の姿なのだ。

このように、人間の生活には、いついかなる場合も、本質的に計画性をもっている。それにもかかわらず、一見計画性のないデタラメ生活を繰り返しているようにみえるのは、畢竟《ひっきょう》、その計画をたてる態度が不徹底であったり、アイマイをきわめているからである。

われわれは三度三度の食事にもあらかじめ献立というものを作る。朝は何を食ったから、オヒルは何、それに考え合わせて、バンは何をこしらえようといった計画がある。台所に働く人々は、少なくともヒルの仕度をする際には、もうバンは何にするかと決定していなければならぬ。これをアイマイに考えていると、朝もみそ汁、昼もみそ汁、晩もみそ汁というようなことになってしまう。みそ汁もまことに結構なものであるが、これに多少の計画性を加えると、三度の食事がきわめて楽しく生きてくる。

ほんの目先《めさき》の、ごく短期間の行動ですら、こうしたものである。まして、われわれが、一生を通じてやる生活行動、全生涯の生き方に対しては、何人もよほど慎重な態度で、これを組織的、計画的、かつ創造的に、十分考えてゆかねばならぬことがわかるであろう。

二度と繰り返せぬ人生

たとえば、ここにある事業を指導管理する場合、まず事業の内容を、その仕事によって、それぞれの部局や課に分け、しかもそれを互いに密接に組み合わせ、できるだけ摩擦のおこらぬよう、一切の組織を計画的に秩序正しく立て、そうして創業設立された一つの目的に集中しなければならぬであろう。

畑仕事に例をとってみても、一段歩なら一段歩の畑に、何はどれだけ、何はどのようにといった割り振りがあらかじめ考えられる。そうして薯《いも》をとったあとへは麦をまき、陸稲《おかぼ》の収穫をすましたら菜っぱをまこうといった予定が立てられなければならぬ。また、農耕家ならだれでもそれくらいのことはちゃんとやっているのである。

それなのに、こうしたことを百も承知な人たちも、さて、自分の一生涯を運営管理する人生計画となると、これはまたなんとしたことか、全く無関心で放《ほう》り出したままの人々がすこぶる多い。そのときどきの推移にまかせ、環境に支配されて、自分の生き方を自分でどうにもし得ないでいる人々が大部分であるようである。これは、まことにもって不思議なことである。

しかし、これらの人々とても、決してそれを欲していないわけではない。実は自分をどうしたらよいかと心に思いわずらっていながらも、その境遇に引きずられ、不安に駆られ、消極的な気持ちになって、どうせ計画をたててもダメだろうと初めからあきらめていたり、あるいは計画をたてたとしても、自らの弱志のためにこれを破り去る結果となっているのである。

こうした有様の原因の多くは、たしかに根本的に意志の鞏固《きょうこ》を欠き、不用意、怠慢の罪であるといえる。何人も二度とは繰り返すことのできない貴重な人生に対して、こんなアイマイな態度をとっていていいものであろうか。いいことのあろうはずはない。断じて不可、私はこれを人生の自殺行為なりと断じたい。

計画性と自由性

「計画何々」なんて、近頃は流行《はや》らないよ、といわれるかも知れない。

計画という言葉は、ともすると自由と相反するもののように聞かれがちである。計画経済といい、計画配給といい、いままでのわれわれはそれからいかにも固苦しい感じをいだかされてきた。

しかし、それはその計画性自身が悪かったのではなく、ただ、その実行上に多くの遺憾があっただけだ。本当の計画性はまた本当の自由性にも通じ、両者は決して対立するものではない。これは自由性が人間本能にそうものであると共に、前にも述べたように、計画性もまた人間性と合致するものであるからである。むしろ自由性を確保するための計画性であるとさえいえるのである。すなわち、人生計画は決して人生の自由を束縛《そくばく》するものではなく、かえってその拡大充実をはかる自由の使徒だといっても誇張ではない。計画なくして自由なしとも断ずべきである。

過去においては、人生の目的はその刹那刹那の享楽にありとみられた時代思潮もあったが、この刹那主義、享楽主義は、およそ本来の人間性と相容れないものであって、これでは、本能にまかせての行き当たりバッタリで、前にも述べた一般動物の生活となんらえらぶところがないのである。人間の人間たるゆえんをみずから没却するものである。

われわれはすべからく、静かに過去を思い、現状を直視し、将来を達観して、避けず、恐れず、鞏固《きょうこ》なる意志をもって、一生の生き方に組織的な計画性を与えなければならぬ。大切な全生涯の活動に秩序的能率的な一大プランをそえなければならぬ。すなわち、人それぞれの人生計画を立て、目標を定めることによって、一日一日の生活を希望に溢れ、歓喜力行《かんきりっこう》につとめ、一歩一歩の生活を楽しく、有意義に張り切って働きつづけてゆけるのである。人生計画はまた一つの努力計画でもあるのだ。

向上と「努力の予定表」

計画の樹立がいかに人生に不可欠のものか、また「計画」が「自由」と決して対立的のものでないことも、これでよくわかった。

しからば、この人生計画はどんな方針で立てられ、どんな順序で決定されていくべきかというと、何人も自己の能力と考え合わせ、高からず、低からず、まず実行可能の範囲内に組み立てられてゆかねばなるまい。目標の高すぎるのも困るが、それかといって低すぎるのもなおさら感服できない。最大の努力をもってあがない得る最大可能の計画を立てることがのぞましい。それでこそ真に生き甲斐のある人生が味わえるというものだ。

この計画には必ず向上心の満足が盛り込まれていなければならぬ。いや、向上心の満足が計画の眼目でなければならぬ。向上即努力、努力即向上で、この両者を引き離して考えることはできない。いわゆる人生計画は、向上心の充足――つまりは「努力の予定表」なのである。

かくてわれわれが、この計画生活を完全に予定し、かつそれを実行し得たとき、果たしていかなる効果実益をもたらすものであろうか。ここにそれを列挙すれば、

(一) 仕事の順序を誤らず、おのおのの仕事の段階を秩序整然たらしめること。

(二) 無駄がなく、無理がなく、仕事のでき高が殖《ふ》え、質もよくなること。

(三) 仕事の結果があらかじめ推測できるので、仕事の進行を思うままに制御でき、時間と労力が著しく節約されること。

(四) 常に前途に希望を持ち、かつ現在に安堵し得て、よく焦慮と苦悩と疲労から免れられ、余裕ある生活を送り得ること。

(五) 可及的速やかに成功し、健康長寿、福徳円満に一生を過ごし得られること。

その他いろいろある。このように、計画生活は人間の本性であり、しかもそれが正しいかどうかによって、その人間の価値が決定されるほど、重大な意義を持っているのであるから、われわれは周囲の事情と自己の実力とをよく考え、それぞれ立派な計画を立て、わが生涯を最も意義あらしめねばならぬ。

私が平凡愚劣の生まれつきをもって、しかも、なおかつ割合に幸福感謝の長い人生を享楽し得たのも、ひとえにこれ、早くから自らの「人生計画」をたてて実行に努力してきたおかげである。

私が平凡愚劣の生まれつきをもって、
しかも、なおかつ
割合に幸福感謝の長い人生を
享楽し得たのも、
ひとえにこれ、
早くから自らの「人生計画」をたてて
実行に努力してきたおかげである。

書斎でくつろぐ晩年の本多静六

二、私の第一次「人生計画」

満二十五歳での発願

私が「わが生涯の予定」として、最初に人生計画といったものをこしらえたのは、ドイツ留学から帰朝、満二十五歳をもって、東京大学助教授に任ぜられたときだ。それは序言の中でも述べておいた通り、ドイツの森林経営が、合理的、経済的な「林業計画」によって秩序正しく行われつつあるのを見、人生また計画なかるべからず、と痛感した、ドイツ留学時代の発想によるものであった。

それまでの私には、物心両面にわたって、幼少年時代から修学中に体得した信念が、すでにある一つの生活方向を指向し抜くべからざるものとなっていた。すなわち、「わが生涯の予定」は、このような基盤の上に、能《あた》う限りの細心な注意と、描き得る限りの遠大な理想とをもって、新たなる「人生計画」としてここに、いよいよ具体化せられたのである。

いま、その計画要綱を御披露に及ぶと、だいたい次の通りである。（満二十五歳を基本とする）

第一　満四十歳までの十五年間は、馬鹿と笑われようが、ケチと罵られようが、一途に奮闘努力、勤倹貯蓄、もって一身一家の独立安定の基礎を築くこと。

第二 満四十歳より満六十歳までの二十年間は、専門（大学教授）の職務を通じてもっぱら学問のため、国家社会のために働き抜くこと。
第三 満六十歳以上の十年間は、国恩、世恩に報いるため、一切の名利を超越し、勤行布施のお礼奉公につとめること。
第四 幸い七十歳以上に生き延びることができたら、居を山紫水明の温泉郷に卜《ぼく》し、晴耕雨読の晩年を楽しむこと。
第五 広く万巻の書を読み、遠く万里の道を往くこと。

以上いずれも、事ははなはだ明瞭簡単であって、いまさらの説明を要しないようであるが、これをこう定めるまでには、私は私なりに、それぞれの理由をもっているから、一応まずその内容の詳細を述べておくとしよう。

まず生活安定から

第一項の主要目的は勤倹貯蓄の実行である。この必要を痛感したことは、学生時代からの苦しい貧乏によるものであるが、これについては、従来すでにしばしば繰り返してきたからここには説かない。

今日、勤倹貯蓄は、ただちに国家社会への貢献につながるものとして理解されているが、当時においては、いまだそういう見解はなく、貯金はすべて個人的な経済行為とみられていた。それだけに、私が人生計画の第一項にこれをおくには、ある程度の勇気と決断とを要した。人はあるいは、この私の、経済的基礎の上に一家の安住を考える考え方に、最も大切な精神的要素を没却したものと批難するかも知れないが、その際の私としては、精神的要素を考えに入れるだけの余裕がないまでに、経済的困窮がはなはだしかったのである。この困窮の中から第一に把握した一家の安住法が、まず勤倹、まず貯蓄といった、生活の経済的条件をもって始められたのも無理からぬところであろう。

第二期の項目においては、もはや勤倹貯蓄を強調していない。だが、それは決してこれを否定し、不要視した意味ではない。ただ十五ヵ年間の貯蓄努力によって、十分一家安住の基となるべき資産を作り上げる自信があったからである。もっとも、その貯蓄といっても、何も百万の富をのぞんだわけでなく、せいぜい数万円もできればよいと思っていた。もちろん、明治中葉での数万円はきわめての大金で、せいぜいというそのせいぜいが、なかなか大変なものであった。しかも、働くということが人間生涯の理想であり、目的であるから、この条項には、もっぱら学問のため、社会国家のために働き抜くことを決定したのである。

職域活動からお礼奉公へ

第三項は第二項の発展であり、さらにこれを徹底化したものである。すなわち、この十年間は、地位も、名誉も、財産も求めない完全な奉仕生活だ。ふつつかな人生計画ながら、もしそれが曲がりなりにも貫徹できたならば、これは決して私一個の努力によるというものではなく、取りも直さず、国家社会の恩恵にあずかった証拠であるから、極力それらの恩に報いんと誓ったわけである。

さて、孔子のいわゆる「朝《あした》に道を聞くを得ば夕《ゆうべ》に死すとも可なり」で、私はこの人生計画の中道に倒るるとも、倒れる直前までその道を踏み外していなかったら、それで潔《いさぎよ》しとする――と、こういう覚悟の自分ではあったが、幸いにも第三項の完遂をみることになったら、そのときこそは、悠々自適の余生生活を晴耕雨読の中に送ろう、この程度のゼイタクは、いかになんでも、それ以前の懸命の努力に免じてゆるしてもらえるであろうと考えた。これが第四項の計画目標である。

いや、晴耕雨読、これも決してゼイタクではない。七十歳過ぎた老人には、最もふさわしい御奉公である。これによって得たものが、ある程度おのれを資し、さらに他者後進にも資するところがあれば、それも立派なお役に立つというものだ。とくに山紫水明の温泉郷に隠棲の地を選んだのは、もしできればの希望を多分に含んだもので、私が十六歳の初夏、恩師（島村泰先生）のお供をして日光湯本におもむいたときの幸福感が染み込んでいたのと、抵抗力の減じゆく老人には、そうした場所が最適であろうと考えての意味合いであった。とにかく、この第四項が、当時の私にとって、人生計画の最終点として夢みられたものである。

さらに第五項において定めた、広く万巻の書を読むこと、遠く万里の道を往くことも、少年時代米搗きをしながら覚えた古い文句である。学究としての生涯を送る上の日常的な心構えを端的に述べたものに過ぎないが、前四項までが主として物的な生活面と社会的な活動面を規定したのに対して、これはいささか本多個人の理想の姿をえがきあらわしたものであるといえよう。

めでたしめでたしの終結

さて、これらの計画は、さらにそれぞれ具体的な実行案が立てられ、断乎死守の決意をもって出発された。そうして、そのいずれもは、予定通り、もしくは予定以上の成果を収め得たのである。少なくとも自分自身ではさよう満足感を抱《いだ》いている。

現に私は、この予定表になかった八十歳以上にまで健康体をもちこし、従来のままの予定計画では、社会情勢の変化や、また自らの環境変化も加わり、とうとうそれが間に合わなくなったところまできてしまったのである。そこで、その後さらに改訂に改訂を行い、新しく「人生計画」の決定版というべきものをこしらえ上げ直したのである。(その新計画に対して、便宜上この第一次計画を、私の旧「人生計画」と呼ばさせてもらうことにする)

ところで、その旧計画実行についての実際であるが、正直をいうと、ときにいささかの迷いもあり、過怠もあって、せっかくの計画にゆるぎの出そうなこともあった。

しかし、幸い私も、中道において倒れることもなく、またイヤになって投げ出すこともなく、ついに、七十歳以上、晴耕雨読の第四期時代にまで到達するに至った。あるものは予想以上に、またあるものは多少の遺憾を残して、ともかく一応の完遂をとげたのである。

しかも、なおなお余生があり、旧「人生計画」には予定しなかった八十、九十の追加計画をも樹てなければならなくなったのだから、私の第一次人生計画も、まずはメデタシメデタシというところだったろう。

こうした約五十年にわたる、私の旧「人生計画」実践の過程に、さて、どのような困難が伴い、どのような誘惑や批難やが待ち受けていたか、またどのようにそれを切り抜けてきたかは、すでに前著**『私の財産告白』**と**『私の生活流儀』**でくわしく述べてきたところで、これをいちいちここに繰り返すことは、私としてもできるだけ避けたいし、読者諸君としてもまた迷惑千万であろうと考えるから、一切はこの両書にゆずって、本書にはわざとこれを割愛することにする。しかも、この実践経過を知ることは、私の「人生計画」を了解するためにきわめて重要なことであるから、未読の方々には、ぜひ一応お目通しおきくださることを切望する。（いずれも実業之日本社発行）

三、理想はさらに理想を生む

目的達成の悲哀

前述のように、私の第一次「人生計画」は、幸いどうにか満足の得られる実を結んだ。そうして、山紫水明の温泉郷にといった、理想的な晴耕雨読の地も、伊東市鎌田の歓光荘にこれを得ることができて、昭和十七年いよいよ、七十七歳でこの地に移り住んだ。

しかし、実をいうと、いよいよ人生計画の最終段階に達して、感謝と満足に明け暮れる生活であるはずなのに、移住当時の私には、ときとして仄《ほの》かに脳裡をかすめる充ち足りなさに、われながらふと驚かされることがあった。いったい私はなんに不満を感じていたのだろうか。あえて心にとめなければ、それは見逃してしまうほどかすかなものではあったが、私には何かしら深く考えさせられるものがあったのである。

古人も、「理想は結局理想であって、決して実現さるべきものではない。すなわち、実現すればもはや理想も現実だ。したがって、その現実の上にさらに新たなる理想が築き上げられなければならぬ」という意味のことをいっているが、まことに理想には終点がない。若い時代に抱いた理想も、いよいよそれが実現されたとなると、その目的達成の現実の上に、もう次の理想が生まれてくる。人間の本性として、常に現実には満足し切れなくなるのだ。いわゆる勝利の悲哀ともいうものであろうか。

二十五歳で樹てた人生計画を、苦闘五十年の努力で、いよいよこれを現実化した七十翁の私をして、驚きにも似た一抹の淋しさを感じさせたものは、果たしてこれではなかったか。

私は、その物足りない淋しさをそのままにして、しばらくはその本体を見極めようともしなかった。不平不満のあるべき生活ではなかったし、永い間の宿願の達せられた生活でもあったのだから、物淋しいと感ずるのは、ただ老境に入っての心の衰えを来《きた》したせいであろうと軽く考えていた。しかし、そのうちに、判然とした形態において、幾多の疑惑が去来するようになった。過去に対する疑惑もあれば、そのときの在り方についての疑惑もあった。しかも、疑惑は疑惑を生み、枝から枝が出るように、多岐多様にわたっていった。

われ誤《あやま》てり？

まず私が、最初に行き当たったものは、私と同じような生活をしている人のすべてが、同じように抱くであろうところの疑惑であった。すなわち、私の現在の生活は自給自足であるとはいえ、自分一人のみがこのように安楽な生活を営むことが、果たして正しいものであるかどうか、これは間違っていやしないか、という疑いである。

私の老後生活は、それこそ完全な自給自足で、だれからもなんらの助けをかりていない。少なくとも社会に対して大きな迷惑をかけていないつもりである。だから、実は自得の上に、他人にまで勧奨したいと思っていたほどであるが、さて社会の邪魔立てをしないということだけでいいものか。もちろん、これは恥ずべきことではない。しかし、そこには、社会進歩に貢献しようという積極的意欲が少しもない。

かつて「人生計画」をたてたときには、七十歳まで徹頭徹尾努力をつづければ、あとはもう勝手気ままな安楽生活を送ってもよいと考えたのであるが、いまその七十歳過ぎになってみて、ただ老人たるのゆえをもって、世間にかまわず自分だけが安楽生活を営むことがゆるされるかどうか。とにかく、私は七十歳に達したとき、これで一応人生のオツトメは終わったように解したのであるが、いまにして思えば、ちと早まり過ぎたような感がしないでもなかった。これは恐ろしい錯誤だったとも考えたりした。

人生には人生の任務が終わるということがあるはずはない。先哲先賢は、臨終の朝《あした》までいずれも道を極めることを怠らなかった。つとめつとめて、わが道の足らざることを恐れた。それだのに、未熟もはなはだしい自分ごときが、七十歳で一応任務をつとめ果たしたように考えるのは、僭越でもあり、また軽率でもある。まさしく人生への冒涜《ぼうとく》である。ああ、われ大いに誤てりの感が、ここでむくむくと湧き起こったのである。

すべては向上への過程

人生は、生ある限り、これすべて、向上への過程でなくてはならない。社会奉仕への努力でなくてはならない。もし老人のゆえをもって、安穏怠惰な生活を送ろうとするならば、それは取りも直さず人生の退歩を意味するものでなければならぬ。

老人も働くに堪えないほど衰弱した人ならばそれもゆるされよう。やむを得ない話だ。しかし、私の場合、どうみても働くに堪えないとの逃口上《にげこうじょう》はなんとしてもできなかった。一般の老衰者の場合と事情がちがう。

当時の私は八十歳近くであったが、アタマもカラダも少しも衰えたという自意識はなかった。かえりみて、六十歳前後の頃と少しも変わらない。念のために受けてみた東大医学部での健康診断でも、なんらの持病もなく、異状も認められない。十分な健康体であるとの折紙をつけられたほどである。その私が、いま、老人の名にかくれて、安楽怠惰な生活を一人でたのしんでいていものであろうか。どう考えてもゆるしがたいことでなければならぬ。いわんや、「人生即努力、努力即幸福」なる人生観に到達して、自らもそれを確信し、他にもそう教えてきた身として、これはどうやら矛盾もはなはだしいものである。

こうして、私自身の生活に向けられた私自身の疑問に応えて、消滅し去った旧「人生計画」に代えて、新しい第二の「人生計画」を樹立する必要を痛感するに至ったのである。

わが生活態度の反省

第二に起きた疑問は、私の過去の「人生計画」に向けられたものであった。

先の疑問が私の現在の生活に対して投げかけられたものであったが、これはさらに過去にさかのぼって、いままで実行してきた人生計画への反省でもある。

いったい私の旧「人生計画」は、果たして間違っていなかったかどうか。古くさい明治初年の

――いわば文明開化の自由資本主義時代にたてた「人生計画」であってみれば、もはや多分に時代遅れの唾棄《だき》すべきものになっておりはしまいか。これを曲がりなりに実践してきて、能事終われりとするに、過ちがありはしまいか。この疑問は第一の疑問よりさらに根本的なものといえよう。この疑問がもし全面的に肯定された場合には、私はついに人生の支柱を失ってしまうことにならなければならない。

しかし、われとわがこの疑問に答えるべき、ある程度の自信はもっていた。実行に伴う体験は必ずしも無意義、無力なものではなかった。

なるほど、私が旧「人生計画」をたてた当時からみると、時代はいろいろと変転した。文化の向上もあり、文明の利器も続々と生まれた。けれども、思想的、精神的にはどれだけの進歩があったろうか。そいつはおいそれとは認められない。動揺常《つね》なく、ときには左翼が幅をきかすともえば、右翼もまた鳴りをしずめてもいなかった。右し、左し、ついには旋風のごときファッシズムがわが国を支配するに至った。そうして、このたびの戦敗によってファッシズムが解体せられるや、いわゆる民主主義の奔流は、たちまち国の隅々にまで滲透し始めた。しかも、その帰趨するところは定かではない。

時代進歩への考察

つまり、この新しいデモクラシー（民主主義）も、歴史は繰り返す、明治初代の繰り返しに過ぎない。ヤッサモッサ、もみにもんで、結局は同じところに踏みとどまっているに過ぎない。五、六十年間の時の経過も、民主主義は民主主義たることに変わりないのであるから、私のかつて樹てた「人生計画」も、その骨髄においては立派に生きており、立派に今日の役に立ち得ると考える。

しかし、現在の戦敗復興の日本の立場は、かつての躍進日本の立場とはすこぶる異なっている。したがって、私が自分の「人生計画」を後進の若い人々にすすめるにも、新時代意識の下に、旧「人生計画」を分解し、新しくそれを組み立て直さなければならない。もっと新時代的に、もっと新科学的に、もっと積極的意欲を盛り上げた構想において、根本的に新「人生計画」を勘案しなければならない。大いなる疑惑の発生に対し、自問自解の結果、私はこう痛感し、こう結論づけることとなった。

年齢上の大番狂わせ

なお、私が新「人生計画」を第二次的に決定した重大原因として、もう一つ年齢のことを挙げなければならない。

私の若い頃の予想では、七十歳以上生き伸びることについて、必ずしも自信は持てなかった。もし幸いに七十以上に生きられたら、こういう生活に入りたいものだと、いわゆる希望的観測を加えての人生計画が、旧「人生計画」の第四項目となってあらわされたのだった。しかし、ここに、実際に七十を越え、八十に達してみると、今後まだ二十年や三十年は生きられそうな気持が萌《きざ》し始めた。つまり、隴《ろう》を得て蜀《しょく》を望む寿命欲が出てきたのである。生きようと思えば生きられるという自信、生きなければならぬという覚悟、また生きたいものだという努力は、少なくともその希望するところに、自然と近からしめるであろう。それがまた最上の健康長寿法でもあるのだと気付いた。

そこで私は、少なくとも今後二十年以上、希《ねが》わくば百二十まで――できるだけ遠大な理想を盛り込んでの、新「人生計画」をたてねばならない。これは若い頃には全く予想もしなかったところで、いわば大きな番狂わせである。

人間が七十年生きる想定での旧「人生計画」と、百二十年生きる想定での新「人生計画」には、そこにおのずから大差あるべき道理であろう。少なくとも、私としては、旧「人生計画」に欠除された、八十、九十といった新計画の増補を行う必要にせまられたのは当然である。

人生計画における加長年齢の問題は、若い読者諸君にははなはだ突飛に聞こえるかも知れぬが、私にとってははなはだ切実な緊要問題であった。いや、むしろいまだ老年期に入らぬ青壮年に対してこそ、いっそう考慮を要する問題といわなければならぬ。とにかく、私は、私自身の本来的な姿にかえって、真面目に、静かに、それを考えつづけた。そうして、この点からも新しい「人生計画」の必要欠くべからざるを痛感した次第だった。

新「人生計画」の必要

以上もろもろの疑惑と反省とは、ついに私に新しい「人生計画」を創らせることとなった。ようやく衰勢におもむき、やがては枯渇《こかつ》するかにも見えた旧「人生計画」の日常生活からは、再び滾々《こんこん》たる人生の泉が流れいでて、私の新しい新「人生計画」は始まったのである。

私の多年の経験と成果からいって、人間は順調にあればあったで人生計画もたてやすいが、逆境に向かえば向かったで、またいっそう人生計画がたてられ、それが実現に対する勇気をも湧き出させてくるように考えられる。

今日この未曾有の困難な時代に、各人各自に最も適切な「人生計画」を樹てることは、けだし自分のためばかりではない、子孫のため、子弟のため、同志のため、そうして、さらに大きく社会国家のためとさえ思えるのである。しからば、新しい「人生計画」はいかに樹てられるべきかというに、まずいまの新しい科学的人生観の上に、現在の国情と将来の推移とを併せ考察し、しかもできるだけ可能性の限度を高きに求めたものでなければならないのだ。

それには、取りあえず、不出来ではあるが、私は私の新「人生計画」を語り、読者諸君の御参考に供したいと考える。

四、私の第二次「人生計画」

まず目標の樹立

一日の計画をたてるにしても、一年の計画をたてるにしても、その期間になすべきことを予想した上でなされるごとく、人間の一生の人生計画にもまた同様の注意が必要である。それのみならず、人生は一生涯を期間とし、再びやり直しのできないものであるから、その計画に当たっては、ことさら慎重を期さねばならぬ。しかし少年時代までは自力で自分の人生計画をたてるわけにはいかない。いまだおのれの性格もわからず、変転しゆく時世の波の見通しもつかず、独り歩きができない生活であるから、とうてい生涯の計画など思いもよらない。したがって、教練期、すなわち二十歳未満は、計画樹立の準備時代として、師父先輩の意見に従い、だいたいの方針だけで進むほかはない。

しかしながら、この教練期における学校生活は、一つの社会として重要な鍛錬場となるのだ。ここに、われわれは、幾多の級友先輩と、常時切磋琢磨の機会が与えられるのであるが、これ実に、人生行路上における貴重な時期であって、身心両面の錬成により、ガッチリ人間としての基盤を作り上げていくのである。

「人生計画」は、正にこの基盤の上に打ちたてらるべきで、つまり青年期から勤労期に入り、いよいよ自分の職業を決定すべき時に至って、初めて具体的に樹立されなければならぬ。しかし、この頃は夢が多く、ややもすると自分を買い被るから、ぜひとも長上とよく相談する必要がある。適当の長上が見当たらぬ場合は、読書その他によって進むべき方向を感得せねばならぬ。そうして、いよいよ計画を組織するに当たっては、まず自分の性格と、体質と、家庭や境遇に即したものであることもちろんであるが、なおわれわれは時世の波に沿うて、自分が一生涯に到達せんとする確乎たる最高目標を定めることが肝腎である。

いうまでもなく、この目標が自分の実力以上にひどくかけ離れた大計画では、とかく机上の空論になり終わるおそれがあるが、さればとて、あまりに小さ過ぎてもいけない。その程度は、あらかじめ達し得ると推測できる目標に、さらに高遠雄大な理想が多少加味されたものが適当であろう。すでに前々から説いてきたように、計画は向上を意味し、努力を意味するのであるから、目標の中には、われわれの撓《たわ》まざる修業の姿が盛り込まれ、向上発展の企画が含まれねばならぬのである。

目的への最短路

かようにして目標が樹立されたなら、その出発点から目標に向かって、一直線に線を引く。これは完了段階に至るまでの最短路、すなわち、理想的直線行路である。しかし、事実それを実践にうつせば、予定通り直線であるわけにはいくまい。屈曲があり、波瀾があって、自分の踏み行く道は、けだし人跡未踏の茨の道であろう。この道に向かって、全生命を打ち込みながら、あらゆる危難困苦に打ち克って進むのが、人生本来の姿である。

それはそれとしてともかく、目標への一直線を引いたなら、次にはこの直線に対して、各段階を年齢的に区分する。これにはのちほどいろいろに説くような諸要素が中心にならなければならない。かようにしてまず全生涯を大別した上、その全体を、それを構成する要素に分解し、各要素の価値と順序を判断して、しかるのちいよいよこれを総合、そうして最も適当な、かつ有利な時期を考え、各年齢ごとに配列していく。しかし、年齢といい、期間というような計画段階の区分上の基礎的要素は、その人の心身の強弱、性格、生まれつきの貧富、境遇並びに時流の変化に伴って変化するのは前にも述べた通りである。これらの点を考慮に入れつつ、次の人生行路表の、一般的年齢区分を基礎として、新「人生計画」をたてるのである。

人生コースの四分法

人生コースの直線は、まず四分し、教練期、勤労期、奉仕期、楽老期の四つに分ける。そしてさらにこれを八期に細別し、それに至る計画目標及び計画方法を前表のごとくに決定する。

なおここに、この計画目標と計画方法について簡単に述べるならば、満六歳より二十歳までの十五年間は、身心の教練時代として、もっぱら身体と知能の健全なる発育錬成に努め、満二十一歳より六十五歳までの四十五年間は、身のため国のために働く。すなわち、国家社会目的に沿うた科学的勤労道を決定して、人生の活動期として悔いる所なく、最も有効適切な勤労にはげみながら、あらゆる面において老後の準備をする。満六十六歳から八十五歳までの二十年間は、お礼

新人生計画一覧表

期名	年齢	期間年数	計画目標	計画方法
第一、教練期 少年期（教養） 青年期（錬成）	**六―二〇** 六―一五 一六―二〇	**一五** 一〇 五	人間らしく働くための準備	勉学、錬成の徹底化、克乏生活の訓練（従順・学習・錬成）
第二、勤労期 少壮期（働き盛り） 中壮期（分別盛り） 大壮期（知能盛り）	**二一―六五** 二一―三五 三六―五〇 五一―六五	**四五** 一五 一五 一五	身のため国のために働き、名利を蓄積する	勤倹貯蓄、職業の道楽化、成功（職域奉仕・縦横活動）
第三、奉仕期 初老期（お礼奉公時代、感謝時代）	**六六―八五**	**二〇**	名利に超越して、世のため人のため働く	名誉職、世話役、官公吏、人生指導等（奉仕的、円満無碍の活動）
第四、楽老期 中老期（指南時代） 大老期（無為化時代）	**八六―一二〇以上** 八六―一〇五 一〇六―一二〇以上	**三五以上** 二〇 一五以上	働学併進、努力道楽の晩年を楽しむ	晴耕雨読、顧問相談役、身の上相談、遊覧指導旅行等（和顔慈眼、光風霽月）

奉公時代として、全く報酬や名誉に超越し、もっぱら過去の経験と日進の科学知識を生かして、社会国家のため全力を打ち込み、八十六歳以上は晴耕雨読、働学併進の簡素生活を楽しみつつ、かたわら後進の相談や人生指南に当たるというのである。

旧計画と新計画の対照

このように年齢的に計画をたてることは、もっぱら便宜上のことであり、一般的な普通人を基準として作られたものであるから、非凡な天才的素質を持つ人々には、年齢的にみて、数年ないし十数年の伸縮があってもよい。そうして、それら天才人に対しては、今後はとくに国家が最高教育を附与するであろうから、二十五ないし三十歳以上まで大学院等で勉学を続け得られることになるかも知れないし、それにまた、三十ないし四十歳前にすでに勤労に成功して、いち早く奉仕時代に入るものもあろう。さらに八―九十ないし百歳以上まで、お礼奉公として国家社会に重きをなすものも出てくるであろう。しかしこれは少数の人に限られた特殊の場合で、一般人の計画は、どこまでも前表を基本として適切有効に樹てられるべきである。

なおこの人生計画案は、万人に通ずる一理想案であるから、各人はみなその個性に即して、おのが有する才能を推考し、各期間に多少の変更を要するのはもちろんである。生来の虚弱者が八―九十までの活動を予定するのはちょっと無理であろう。いわんや、百歳の人寿は、ただそこに希望を置くという一種の長寿法でしかない。

またたいたいの計画のほか、細部の計画について、最初より楽老期に至るまでを詳細に予定することは、事実上でき難いものである。現に私のごときも、最初の案（旧人生計画）には六十歳まで勤労し、六十以上十年間はお礼奉公、その後は晴耕雨読と決めただけであったが、いよいよ六十になってみると、その先二十年くらいのやや細かな予定表が作りたくなって、八十歳までの計画をたて、さらに八十近くになってみて、八十後の具体計画をたてる必要に迫られたのである。

ゆえに、何人もまず八十くらいまでの詳しい人生計画をたて、八十近くになればさらに二十年先の百歳までぐらいを予定し、細かい計画をたてるというふうに、十年ないし二十年を単位として、次々に人生計画をたてていくのがよいと思う。そうして、私のいわゆる新「人生計画」は、これによって再建され、それによっていま、日に日に新たなる努力生活が営まれているのである。

人事を尽くして天命をまつ

いったい人生の幼少年期には、理屈――すなわち、科学的指導――はわからないから、理屈抜きの宗教的妄信によって善行にみちびくほかはない。次いで、少青年期に入ると、科学を学び始めるから、科学知識の進歩と共に、幼少年時代の妄信をすてて、漸次科学的指導にすすみ得るのである。そうして、壮年時代には、全く妄信から脱却して、もっぱら科学知識によって人生の営みを行うようになる。

ところが、それがいよいよ老年期になると、科学知識を乗り超えて科学霊感の知識に到達する。これは青壮年時代の科学的原理と、永年にわたる体験との上に立つ、いわゆる「勘《かん》」の世界というものである。老人はこの科学的霊感によって、自らの晩年生活を営むと共に、後進をもいろいろと指導する。これが老人の老人らしい特徴で、世俗にいう、亀の甲より年の功の、その年の功なのだ。

年の功といえば、人生にとって体験ほど尊いものはない。体験はすべての知識、学問、考察にまさる人生の収穫である。生きた知識、生きた学問、それがすなわち体験なのである。老人が老人としてもし他に誇るべきものをもつとすれば、それは長年の間、いわゆるムダメシを食ってきてはいない体験の豊富さである。老人の最も有意義な生き方は、その体験を自分自身にはもちろん、それに乏しい後進者のためにもできるだけよく生かして使うことであろう。

そこで私は、人生各時代の指導法を、右の原則的な特質にのっとり、それに適応するよう、第一次計画（旧人生計画）達成と共に、一切を振り出しへ戻して、半ばは自己において実行するため、半ばは他者に説き示すため、右の新「人生計画」表を勘案したのである。そうして、私自らは奉公期の延長から正に楽老期に入らんとしつつあるのである。

しかも、その楽老期の長さの如何《いかん》は、一に全く、天帝の思召《おぼしめし》にまかせ切って、日々を感謝と希望に送るのみである。

人生計画の立て方・進め方

一、実際に即した立案と実行

人生計画と生活環境

すぐれた建築設計が、地位地形やその他の特殊事情を十分考慮した上で作られなければならぬと同様に、人生計画もまた、各自の生活環境、時勢の推移、自己の実力等をよく勘案して決定されなければならぬのはいうまでもなかろう。

いかに立派な人生計画でも、実現不可能のものでは、所詮あってなきに等しい。空中の楼閣、絵に描かれた餅でしかない。実現可能性のあることが、絶対第一条件だ。細心な現実的の注意と共に、遠大なる理想を仰ぎつつ、しかも自分の実力に即して立てられたものこそ、真に賢明なる人生計画といえよう。

そこで、新しく人生計画を立てようとする人のために、念のために、まずそれに最も必要な五要素といったものを申し述べておきたい。

一、正しき科学的人生観に徹すること。

二、どこまでも明るい希望を持つこと。

三、なるべく遠大な計画をたてること。高遠雄大な希望を抱いて前途の大方針を仰ぎ、伏して心を静め、自身の足下を見つめて、現在の実力、境遇に応じ、順次下方より確実な一歩一歩を真面目に築き上げていくこと。
四、人生計画は、焦らず、休まず、怠らず、日に新たなる努力精進をもって、終局において必ず大成するよう、拙速、僥倖、場当たり、投機等の危険をいささかも含めぬこと。
五、人間は所詮「時代の児」であるから、計画も努めて科学的の進歩と社会発展の線に沿わしめること。

要するに、われわれは、自己の実力と、才能と、そして健康と境遇とを参酌して、時世に最も適した人生計画をたてていかねばならぬのである。

二十年一期の刻み方

繰り返していうが、この「人生計画」は、あくまでも普遍的な大方針の決定であって、いわば人生建築の青写真の作製に過ぎない。理想勘案の範囲内にとどまって、巨細《こさい》な建具造作の類までは行きとどいていない。そこで、つづいてはこの大方針の肉付け、すなわち、理想の計画をめざして、各段階を乗り越えていく実践計画の設定が必要とされてくる。

さきの計画が理想的総括的であるのに比べ、これは現実的分析的で、常に実践とのつながりをもち、自己の能力と性格が汲みとられ、社会環境にそう具体計画となってこそ初めて意義をもつ。そうして、一定区画の精密な細分が行われなければならない。

ところで、それを解くには、時間的、年齢的観念による区分が最もよろしいようである。すなわち、向後の十年、二十年を大観した上で、これを一期とみるのがいい。私は自分の体験から二十年を一期とみなした。そうして、これを前後十年宛の二期に分かち、さらにそれを二半分して、まず五年間の具体計画を立てたのである。つまりは、二十年の後期四分の三はいずれも大綱にとどめて差し支えないのであるが、差し当たっての五年間は詳細にその実行計画を立ててかかるのである。しかも、この五年間が、さらに各年別に分けられてくると、その諸項目はどうしても具体的ならざるを得なくなろう。そうして、一年の計は元旦にありで、各年初ごとにそれぞれ卓上日記の初めにでも整然と列記できる事柄のみとなってくるのである。

さて、二十年、前後期十年宛、そのまた半分の五年、いよいよ細かく一ヵ年ごとの計画に移るのであるが、ここまでくれば、もはやだれにも立案し計画できないということはない。ちょっとした日記のはし、懐中手帖の余白にでも書きつけられて事が足る。しかし、私はこれを次のように実行してきたのである。

私は、私の予定計画記載に当たって、それぞれの重要性、論理的なつながりを考え、ついで季節の変化による能率の限度をも参酌しながら、各月の行事に分析配列していく。そうして、最後は、月々の実行案が日々の予定欄に按配されることによって、あとはもう、実践するばかりに完全するのである。

そして、日ごとに考量される仕事の力量は、各人の能力や健康より判断し、自分の力量より少し高く見積ったものがよろしいと考え、そのようにつとめてきた。しかも、それは、あくまでも弾力性があるもので、実際的可能性の限度を越えぬことが大切である。私の場合、その結果ははなはだ満足すべきものであった。

凡人も非凡なことができる

かように、諸条件を難しく考慮に入れ、いくつもの分類をしていくことは、一見煩《うるさ》いようであっても、目的完遂を希求する熱心誠意をもってすれば、なんでもないものである。

一日―一月―一年―五年―十年―二十年―それ以上、という実行予定が一度体系づけられてしまえば、もはや軌道を走る汽車と同じで、ただ情熱と努力の原動力さえあれば、その進路を踏み外す憂いもなく、その進度はいかなるときでもよくわかる。そうして、日々のその予定を実践しつづけることにより、間違いなく目的の彼岸に到達し得られるとの予想は、日常生活をこのうえなく張り合いのあるものともするし、うるおいに満ちたものにもする。

もちろん、最初はかなり意識的な努力を必要とする。しかし、それが着実に実行されていくとき、いよいよ自信も生まれ、新たなる工夫も積まれ、計画の遂行それ自体が面白くてならなくなってくるのである。

日々の小さな成果、それは一年と積まれ、五年、十年と積み重ねられて、やがては自分の最善の知能と努力を完全な計画遂行にみちびいていく。偉人傑士の大業にしても、多くは日々、一歩一歩の努力の集積の上に打ち立てられたものであって、そこには、秀吉でも、家康でも、ないしは近代における大実業家諸氏でも、必ず高度な計画性の活用のあったことが見出されるのである。

二、計画実現に望ましい生活態度

処世九則

計画はいかにそれが上出来であっても、計画にとどまるうちは無価値である。人生計画は人生の青写真であるに過ぎない。実践に移して初めて、その価値を生ずるものである。考えたこと、計画したことを、われわれは行うことによって真に知り、真の力を得るのである。いかに小さな、つまらない仕事であろうとも、その一つ一つを完全に成し遂げていくことによって、われわれの自信はそれだけ増し、さらに大きな仕事をする基礎がつちかわれてくるのである。したがって、われわれは人生計画の最小区画である日々の実行を怠ってはならない。そうして、生活的にも、職業的にも、社会的にも、絶えず前進せねばならないのである。しからば、前進しつつ世に処するにはどういう態度をとったらいいであろうか。

私は具体的に要約して、それには次の九則をもって答えたいと思う。

第一　常に心を快活に持すること。

これは基本的な健康要素ともいえよう。人は気の持ち方一つで、陽気にも陰気にもなり、愉快にも悲しくもなるものである。元来、悲しいとか嬉しいとかということは、その主観を通じて各自それぞれに味わう感じ方であって、絶対的なそれではない。いかなる不幸、苦境に遭遇しても、それよりさらに深刻な場合にぶつかったことを考えるならば、まだまだこれで倖せだったと心の平静を取り戻すことができる。世を憂《う》しとみれば、四辺たちまち荒涼寂莫の世界と化し去るけれども、楽しとみれば、どこからともなく歓声嬉語がみちあふれてくるものである。

顔は心の鏡ともいうが、心に喜びがあり、感謝の念があれば、だれしも自然とニコニコ顔の福相となる。釈尊のいわゆる「和顔愛語《わがんあいご》」は、外からかたちつくられずして、内から湧き起こってくるものだ。少青年にして、――壮老年でも同じことだが――常に明るい顔、明るい態度がとれるならば、人からも可愛がられ、引き立てられ、やがては華々しい成功の基となるのである。

私は常住坐《じょうじゅうざ》臥《が》、絶えず愉快に生きるために、毎朝目覚めると、まずきょうも生きていたことを何よりも有難くおもい、忙しければ忙しいほど仕事がたくさんできるとよろこび、日々健康に、日々愉快に働ける自分自身に感謝している。そうして、もし病気でもするようなことがあれば、久し振りで休息の時間を与えられたと感謝しつつ十分休養をとり、全快後の活動に対する準備計画などをもくろんだりする。このように、心の持ちよう一つで、あらゆる苦しい方面、いやな暗い方面を取りすてて、楽しい愉快な方面にのみ心を振り向けることにすれば、だれしも常に快活に面白く働ける。それにはなんらのムリも、ムダもなく、おのずから健康の法にも適《かな》うのである。

ここで大いに注意すべきことは、遠慮や負け惜しみ、極《きま》りがわるいとか、億劫《おっくう》だとかということとが、心を快活にもちつづける上に大禁物だということである。何事も無邪気に、気取らず、てらわず、正直に、知らないこと、迷うことは、すべて率直に問うべき人に問うようにしたい。これが常に向上の基となり、安心の礎となって、何をやるにもテキパキと働き得て、快活な心はいよいよ快活なものとなるのである。

第二　専心その業に励むこと。

これは社会的、経済的、また生活的な成功の要素だ。人が職業を選ぶには、よく自分の体質や性格を考え、師父先輩の意見を尊重斟酌して選ぶべきであるが、一度《ひとたび》これを決した上は、もはや迷わず、疑わず、専心その業に勉励することである。たとえ初めは、自分の性格才能に合わないと思われるような仕事でも、専心打ち込んでかかることによって、いつしか上手にでき、面白く働けるようになってくるものである。その結果、何人もついに、その職業を趣味化し、道楽化し、容易に成功がかち得られるに至るものである。

世の人の成功不成功といった事蹟を調べてみると、だいたいその両者の努力には大差がないにもかかわらず、不成功者はいずれも、いま一息というところで肝腎《かんじん》な打ち込み方が足らない。山登りにたとえてみるならば、八合目、九合目辺りで苦しくなり、いやになり、ついにその登坂《とはん》をあきらめるか、思いかえして他のコースに転じたりするからである。

いかに有為有能な人材でも、一つの仕事に打ち込んで、それを大成せぬ間に、他の仕事に眼を移したり、中途でほうり出したまま、他へ転ずるというようなことでは、精力の分散となって、自然無駄も多く、ついにその初めの一事をだに成功しがたいことになるのである。これに反して、いかに微力不才と思う人であっても、その全力を一つの目的に集中すれば、必ずある程度の成果がかちえられる。したがって、何人も一点に集中、一事に沈潜し、専心その業を励むにおいては成功うたがいない。

ことに少青年時代から、少壮、中壮時代ともなれば、ようやく職業に慣れ、仕事にも習熟して、積極的な興味も次から次へと湧き出してきて、これを面白くてかなわぬまでに道楽化することはいとも容易である。しかもこの場合、自然と本職以外に手を伸ばし、関係を拡げる機会も生じてくるものであるが、それはあくまでも本職本業を完全に果たした上のことで、その余力をもって、比較的本業に関係深い仕事に限る必要がある。この選択を誤って手を拡げ過ぎると、いわゆるアブハチ取らずの妙な結果になってしまう。

人間の能力にはもともと一定の限界がある。その限界をこえて、いくつかの仕事に、名誉とか収入を目的に手を出すと、十分な責任が果せないばかりか、そのいずれをも不成功にみちびくおそれがないでもない。要は努力主義の努力も、まず自己のチカラに相応させてかかることである。

専心その業に励むためには、第一に時間を厳守することから始まらなければならぬ。たとえていうならば、勤務先に定刻または定刻以前に必ず出掛けるようにする。まず九時に始まるところなら、五分ないし十五分は早目に出て、その日の仕事の計画に十分の余裕を与え、退出の時間も同じように五分ないし十五分遅くする。そうして、その日の仕事にチャンと締めくくりをつけ、鉛筆をけずり直し、道具を磨き上げておくとか、ほんの僅かなことでも、明日の仕事に差し支えないように用意をととのえておく。定刻に出勤しなくとも仕事の能率さえ挙げればよいとか、その日の仕事が片付いたから時間前に退出するとか、時間つぶしにぶらぶら遊びをするとかは、いずれも不熱心、不規律を暴露したもので、職業の道楽化にはなかなかもって縁遠いといわなければならぬ。

もともと、仕事を先へ先へと運ぶようにし、用事をあとに残さない習慣を身につけておくことは、仕事を面白く支配し、職業を自分自身のものにしてしまうゆえんであって、仕事に追われ、仕事に支配されるのとは大きなちがいである。

第三　功は人に譲り、責は自ら負うこと。

これは人の長となる者の心得だ。人にはだれにも多少の自惚《うぬぼ》れがあるもので、優秀者というにあらずとも、少壮時代——三十歳から三十五歳頃まで——においては、ややもすれば自己の力を過信し、先輩をしのぎ、同僚を追い越そうとする傾向がある。そこで、そうした傾向のつよい人は、何事にも無理が生じ、先輩にきらわれ、同僚ににくまれ、それが思わざる不利として身にふりかかってくる禍因となる。自惚れもほどほどにはいいものでもあるが、ここまでくると自惚れも困ったものとなる。

実際に、職場での仕事で、自らの功と思えるものでも、よく考えてみると、決して自分一人の力でできたものはほとんどないといってよろしい。先輩の指導にもよるし、また同僚の協力にも負うことが多い。ことに一部一課でまとめ上げたような場合は、それを代表する上長者は決して功を一人占めしてはならない。たとえ自分がすべてを手掛けたものでも、できる限りその功は人に譲り、責だけは自ら引き受けるようにしたい。多数の部下をもって、それを愛するならばなおさらのことだ。総じて何事にも同僚を先に立て、自分はその下にもぐって「縁の下の力持ち」をつとめるように心掛ければ、同僚もそれを認めずにいられないし、先輩も決して見逃しにするようなことはない。そうして、だれしもそういう性格の人と共に計《はか》り、共に仕事をするようにしたいのだから、自然とその人は引ッ張り凧にされ、知らず識らずのうちに、上長者に押し上げられもするし、また上長者としての好評を博することにもなる。

このようにして、おれがおれがの出しゃばりをせず、「縁の下の力持ち」をもって、できるだけ功を人に譲るようにしておくことは、ちょうど勤労効果を貯金しておくようなもので、いつの日にかは必ず元金のほかに利息までついて返ってくる。たとえ直接の対手から返ってこなくとも、別の方面から思わぬときにひょっこり返ってくる。したがって、この勤労貯蓄の多い人ほど成功し、立身出世も早くなってくるわけになる。功を急ぎ、功を誇ることは何人にも大いに戒められなければならぬ。

勤労の結果をただちに受け取ってしまおうとする人は、少しも貯金をしない人と同様に、その日暮らしにつまずきをすると、もうどうにもならないことになる。とうてい大成する望みはおぼつかない。

第四　善を称し悪を問わないこと。

これは社交上最も大切な秘訣である。いかなる悪人でも、その人の何から何まで全部が悪いこともあるまい。それと同時に、いかなる善人でも、その人の何から何まで全部善いこともあるまい。人それぞれに、長所もあれば短所もある。不評判な人にも必ずどこかに良いところ、長じたところがあるにきまっている。その悪いところには対手にならず、その美点長所だけを対手としてつき合えば、何人とも友人になれる。「あいつはいかん」ということはない。まことに「長所と交われば悪友なし」である。

親兄弟や師弟の間柄では、互いにその悪癖欠点を注意し合うことも必要であるが、普通の友人つき合いや一般の社交上においては、あからさまに人の悪いところを忠告したり、欠点を指摘したりする必要はまずまずない。むしろ大いに慎まなければならぬことだ。

それがたとい好意の忠告や指摘であっても、忠告を受けた人の気持ちはよくない。自分の欠点短所に気付くと、だれしも一時は感謝の言葉でこれに応えるけれども、一度自分の欠点を見抜かれたというひけ目を感ずると、いつかはその人をけむたく思い出し、ついには友人としての交わりを絶つに至るものである。したがって、これを避けるためには、対手の悪い点に気付いても知らぬ顔で見すごし、ただその人のよい方面だけ称揚するようにする。そうすれば、自然と自らの欠点にも気付き、人知れずそれを改めることにもつとめるし、またどんな敵意を抱く人でも、自分の長所を褒められて悪い気持ちのするはずもないから、いつしかその敵意も失せ、自らも大いに反省して本当の友人ともなれるのである。

まことに、水清ければ魚棲《す》まずで、人はあまりに潔癖《けっぺき》苛察《かさつ》に過ぎると、その人自身が世に容れられなくなるもので、言葉の送り出し方一つで、口は凶器ともなれば利器ともなる。われわれはつとめて常に人の長所美点を称揚するようにすれば、いたずらに災禍を招くことがないばかりか、人を正し、人を教え、しかも自らの品格をたかめて、他からの信望をも厚くするゆえんともなるのである。

第五　本業に妨げなき好機はいやしくも逸しないこと。

これは積極的活動の方針だ。前にもしばしば述べたように一度定めた職業は、一生それを貫き通す覚悟で突きすすまなければならぬ。しかし、本業一つに沈潜し過ぎていると、自然専門外のこと、本業以外の分野には全く盲目になってしまうおそれがある。それではどうも面白くない。エブリシング・フォア・サムシング（あることにすべてを）であると同時に、サムシング・フォア・エブリシング（すべてのことにあることを）もまた望ましい。そこで、専門以外、本業以外のことについて知る適当な機会があったら、この場合好機を逸せず、できるだけ見聞し、調査し、その要点をしっかり把握しておくのがよろしい。そんなことをやっていては本業がお留守になるという危険があれば、本業を妨げないという限度に立ち返って、その余を捨て去ることの必要はもちろんである。

いうまでもなく、私の専門は「山林」であったが、かつて内務省の煙害調査委員となってセメント工場におもむいた際、私にとっては無関係と思われたセメントを一応研究しておいたところ、あとになって全国山林を視察して歩くうち、その原料土質の豊富と工場立地に適した地域を発見して、ここにセメント工場を建設すれば有望だと、自信をもって実業家にすすめ得たことがある。しかも、それが立派に成功したのだった。また私は、旅行するときにはいつも、尺度の目盛《めも》りをつけたバンドを締め、同じく目盛りのついたステッキをたずさえることにした。そうして、行く先々で、交通機関や、公園設備や、その他の都市計画などをみて、これは新しい、これは珍しいと感じたことは、なんにでも立ち入って調査をすすめ、バンドやステッキで寸法までとって丹念に記録しておく。これが後年、私の風景地問題や、公園、鉄道、ホテル、温泉、その他の観光事業に関係せしめる因となり、また東京市の震災復興に際して後藤新平氏を援け得る絶好資料ともなったのである。

とにかく、あらゆる機会を利用して、ごくおおざっぱでもよいから、各種各様の実際を調べておくと、その生きた知識がやがていろいろな仕事に役立つもので、本人自身もいよいよ各方面に重宝される存在となって、その活動分野も次第に広くなってくるものである。しかし、あくまでも本業第一のことであるから、細部のことはすべて専門家の再調査や実行に任せることにし、二足草鞋《わらじ》のどちらが本職かとうたがわれるようになってしまってはならない。さらに、いかに機会を与えられたからとて、投機事業や賭博行為に手を出すことなどは厳に戒めなければならない。

第六　常に普通収入の四分の一と臨時収入の全部を貯えること。

これは独立生計の基礎を築き、致富への出発となるものであって、何人にも絶対必要な人生計画である。その成果は、人間処世の対外的実勢力ともなり、また最も大きな基盤となるものであるが、これについてはすべてを既刊の拙著『**私の財産告白**』にゆずることにする。

第七　人から受けた恩は必ず返すこと。

これは人生当然のことで、いまさらいうまでもないことであるが、それが実際にはあまり行われていない。行われていないからこそ、受けた恩を返すという人間当然の行為が、また善行美談として世に称せられているのである。大道すたれて仁義あらわるというが、世の中には忘恩の徒が多い。それだけに、このことをとくに挙げなければならないのである。

恩は恩で返せ、断じていわゆる仇《あだ》で返すようなことがあってはならぬ。しかも、その恩に恩をもって報ゆる謝恩は、できる限り早く、そのときどきに行うようにつとめるがよい。たとえそのかたちが軽微なものであっても、その誠意は可及的速やかに表明することにしたい。それで誠意が先方へ通じるのだったら、僅かハガキ一枚でも、電話一本でも、また対手方の玄関に立って謝辞を述べるだけのことでも結構であると思う。

ただ衷心から有難い、どうして報恩しようかと考えていたところで、考えているだけでは先方には通じない。それがかれこれ長びいてしまえば、やはり忘恩の徒と誤解されてしまっても仕方がない。世間には人にさんざ世話になりながら、成功するまで一切の音信《いんしん》を絶ち、立派に成功した上で急におとずれ、その人を驚かせ、謝恩の実もつくそうと考えている英雄主義のものもあるようであるが、それは一つの虚栄にしか過ぎない。

人の世話を惜しまぬ先輩上長者は、何もその本人が大成功して、思わぬときにうんと謝礼してくれることをのぞんではいない。本当の親切心から、あれはああしてやったが、その後どうしているだろう。旨くいっているか知らん、失敗しやしなかったか知らんと、常にいろいろと心配をつづけているものである。そこで、一度世話を受け、恩になった人には、その後の中間報告を怠らず、心配の上にも心配をかけぬ程度に、自分の現状をこまかに知らせるのがよろしい。音信不通の上、突如として驚かせに出るよりは、どれだけそのほうが謝恩になるか知れはしない。

英雄主義や芝居気たっぷりも、決して悪いことではないとしても、もし成功前に報恩の対手に他界されでもしたら、どうして謝恩の道が立とう。いかに悔やんでも追ッ付くものではない。しかも、恩を受けてすぐ謝恩の礼がとれないぐらいの人なら、十年はおろか、何十年たっても報恩のできない人と認めても差し支えないとさえ思われるのである。

「孝行のしたい時分に親はなし」ともいうが、これは必ずしも親孝行に限ったことではない。善事は少し宛でも、早くこれを行うほうがいい。人生はきょうを除いては不確かなもので、一生の一キレが、きょう踏む一歩の中にあることを忘れてはならない。正に善は急げである。

なお、私の乏しい体験をもってしても、人にいろいろな世話を頼み、紹介や斡旋の心配をかけ、依頼の際のみやかましくいってきながら、その結果がすぐどうなって、どの状態にあるかを報告してこないのがすこぶる多い。これなどはのちにその紹介先の人にあったり、斡旋事項の変化にぶつかった際、こちらとしても挨拶や処理の方法がなくて当惑することで、その事後報告だけでも、謝意の一端になることを若い人々にぜひ知っておいていただきたい。

第八　人事を尽くして時節を待つこと。

これは一種の安心立命法である。前述の七条項をいかによく実行しても、何事も時節というものが熟してこなければ、決して予定通りの成功を収めることはできない。

とにかく、少なくとも右の七ヵ条の実行に心掛け、その全力を尽くして事に当たれば、その成果は決して疑いないものであるが、事いまだ成らざるは、時節いまだ来らざることを信じて、さらにいっそうの努力をつづけ、その時節の到来を待つべきである。

しかも、その時節の到来は必至なのだ。

この安心と覚悟がないと、いかに努力だけをしても、そこに大きな焦りが生じてきて、成るべきことも往々にしてついに成らないで終わるようになる。少なくとも焦慮のあまり病気などになってしまう。

実際、いかなる不運、不幸も、不景気も、決してそれが永久的につづくものではない。時計の振り子のごとく、また波の起伏のごとく、やがては元に戻るものである。時が来れば必ず元へ盛り返すものである。したがって、われわれ順調のとき、好都合のとき、得意のときには、一刻の猶予をおかず、大いに活動し、大いに伸びるべきである。その代わり、逆境のとき、思うに任せぬとき、失意のときにはよく耐え、よく忍び、鳴りを鎮めて雌伏すべきである。また雌伏を幸い修養の工夫をし、知識をやしない、英気を加えて、じっと時節の到来を待たなければならぬ。

こういう態度で事にのぞめば、順も可、逆もまた不可ならずで、どちらへ転んでも、実力の発揮と実力の貯蓄時代となる。実力さえおのれにあるならば、風雲到来の暁はいつでもただちに奮起勇進することができる。「事を破る多く得意の時に存す」という語もある通り、「事を成す多く失意の時に在り」といえもするのである。得意に慢心し、好調に軽率に陥るはもとより慎まなければならぬのであるが、失意に喪心し、不調に悲観し切るのもはなはだよろしくない。また順調のときいたずらに左顧右眄《さこうべん》し、用心に過ぎて時機を失するのもいけない。そこはほどほどによく大勢に順応して万遺漏なきを期すべきであろう。

すべての事業は、順境に乗ずるときは労少なくして功多く、逆境においてはいかに焦慮するともその効果はなく、かえって苦痛と失敗を増すぐらいが落ちとなるものである。したがって、むしろ順境のときは積極的に働き、逆境のときは退いてよくこれを忍び、実力を貯えつつ、おもむろに悠々時を待つに限ると思われる。つまりは、「時を見る」のと「時を待つ」のが成功の秘訣で、時を味方に引き入れなければ何事も成就するものではない。耐え忍べ、そうして、時の来援を信じて待て――これが私の最終条項としていいたい人生計画必成のコツである。

世の中には、濡れ手で粟を掴むような旨いことがそうザラにあるわけのものではない。手ッ取り早く成功せんとする人は、また手ッ取り早く失敗する人である。真の成功には速成もなければ裏道もない。あせらず、怠らず、長い道を辛抱強くすすんでいくよりほかはない。大いなる人生の歩みには、乗り遅れを心配しなければならぬようなバスもなければ、また向こうから声を掛けて止めてくれるようなタクシーもないのである。

第九　原則として個人間に金銭貸借を行わぬこと。

もう一つ最後に、世に処する態度として、ぜひ気を付けなければならぬことをつけ加えよう。それは、個人的の金銭貸借をできるだけ避けることだ。つまり、親戚知友間において、一切の金銭貸借を原則として行わないということである。

事業上、銀行その他の正規金融機関から金を借りることは当然で、時と場合によってはそれも絶対必要なことである。しかし、事業上の必要資金といえども、これを親戚知友間の貸借に求めてはならない。一切、貸すな借りるなでいきたい。まして生活的な消費に当てる金はだれからも借りるものでない。またださにも貸すものではない。これを人から与えられるような意気地のないことがあってはならないが、事情の如何によっては、人に貸すことを断っても、与えることは時にやむを得ない場合がある。すなわち、人に金をくれることがあっても、貸すことは絶対に避けたいのである。

これこれの事業をするから資金を出して頂きたいとか、これこれの入り用で貸与を願いたいとか、ある程度経済的独立を完成した人には必ずどこからかの申し込みがある。経済的独立の完成どころか、やっとメドがつくかつかぬに、他人のふところを目当てに、鵜の目鷹の目といった手合いから、虫のいい無心を受けることの多いのに驚く。こんな場合、少しばかりいい顔をしたいばかりに、とんだ馬鹿をみるのが世の中である。しっかり腹をきめて、キッパリ断るべきものを断るのが、自分のためでもあり、また対手のためでもある。下手な金銭貸借は恐ろしい両刃のやいばで、貸す人借りる人の両方を必ず傷つける。

そこで、もしこうした無心を申し込まれた際は、その事情によっては、頼まれた額《たか》になお幾分かの熨斗《のし》をつけて進呈するもよいし、何かを売ってそれだけを作る方法を教えてやってもよい。多くの場合、何も人に頼みにこなくとも、その決心さえあれば、自分自身の思い切り一つでなんとかなるものである。もっとも、そんなところまで強いことをいわなくとも済むものであるが、ともかく、個人間には決して証文をとったり、返却を見込んで融通したりなどはしないことだ。「気の毒は先にやれ」といった古い言葉もあるが、正にその通りで、一度は気拙《きまず》い思いをしても、個人間の貸し借りは思い切って断るのがお互いのためである。シェクスピアの戯曲の中でも、「金を貸すことなかれ、金の貸与は金と共に友までも失ってしまう」と戒めているが、そうした実例は世の中にはなはだ多いものである。これは洋の東西、時代の古今を問わぬ勘定と感情の、二つのカンジョウ問題なのである。

さらにまた、融通する金がなければ、借金の保証に立ってくれと食い下がられる場合がよくある。これはもちろん、金銭貸借と同じにハッキリ断るべきである。またやむを得ずその保証に立つことになった際は、必ず向後何年、金額何円までと、期間と金額に制限をつけてかかる用意がなければならない。私の知友——東大教授で著名な経済学者——で、初めはホンの僅かな借金の保証をしただけであったが、それが回り回って高利貸しの手に渡ったため、ついに一生涯俸給の差し押えを食いつづけて、とんだ気の毒な目にあった人さえある。実際、貸金の戻らぬぐらいはまだいいほうで、借金の保証ほど危険極まるものはない。

　さらに、学会、慈善会、県人会、学校その他各種の団体に対する寄附金などは、すべて即金、または一時金で済ますようにし、年賦あるいは将来の負担で予約を行うべきではない。その金額のごときも、必ず資産（不勤労所得）より生ずる年収の四分の一以内にとどむるがよろしく、職業上または生活上の一種の義務分担でない限り、勤労収入を割くことはできるだけ避けたい。任意の寄附行為で、それも大して意義をもたぬものに、年俸（月給）や未来の不確実な収入まで充《あ》てることは、愚かなる見栄、つまらぬ痩せ我慢といわなければならぬ。単なるおつきあい、単なるお義理でするものであれば、その総額は右に述べた資産収入の四分の一以内でよろしい。それ以上は一種の浪費癖ともみるべきで、それほどの公共心があるならば、いっそう大まとめにまとめて、一時に投げ出すほうが生きて働くものである。この寄附金に対するけじめもまた金銭貸借のけじめと同様に、処世上の大きな肚の決めどころである。

　人間は人からケチといわれたくないと思うために、どれだけ多く本当のケチに陥らざるを得ない状態に追い込まれているであろうか。それを思えば、本当のケチに陥らないための、最初の小さいケチは、むしろ自信をもってこれを断行するに越したことはないのである。

ここで私の実行してきたことを一つ申し添えれば、各種の会や団体に加入する際、年々の会費を分納することなしに、十倍、二十倍に相当する一時金を納入して、いつも終身会員の資格を得るようにつとめてきた。これはそれだけの金が出せなければ入会しないのだから、よくよくつまらぬ会に入らぬことにもなるし、いったん入った以上はその会のために身を入れて有利有益な活動もできるからである。さらにまた年功を積み、長生するに従って、その関係する方面も拡げられるのであるから、後腹《あとばら》が痛まぬように、その都度決着をつけておけば、次に入らねばならぬ会にも気安く入れるし、事実年々または月々の会費納入は、自他共に煩に堪えなくなるおそれがあり、それをできるだけ避けようとも考えたためである。

三、学校の選び方と進み方

進学指導は小学時代から

少年期の初め（六歳）からその終わり（十五歳）までの生活は、もっぱら師父または先輩の指導にまつものが多い。なかんずく、小学校六ヵ年間の修学は申すに及ばず、いかなる子弟も、さらに中学校の三ヵ年を、その義務として通わなければならぬ。したがって、一見何も問題は起こらぬようであるが、すでにその学業に、性格に、次の段階に進むべき萌芽がはぐくまれつつあり、将来どの方面に身を立てるかの岐路にあって、彼らの特質を見きわめ、その進路を選定しなければならぬ父兄、教師、先輩の責任は重かつ大である。ことに中学に入ってからは、一種の職業指導を兼ねて将来のことをよく考えてやらねばならぬ。

少青年は情熱に富み、伸びんとする力は強いが、過去の経験にとぼしいため、自然思慮も浅く、迷妄に陥りやすい。したがって、私は多年次のような標準によってこれを指導してきたのであるが、その結果はきわめて良好であった。

（一）小学校六年間の在学中、初めの四年間はともかく、終わりの二年間を引きつづき首席を占め、次席との間に格段の差をみせる児童は、いわゆる天才的な閃《ひらめ》きをもつ優秀者とみとめ、生家の貧富、職業の如何にかかわらず、高等学校から大学への進路を考慮すべきである。それらの秀才に対して、日本育英会その他の公的奨学機関もあり、ぜひともそれらの利用をはかることにするがよい。なお親戚の有力者、篤志家の援助を仰ぐという手もあるが、できることならそうした個人的援助は避けて、しかるべき国家的もしくは公的機関に頼るほうが好ましい。将来はいっそうこの種の設備機構も完全するであろうから、秀才者並びにその父兄は遠慮なくその利用を考えることにしたい。何百人に一人、何千人に一人という優秀児童は、国家社会の大切な宝でもあるので、単なる父兄や家庭の都合のみでその進学向上の途をはばむべきではない。

(二) 右に述べた場合のほか、普通の成績にある児童も、もしその実力と家庭の事情で、高等学校から大学まで行ける者は、その欲するまま、能うままに進学するのも結構だ。しかし、私はだれも彼も無理やりに、また無自覚に、人も行くから自分も行くというように、ただ漫然と大学まで行くことには賛成しない。できるだけ速やかに、またできるだけ的確に、その子弟に適した職業にすすみ得るよう、その個性と特技に応じた実業課程を選定すべきであると考える。

秀才の場合・凡才の場合

ところが、終戦後の学制改革は、その最も適当とみられた実業学校を廃し、三年制の高等学校に併合もしくは併科してしまったので、その職業教育はすこぶる不完全なものとなった。これに関する限り、私はむしろ改悪だったとみ、はなはだ残念に思っている。いずれ近き将来に再び学制改革も断行されるであろうが、それまでは差し当たり現行の高等学校へ行くほかはない。それも私は、できる限り商業高等、工業高等、その他農業、水産、鉄道等、職業教育の特色をもった所を選びたい。そうして、大学へ進むにしても、医学、薬学、理工学等以外は、二ヵ年で終わる短期大でよろしいと思う。これまた、いずれ年限その他の考慮があって、元の専門学校化する時代も必ずあるものと信ずるので、ズバ抜けた秀才以外は、実業学校（旧制に復すとして）以上にすすむとしても、非実用的な大学よりも専門的短大（専門学校）を選ぶことにしたい。それ以後の勉強は実地に当たりながらのものがかえって本当の効果がある。

実際において、今日の高等学校普通科では、職業的ななんらの素地は養われない。中途退学でもすればますます使いものにならぬ。したがって、ただこれだけでは適当な職が得られないのみか、たとえ得られたとしても、一定期間ははなはだ大きなムダがあり、本人もまた、苦しまなければならぬ。仕方がないので、本人の実力や家庭の経済事情を無視して、ムリに大学へでもすすむほかはなくなるであろうが、その効果はいよいよ芳《かんば》しくない。いたずらに齢を加えた平々凡々の職場人を作るだけで、国家社会の損失も大きい。したがって、私は特別な優秀者以外は、中学（現行）卒業以降は、いかなる手段方法でもよろしい、ともかく、一日も速やかに就職への近道を考えるのが一番よろしいと力説する。この際、高等学校の進学を選べば、前記の方針によって実業高校を採るべきである。

さて、実業高校卒業の際、とくに優秀性を発揮するもの（順位は百人中一―五番）にして、なお進学の希望あるものは大学へ、大学以後は成績によって大学院まで行かせるのもいい。そうして、実業界への進出を思いとどまって、学者学究として立つのもあえて反対しないところである。

大学へ行く人・行かぬ人

次に、小学、中学（現行についてのみいう）の義務教育を受けたのみで、高等教育を受けなかった普通一般の子弟は、どう指導し、どう人生計画を樹てしめたらよいであろうか。

一日も速やかなる就職就業へ。――これが昔から変わらぬ私の答えである。商店の小僧に出るもよい。工場の少年工員になるもよい。大工、左官の徒弟となるものもよい。商家、農家、その他としての自家作業に従うのもよい。いずれもそれは一個の職業人となる大切な修練期であって、この期は一刻もムダに徒消せしめてはならない。人間が一五―二十の数年間に習い覚えた職業は、他のいかなる期間に身につけたものより確かなものであって、この間に一所懸命修業を積めば、生じッかな学校教育を受けるよりもはるかに職業上の優位がかち得られる。学校出には食いはぐれも心配されるが、こうした修練者には決して食いはぐれはない。世上往々、中等学校（今日の場合高等学校か）も出ていないので、何をやらせてもダメだと、人もいい、自らも卑下するものもあったが、それらはおそらくこの大切な修練期を、うかつにもブラブラ遊び過ごしてしまったもので、学校へすら
も行かなくて、これを徒消するのは一番よろしくない。実はそうしたことがあってはならないので、しょうことなしに学校へでも行かせる場合がはなはだ多かったのである。

したがって、しっかりしたこの職業修練の機会さえあれば、私は普通人の可及的速やかな職場入りは無条件に賛成するのである。むしろそれを大いに勧奨してやまないのである。いたずらに学校へ学校へというものが多くなることは国家社会のためにもどうかと思われるが、こうしたほう

への一人でも多くなることは一向に差し支えないのである。否この種の人々が多ければ多いほど、またこの種の人々の、職域を通じて倦まず、たゆまぬ総力発揮が行われてこそ、一国の中堅層はいよいよかためられ、国家社会も健実な歩みを歩むことができるものと私は信ずる。

四、自信を植え付ける法

知行一致と硬教育

学ぶということは知るということである。そして、知ることを行うということである。つまり本当の学修は、実践をもって完成される。もともと知行は一致であるべきはずなのに、それが近頃離ればなれになってきてしまったことは、いたましい現代少青年の悲劇といわねばならぬ。いずれにせよ、物事はできるだけ自分自身で考え、判断し、取捨し、適用もしくは適応して生かし、自己をそだて、築き、磨き上げていくことが大切である。しかも、それに最も心掛けなければならぬのは年少時代の教育錬成期である。この時代をうかつに外《はず》してはもう取り返しがつかない。

大地を破って発芽した草木の双葉には、すでに茎葉や花実のすべてが用意されているように、人間の少青年期には、すでに将来発展の基本的要素がすべて包蔵されているはずである。したがって、強大な弾力性もあり、抵抗素もととのっていて、環境適応の活力は全く十分だといえる。そこで、この時代には遠慮なくピシピシ硬教育をほどこし、心身の鍛錬、知行の一致に全力を尽くさねばならない。それにはなんとしても、努力主義による、確乎たる勤労観をここで彼らのものとしておく必要があろう。

少青年は一生のうち最も適応力が強いが、幾多の苦難に耐えれば耐えるほど、その強靭性は増すものである。したがって、この時代の困苦欠乏は意とするに足りない。むしろ、それにブツかればブツかるだけ、それに打ち克つ力が強められてくるのである。ゆえに、だれしも若い頃にはなるべく多くの苦難にあい、なるべく大きな潜在力を養っておくことが大切で、昔から「若い頃の苦労は買ってでもせよ」といわれているのは、全くこの間の消息をつたえたものだといえよう。

精神欲と物質欲

最近の量子学では、電気の波動性と粒子性とは、もと一つのものの現れであることがわかった。これをいわゆる相対性または相補性というのであるが、私はこの原理から人生上の非常に大なる示唆を受けた。すなわち、人間の物質欲も精神欲も、もともと一つの生命欲が両面に現れたものので、つまりは相補の関係に立つということである。難しくいえば、霊肉一元、物心一如の原理なのだ。これにしたがえば、勉強することは——学業でも仕事でも——精神欲の盛んな活動を意味し、それによって物質欲のみたされぬ不足を補う作用が活発に現れる。取りも直さず、これを平《ひら》たい言葉でいってみれば、貧乏と勉強とはその間に相補関係があり、真の勉学には、貧乏生活がむしろ最も適しているということになる。これを裏書きする事実は、いつでも、またいくらでもあるのである。

だから、学修時代の貧乏や困苦は、何人も意とするに足りない。いや、それがかえって離るべからざる関係にあるものとみてよろしい。しかも貧乏生活は幼少年時代から習慣づけることによって、楽々これを克服し得られるようにもなるし、すべての勉強もまた、貧乏時代に励んだ習慣によって、その後も面白く、楽々とつづけられるであろう。
このような意味から、私は、刻苦耐乏の生活と、修学修業の勉強とは相通ずるものであり、できるだけこれを幼少時代から体験し、また体験させ、一生を通じての習慣化、すなわち、第二の天性にまでしたいと切望するのである。

刻苦耐乏と自信

いったい、何事によらず、いかにしたら与えられたる生命力を最高度に燃焼させるかを考え、一事に全身全力を集中して真剣にやる習慣を身につけなければならぬ。一つの仕事がまだ終わらないうちに、他の仕事――または勉学――にうつり、またまたそれを中途で置き去りにして他に手をつけるというようなことは、いたずらに精力を散漫に徒消するばかりで、どの仕事、どの勉学もまとまりがつかぬという結果になる。

もちろん、仕事によって疲労した心身の一部分を休養させ、別な部分を働かせることによって活動の転換をはかるのも必要であるが、それはすでにいくつかの修業を完成した成人期の人たちにとるべき方法であって、少青年の勉学修業法としては決して妥当ではない。

いやしくも教育錬成期にある少青年諸君は、いかなる些少事にもせよ、根気よくその一つ一つを完成させるようにしてかからねばならない。一つの完成は一つの自信を生じ、さらに高次的な完成を生むものであって、この完成の道程には、限りなき自己練磨の進境が開かれてくるのである。

完成は自信を生み、自信はさらに大なる完成を生むことは右に述べた。まことに、自信は心理学上の自己暗示となって潜在し、これがしっかりした自分自身のものとなれば、もはやどんな困難に直面しようともビクともしないことになる。この信念はいつしか生活上のすべてに習慣化されてくる。少青年諸君がもしこの道理を十分わきまえたならば、自らすすんで刻苦耐乏の事例を求め、勇んでこれに取り組み、人生計画に最も大切な努力奮闘の新境地を開拓することもできよう。

登山と人生

古人の多くが、人生を一つの航海に譬《たと》えてきている。私は自分の長い体験から、また山林家であった職業柄から、人生を一つの山登りに譬えたい。実際、両者の間には似通った点がはなはだ多いと思われる。

それゆえ、人生計画の出発点である教練期について、まず山登りの秘訣に託してこれを説くことは、波瀾万丈の人生行路をすすみ行く上に、少青年の読者諸君にとって大いに参考となるところがあろう。

いうまでもなく、一つの山に登る道は、各方面から幾筋もある。富士山でいえば、大宮口あり、御殿場口あり、須走口あり、吉田口ありといったたぐいである。登山者の立場と希望によってその選択は一応自由に任される。そのいずれの道を選ぶにしても、またいずれの道を強制されたにしても、古人が歌ったように、

　分け登る麓の道は多けれど同じ雲居に月をみるかな

で、究極の目標は一つである。

ただ、人生の登高には涯《はて》しがないように、登るべき山は限りなくけわしく、かつ高い。その絶頂を極めるということはすこぶる困難である。したがって、各自が一生を費して登りつめた高さと峻険の度が、一般にはその人生の価値として評価される。一歩登れば一歩の向上があり、二歩登れば二歩だけの喜びが加わる。五合目でやめた人には八合目の眺めはわからず、八合目でやめた人には絶頂に登りつめた喜悦が味わわれないのである。

山登りの教えるところ

そこで、その山登りの秘訣と人生計画の実践とを結び合わせて考えてみると、そこには共通相《そう》似《じ》した多くの教訓を感得することができる。

一　まず、自分の体力と立場、実力と境遇に応じた最も適当なコースを、自分自身でもよく研究調査し、またその道の経験家にも相談して選定することである。

二　一度決定したコースは途中で変更しないこと。

多くの人々は、ちょっとした困難にブツかっても、すぐ易きに就こうと迷うのであるが、途中で変更した道は、往々前よりも難路で、再びもとへ引き返すの愚をなしやすい。たとえば山の途中で道に迷ったような場合、山登りに馴れた人々は、あわてず、心をおちつけて、過ぎ来し方を顧みる。そうして四囲の状況と地図や磁石により、向かうべき方向を静かに判断する。それも必ず既定のコースをたどってである。それがもし不可能に陥ったときには、まず最もたしかと思われる地点まで退《さ》がる。または、杖をころばした先でもなんでもよい、ある一定の方向をめざして突進する。途中いかなる難所があろうとも、断乎邁進をつづける。これははなはだ乱暴なように見えても、実は右し左するよりも安全な法で、いつか必ず正しい道、楽な道に行き合うことができる。それを不馴れな人は、一度定めた方向でも、難所にあうとすぐ引き返し、一つところを、行きつ戻りつ、うろうろしてしまうので、日は暮れ、腹は減り、寒さは加わり、ついには疲労困憊して倒れることになるのである。

人生もまた同様で、いったんこうと決めた進路はどこまでも変えてはならない。生半可《なまはんか》目先の困難を避け、易きに就こうとすれば、かえってより以上の不利と危険に遭遇するであろう。断じて行《おこな》えば、実に鬼神も退く。われわれには、この人生をあるがままに見、避けず、おそれず、それに直面し、それに闘い克っていくよりほかに生きる道はないのだ。そうして、その登高の困難に打ち克ち、一歩また一歩と、前進するところに最大の愉快があるのである。この勇気と努力の堅持こそ人生登高の生命なのである。

三　なるべく軽装をし、不用品を持参せぬこと。

それかといって、必要なものだけはぜひともこれを携行するのが人生である。したがって、必要品と不用品とを前もってよく判別しておくこともきわめて大切であって、身分とか、家柄とかにとらわれ、形式的な複雑さのために、人生のリュック・サックをいたずらに重くするのは愚の至りである。また、それでは、ちょっとした登り坂にもすぐ苦しくなってしまうのであるから、つい楽な横道のほうへ足が向きやすくなり、また思わぬ谷間へ墜落する憂き目にもあうのである。もちろん、食糧も十分用意するに越したことはない。しかし、缶詰や瓶詰など贅沢品をあまりに携行すると、途中で食用する前に棄てたくなってしまう。同じことで、人生の行路もできるだけ簡易単純な生活で出発するに如《し》くはない。

四　急がず、止まず、怠らぬこと。

とくに山馴れぬ人は、初めに急いで登るために、歩調もみだれ、息も切れやすくなる。最初に元気を出し過ぎると、かえって疲れも早く、悪くすると真ッ先に倒れてしまう。

そもそも、山登りに最も適当な速度は、それがいかにのろくとも、まず息切れのしない程度を終始その標準とすべきもので、急げば急ぐだけ、先へ行って休む時間も多くなる。あまりにも度々休むことになれば速歩も漫歩に後れるばかりでなく、疲労のくることも早く、かつ大きい。登山も人生も同じで、牛の歩みのよしおそくとも、倦まず、たゆまざることを第一の心掛けとしなければならぬ。そこに山登りの秘訣があり、人生行路の妙法がある。

五　途中を楽しみながら登ること。

あまり先を急がぬことも、つまりはこのためにも絶対必要であって、これあってこそ、一歩一歩の運びにも意義が生まれ、いかなる高山も余裕綽々《しゃくしゃく》として登ることができるのである。行く手ばかりみて、あまりに無我夢中に先を急ぐと、四辺の美しい景色も眼に入らなければ、足下に咲き乱れた可憐《かれん》な花もわからずに過ぎやすい。がむしゃらな驀進をつづける人には、時としてかたわらにある清冽な泉も見落せば、やさしい声で鳴き交わす小鳥の声も気付かずに過ごしやすい。それではあまりにも味も素ッ気もなくなる。人生はきわめて長い。急いでも急いでも、急ぎ切れぬ旅路であるから、そのときどきの行程を楽しみつつ、いわゆる勉強道楽、職業道楽という奴で、ゆるゆる途中の眺めも観賞して行きたい。かえってまた、そのほうが疲れずに、歩みも大いにはかどるといったものである。

六　食物は腹八分目にとること。

平素でも同じことだが、ことに山登りに腹一杯食うことは禁物である。息切れがするし、疲れも早いし、事実苦しくって登れるものではない。人生またしかり、暖衣飽食は息切れの元で、糖尿病や腎臓病、胃腸病で早死にをする人々の多くは、みな食い過ぎ、飲み過ぎ、ゼイタク生活の結果である。

七　無駄道、寄り道をしないこと。

山登りの注意の一つに、「寄道《よりみち》、側道《わきみち》日が暮れる」というのがある。登山でも人生でも、全く無駄道歩きは禁物である。無駄と余裕とは決して同じではない。余裕には余裕としての立派な目的もあれば効果もある。回り道をしても名高い滝を見るのは余裕であるが、持っても帰れぬ谷百合を折りに叢《くさむら》を分けるのは心ない無駄である。

八　時と場合によっては、急がば回れの必要もある。

山を真直ぐに登っていって、断崖絶壁にぶつかったら、その道の専門家で腕に覚えがあればロック・クライミングをするもよい。だが、普通の者にはそんな無理をすることはない。さっそく、ほかに回り道をして登る法はないかと探してみる。槍の穂のような山頂でない限り、たいていはその横かうしろに、危険なく楽に登れるなだらかな山背があるもので、そのほうへ回るのが安全でかつ早いことになる。人生の諸計画でも、せっかくここまでやりかけてきたのだから、いかなる困難も征服するのだと、石垣に馬を乗り上げるような無茶を試みるのはつまらぬ。その決意、その勇気は常に必要であるが、時と場合によっては、少し落ちついてその勇気を用いる方途を新たに研究してみる必要がある。

九　近道、裏道をしないこと。

近道、裏道には往々難所がある。これを選ぶと人より早いようにも思えるが、こうした難所にかかると、時間的にも、労力的にも損をするばかりか、時として大怪我をする危険がある。人生でも自分の本職本業を、迷わず、疑わず、こつこつすすんでゆくのが何よりも近道で、裏へ回ったり、横道へそれると思わぬ失敗を招くことになる。本業以外の金儲けや投機にうかうか手を出すと、この近道のつもりが、とんだ破滅への近道となるものだ。大いに戒心を要する。

五、職業はどう選ぶか

人生計画の中核問題

さて、次はいよいよ職業選定の問題に入るのだが、職業の選定とその遂行は、人生計画の中核をなすものだ。あるいは、狭い意味での人生計画それ自体であるとみてもいいほどである。個人的にも、社会的にも、職業は生活（人生）の根柢をなすのみでなく、人生（生活）の向上も、文化の進歩も、すべてそれぞれの職業を通じてなされるのである。

人間はすべて、各自にその職業を選んで、社会生活の一部を分担し、国家社会の繁栄をはかっていくために、貴賤を問わず、貧富を論ぜず、共に一生を働き抜いていかねばならない。職業的貢献は人間の生存権利であると共に、また生存義務でもある。

ところが、社会機構は複雑で、人間自体にも差異がある。何職業が何人に適し、何人が何職業に適するかは、にわかにこれを断じがたい。しかも、職業も多く、人もまた多いのであるから、適材適所の職業選択がきわめて困難を加えてきているのである。

試みに、いま、おおざっぱなその職業志向を挙げてみると、学者あり、教育家あり、法律家あり、文芸家あり、美術家あり、医者、記者、公務員、会社員、技術家等々、その種類は千差万別、数限りなくある。しかも、その大部分は、ひろく一般に「実業」と称すべき農林、漁業、商工鉱の産業関係者に属するものであろう。だから私のここにいう職業人生計画は、すべて、虚業ならぬ「実業界への道」ということにもなろうか。医者も実業、弁護士も実業、技術家、公務員、会社員も実業、すべて、真面目に働く生活手段を私は実業と呼びたい。

――ちょっとお断りしておくが、いわゆる政治家を私はここには職業とみない。これはのちにも一言触れることであるが、職業ではなくて、人生計画の一部に考慮さるべき奉仕とみたい。つまり、政治家たることを私は職業外の人生奉仕とするのである。

サラリーマンと非サラリーマン

ついては、その職業志向と性格に関する見方、考え方を少し述べてみよう。

まず、**学者**になろうとする人々は、小、中、高各校、またはそれに相当する時代から、すでに秀抜な成績を示す優等者でなければなるまい。そうして、記憶力、観察力、構成力、推理力、判断力、感覚等をはじめ、とくに数理に長け、想像力に優秀でなければならぬ。これら僅少な優秀群の、しかも大学、大学院と進んだもののみが、権威ある最高研究機関にとどまって、ここに学者たるべき研鑽が遂げられるのである。これに次いで、ほとんど同様の役割をもつものに**教育者**がある。これまた、小、中、高各校時代から行学一般の優秀者たるべきはもちろんであるが、さらに、温厚篤実にして円満なる人格者が要請され、かつあくまでも愛情に富み、情熱をもって献身的に教化誘導に任ずる人々が求められるわけである。また**法律家**となるには、理性的で公平無私、冷静で、批判的であることなどが望まれる。なお**技術家**は学者に準ずる。

文芸家を志す人々には、とくに直覚力、識別力、連想力、記憶力等にすぐれ、綿密なる観察力、豊富なる想像力はこれを欠くことができない。私はさらに若干のユーモア（諧謔、諷刺）をもちたいとおもう。従来いわゆる文学青年という手合いで、単に好きだからとか多少の文才があるというだけからの理由で、この方面に向かい、あたら一生をムダに過ごしてしまったものも少なくない。今後いよいよ文化建設の叫ばれるにつれ、ジャーナリズムと共にこの方面に志す人々も多かろうと思われるが、自己の能力判定を誤算してかからぬよう、くれぐれも注意を要することであろう。

医者になるには、まずそれだけの頭脳と勉学が基本問題となるが、さらに感覚力、判断力、記憶力、並びに手指運動の巧否なども考慮されなければならぬ。仁術と称せられる医に、仁の失われたるや久しい。この道に志すものはすべからく高潔の人士たるべく、平生からの修養にとくに努めねばなるまい。

次はおしなべての公務員、会社銀行員、その他の事務者、いわゆる**サラリーマン**である。これにはもとより、それぞれに向く知識と特技的要素も大切であるが、まず何人も責任感強く、堅実、勤勉で、協調的態度を失わなければまず一人前に勤められよう。規律的にテキパキと事務を処理していくためには、それだけの修練と努力を積めばだれしも一応のところまでは達し得られる。世人の最も多くが、ことに学校卒業生の大部分がこの方面に就職計画を樹てるのはあながち無理でもない。いわゆる世俗的な普通のおつとめである。それだけにまた、この方面に就職する人々には、ただ漫然と入って、漫然とその日――ついにはその一生――を過ごしてしまいやすい危険がある。人生計画はこれらの人々にとって、とくに必要欠くべからざるものとなってくる。

実業家と政治家は?

最後にいわゆる**実業家**であるが、これには狭義の解釈を与えても、全体からみて国民の大部分が入ってしまう。一口にいって、すべての商売、すべての実務活動がこれに属し、農林業(水産、畜産を含む)と商工業(鉱業、通信、交通を含む)の二大別にすることもできよう。社会の発達と科学の向上につれて、この実業的職務内容もいよいよ複雑を加えてきており、その具体的詳述は多岐をきわめてここには尽くし得ない。それだけに、この方面の特技者と特技労働者の需要は急激に増加しつつあり、多数の人々の人生計画、就職計画は、なんとしてもまずこの点を研究調査して樹てられなければならぬ。そうして、この方面に向かうには、すべてが実際的、実務的、いい換えれば利害関係に最も鋭敏なものばかりであるから、とくに旺盛なる職業上の研究心と努力が必要である。戦後国力復興の急速実現が期されつつある今日、生産陣の第一線を承るこれら実業人の責務は大きく、かつその前途にはきわめて広い道が拓かれているといえよう。

次に特殊な存在としての**政治家**がある。これはすでにたびたび述べたように、職業的性格は漸次失われつつあり、私としても現代職業の一類とはみたくないのである。政治家はあくまでも他職業での成功者、または余裕ある人々の奉仕的余業であることが望ましい。上述職業人の円満完成、しかも政治的才幹の抜群なるに及んで、公選によりしかるべき公職者に挙げられるのがまた実情である。民主政治徹底の将来においては、各議会議員、並びに各官庁、都道府県の上級指導者の大部分が、いずれも職業的担当者でなく、公選名誉職となる傾向にあると思われるので、政治家という専門的な職業は絶滅し、漸次他の職業（学者、弁護士、実業家等）中の成功者及び有識経験者がその任に当たることとなろう。この公職者の心得はまた職業者としての心得とは別に説かれなければなるまい。

職業と時勢との交渉

さて、ここにいよいよ勤労期に入る青年諸君は、以上概略挙げ来《きた》った職業中、自分の性格環境に適し、かつその力量を十分発揮できるものは何かと慎重に考えた上、時勢の進展をも合わせ察し、一生を賭すべき最適職業を決定しなければならぬのである。

正に職業の選定こそは、人生の出発点であり、これからが人生計画実践の本舞台となるのだ。かくして、何人もいったん決定した職業に身をゆだねるからは、それにひたむきな研究と努力を傾注しなければならぬことはいうまでもないが、ここになお注意を怠ってならぬのは、職業と時勢との交渉についてであろう。

日華事変前における一般国民の勤労態度は、多く一身一家のためにのみ働く傾向にあった。学問をするにしても、おのれが立身出世を目当てとし、実業に従事するにしても、すべては一身一家の富をふやすというような、個人的観点の上にあった。その方向はただ、よけいに稼ぐこと、よけい儲けることにかたむく有様にあった。これは一面において仕事に精を出し、能率もあげる結果ともなったのであるが、反面においては時に、目的のためには手段をえらばぬといった弊風にも陥りやすかった。

さらに、太平洋戦争に突入してからは、すべてがいわゆる戦力増強の一点にのみ向けられ、国民はただ馬車馬のごとく戦争目的にかり立てられた。したがって、職業選択の自由は極度に制限され、すでにある一定コースをすすみおるものに対してすら、企業整備と徴用の名の下に、その強制的転換が要求せられた。先祖伝来の家業までをここに失ったものの数はすこぶる多い。職業上の個人計画はもともと樹てよう手段《てだて》もなく、一寸先は闇にも等しい時代ともなった。

しかし、いまや局面は一転し、民主主義政治の下、国民こぞって、産業復興、文化建設に向かって邁進し、各人各自職業選択も全く自由となった。少なくとも他から強制を受け国家から命令されるものが一つもなくなった。見方によっては、現下の青年諸君こそ最もめぐまれたる人生計画の自由性をもつものといわなければならぬ。

このように、一般に職業選択の態度と条件は、その時代時代にしたがって、著しく変動し、また変動せざるを得ない。だが、いずれの時代いずれの職業につくとしても、その選択は最善最適のものであることを要し、いったん就職の上は一心不乱に働くことが最も大切だ。人は学校をもってのみ物を学ぶ機会と考えているが、人生、学校で学び得るぐらいは知れたもの、職業の精進によって初めて本当の人格は磨かれ、広汎的確な生きた知識を獲得することになるのである。学校教育はむしろその準備を行うものであるに過ぎない。人生で得る大部分の修業と体験、それは成功も、失敗も、進取も、反省も、知識も、修練も、すべてはそれぞれの職業を通じて、各自のものとなるのである。世俗にいう「しょうばい」の一語は、いかなる場合も対手を納得させるに足るだけのオーソリチー（権威）をその人に与えるはずのものである。

六、教練期から勤労期へ

一人前になるまで

前に述べたような方向に教育され、錬成されて、教練期を過ぎてきた少青年は、いよいよそれぞれ適材適所な職業の選定をおえて、ここに初めて立派な社会人として立つ資格をそなえる。それは家を建てるに先立って、しっかりした土台がまず築かれたようなもので、今度はその土台の上に、設計通りな家が組み建てられ、造作が加わり、家具調度の類がととのえられるわけである。あとはもう、しっかり肚を決めて、雄々しく、人生を闘い抜くことだけだ。

「十有五にして学に志し、三十にして立つ」といった孔子の真意は、三十歳にして単に職業をもち、独立の生計を営むというのではなく、おそらく人生行路へのあらゆる準備時代をおわって、大抱負の下、「われ立てり」と自覚した場合のことであろう。それが孔子の聖賢をもってしてもなお三十歳であったという。われわれ凡人にして顧みるならば、そうした大自信の上に立つ年齢に達するのがいかに至難であるかがうなずかれよう。したがって少青年諸君が二十歳にしてめざし得るのは、まず「立つこと」の準備ぐらいでなければならぬ。ここまでくればもはや立派な社会人であると私もいったが、「立つ」ことの準備は、まだまだ真の意味で立ち得たことではない。いやしくも「立つ」という以上は、少なくとも次の二条件にかなうことが必要であろう。

すなわち、その一は自力で立つことである。親の財産や心遣いによって立つのではなく、また先輩権門の庇護の下に立つのでもない。その二は、自信をもって立つことである。ガッシリと大地を踏みしめて立った、大磐石のゆるぎもみせぬ立ち方である。しかも、その自立たるや、客観的な価値において万人から認められたものでなければならぬ。ひょろひょろの浮き腰や中腰で立ち上がるのではむろんダメである。

勤労期の人生計画の最初は、いままでにだいたいでき上がった土台をいよいよ踏み固め、どんな大建築にもビクともしない用意をととのえることであろう。

「われ立てり」という地歩

さて、ここに私のいう勤労期（二十一歳―六十五歳）は、教練期の教練をいよいよ活用し、おのおのの職域を通じて、大いに身のため、人のために働き抜く時代である。それと同時に、国家社会より与えられたる名利を蓄積し、人生の歩みを一歩一歩確実に、その計画成功へ持ち運ばねばならないときである。この行程の具体的事項は、だいたい次の五項目に要約することができると思う。

（一）適当なる職業を選定して、専心それに努力精進、可及的速やかにその職業を道楽化すること。

（二）時至れば良妻を迎えて家庭生活に入ること。

（三）一家の経済独立を確立すること。すなわち、勤倹貯蓄によりその余裕的基礎を築き上げ、あくまでも独立生計の可能をはかること。

(四) 職業本位の活動をなしつつ、それが最高度の能率効果達成を期し、ついで老後勇退の諸準備をすすめること。

(五) 生命保険、別途貯蓄、その他の方法により、万一の不幸、災厄、失敗に備えおくこと。

なお、これらの詳細については、以下順次、他の附帯事項をも加えて説きすすめたいと思う。

ところで、ここでいま一つ注意しなければならぬことは、この「われ立てり」とか、「われ立ち得らる」とかいった自信を抱く所まで来たら、既成の人生計画案を再検討して、いよいよ確定的なものに仕上げなければならぬことである。つまりいつまでも因循遅疑《いんじゅんちぎ》して、プランをプランとして眺めるにとどめず、それに実行の方途を定めるようにしたい。あらゆる事情、あらゆる可能性を斟酌して、自己の有する活動力を最高度に発揮させるものに確定したいのである。

さて、ここで確定されたものは、改めての**人生計画決定版**とも称すべきで、ひたむきなその実現がはかられなければならぬ。そうして、今後時勢の変化や環境の推移によって臨機応変な改訂が行われるとしても、根本的な大方針だけは微動だもさせることがあってはならない。各人各自の人生計画こそは、各人各自の最も大切な人生の支柱であって、それをあまりにもしばしば取り替えているようでは、何事も断じて成功するものではない。失敗は必至である。

我等いかに生くべきか

一、生活安定への道

職業の道楽化

さて、いよいよこれからは、勤労期職業人の問題に入るのだが、今後の勤労態度は、単なる個人的利益、功利一点張りの職業観からは、決して完全な成果が生まれてはこない。本当の意味での成功もとうていおぼつかない。あくまでも、それに社会公共の利益と発展に一致したものがなければならないのである。つとめて、各人のわがまま勝手をおさえ、全力を尽くして国家社会の再建進歩のために働くと同時に、その働きによって、ますます各人の研磨精進が行われ、生活的、経済的にもしっかりした地盤が築き上げられていくものであることを要する。そうして、この境地を漸次開拓していくには、なんとしても、私のいつも繰り返しているような、「職業の道楽化」が第一番にめざされてこなければならぬ。

職業の適材適所はだれにものぞまれていることだが、実際において必ずしも、それが初めから達成されるとは限らぬ。人々がいよいよその職業に就く場合、環境その他いろいろな事情のために、自己の性格、才能、好み、生活上の都合などと、一から十まで決して一致するものでもなかろう。時によっては、その大部分に反する、不得手、不慣れな仕事に当面する場合のほうが多かろうと思われる。また幸いにして、自己に適する理想的な職業に就き得たとしても、ただそれだけでは成功はのぞまれない。すべてはその後の努力如何にかかることであって、油断とナマケとはいつの場合でも禁物である。

それと同時に、万一不慣れ不適当な仕事に当面することになっても、これを天職と確信し、これを命運と甘受し、迷わず、疑わず、最善を尽くして努力するならば、初めの間こそ多少の苦痛は伴っても、いつとはなしその仕事に慣れ、自分もそれに適応するようになって、能率も上がり、成績もよくなり、自然とその仕事に趣味も生じてくる。そうして、ついにはそれが面白くてたまらなくなるところまで新局面が展開される。そこまでくればもう立派な「職業の道楽化」が達せられたわけで、この「職業の道楽化」が完成すれば、もはやその仕事に適不適もなければ、利益不利益もない。あとは全く人と職業とが一体化せられて、その大成功は求めずとも必ず向こうからやってくるのである。

古い言葉にも「好きこそ物の上手なれ」といっている。実際何事でも好きになるまで努力すれば、自然それが必ず上手にまでなれるものであって、努力はついにその人を天才にし、名人にまでする。すべて、職業人のことごとくがこの境地に没入することになれば、これこそ正に労働の芸術化ともいうべき理想境の出現であって、日々の一挙手一投足が、芸術家の創作に対する感興にも等しいものとなってこよう。

もとより、職業の種別は多い。ことに分業から分業に派生する傾向にある今日の職業中には、職種の如何によって、この職業の道楽化に、多少の難易遅速のあるはやむを得ない。しかし、熱心は工夫を生む母となり、努力はまた趣味を生ずる父となって、いかなる職業も、これが道楽化をめざして道楽化し得ないものはないであろう。その絶対可能性は、実際に努力し、実際に成功してきた多くの人々の等しくこれを認めるところである。

人生計画の職業選択は、すぐそれにつづいて、何人も必ず職業の道楽化に進展を遂げなければならない。

日常生活の単純化

人生計画における最も主要な問題は、生活の安定を確保することである。就職就業の決定もまたこれに達する一手段であるとみればみられもする。そうして、これを可能に導くためには、その誤りなき選定と道楽化すべき必要を説いたが、さらに現実の生活態度を規正し、それを基底とした経済計画を樹てることが同時に大切である。

まず、その本体をなす生活態度から述べてみよう。

人間の生活様式を発展的に観察してくると、初めはきわめて単純素朴な生活態度から出発し、やがて文化の進展につれて、次第に複雑化してくる傾向にあることがわかる。そうして、その複雑化もある程度の限界を越えてしまえば、徒《いたず》らに繁多となり、煩瑣《はんさ》を極《きわ》め、いつしか生活に対する情熱も消え去って、生命力は枯渇し、堕落滅亡の一途をたどるというのが普通である。

ひるがえって、わが国の太平洋戦争以前における生活はどうであったか。それは、まことに和漢洋さまざまの複雑性が、正にその飽和点に達していたとまでみられよう。しかし、今次の大戦はこれを根柢からくつがえし、わが国本来の姿である単純簡素なる生活様式に還元せしめた。これは結果的にはなはだ喜ぶべき現象であって、われわれは今後ともこれをつづけていくべきであると考える。

だが、それには、過去の文化生活、日常生活を一応科学的に批判し、反省した上で、その中から、正しきもの（真）、可良なるもの（善）、美しきもの（美）の粋を集め、同時に日本固有の単純簡素な生活を基幹として、これを統一淳化していくという態度がのぞましい。もちろん、この原則に反するものは、潔くこの際訣別しなければならぬ。

戦後は民主主義と共に、文化主義、文化生活の声が急にたかまってきたが、われわれ日本人には、それはあくまでも日本的な固有の真・善・美を生かしたものでなければ意味はない。日本人はまず日本人としてよりよく生きることを考えるべきである。

かように、複雑を統一して単純化するところに、当然日常生活の切り詰めが問題になってくるのであるが、これをもって生活程度の低下と誤解速断してはならない。物的方向の節約による簡素化を生活水準の低下と早合点するのは、明らかに物質偏重主義の見解である。いまもし、精神的、道義的な基準からみれば、物質面の切り詰めは、かえって生活の浄化向上でなければならぬと考えられる。

生活日課の合理的設計

人間の思想や行動についても同様なことがいえる。すなわち、高僧や哲人の言動はしばしばはなはだ単純で、平々凡々を極めるがごとく感じられることがあるが、それをよく味得し、検討してみると、実に深遠にして崇高なる真理のふくまれているのに気付く。これは厳《いかめ》しい修業を経て初めて到達し得る境地であり、複雑を超克した単純の極致であるとみなすこともできよう。

さらに歴史的にみても、文化発展の面では、常に集中（単純化）に対して、分化（複雑化）が行われ、そこで初めて一切の文化が総合的に進展するものである。したがって、複雑は単純に至る過程であって、目的ではない。文化生活の本質はあくまでも単純簡素にならねばならない。しかし、単純化がただ生活の切り下げにのみ終わるならば、あるいは生活の萎縮退嬰を来し、その中からなんら発展的な生活力を生み出すことはできまい。それゆえ、簡素生活に志す半面においては、従来閑却されていた精神面物資面両者の生活にいっそうの創意工夫をこらし、計画的にその充実発展を心掛けていくことが肝腎である。

それには、現在各自がもつ、自家の生活能力を最高度に発揮し、生活全面にわたって、あらゆるものを活用する必要があり、時間、労力、思考、物、金等の一切を能率的に動かすことが大切となってくる。すなわち、ここに人生計画の一断面として、生活日課の合理的な設計が、各人各家の実情に応じてなされなければならぬのである。

こうした積極的な衣・食・住その他に対する生活経営の態度は、一切が生産と建設のためにする生活改善を意味し、決して単なる気まぐれや思い付き程度の軽いものであってはならない。私はまず、この方向に進む方法として、生活の基礎根柢をなす経済面にとくに留意し、各人各自の経済設計をしっかり樹立することが最も緊要と考えるものである。

経済計画はまずここから

次にその具体的な生活設計法を説こう。

たとえばここに、二十五歳で二十歳の新妻を娶り、新しく家庭生活に入った人があるとする。やがて一―二年の間に子供が生まれる。爾後産児制限法を善用して、三―四年目ごとに出産するとしても、妻が更年期に達するまでにはだいたい三―六人の子供が生まれるであろう。経済計画はまずこうした想定の上から立てられていくべきである。そうすれば、一家の生計から養育費、学費の算定まで必ずしも難事でなく、万遺憾なき計画が立てられるのである。すなわち、結婚後の七―八年目、父親の三十二、三歳頃からは、子供は順次に小学校に入る。さらに三十八、九歳頃には中学校に進み、四十二、三歳頃になれば高等学校に入り、やがて大学に入るものとして、それに応ずる学資の予算を考えていく。小学校六年、中学校三年、高等学校三年、大学四年、都合十六年間の学資を計算すれば、五人の子供にはだいたい幾十万円と予算が立てられる。女子は従来高女、または女専ぐらいで止めるのが普通であったが、今後は男子と同等の教育を要することになり、しかもその上、嫁入りの費用がかかるので、実は男子以上の入費を要するものと覚悟せねばならぬ。このほか不慮の病気があり、災難がある。これらのための臨時費をも加えた予定総額が経済計画の基本的な数字となる。

これが人生計画の方法と同様に三十年、二十年、十年、五年、一年等と割り当てられ、最後に一年のものが月割として決定されたなら、これを果たしていくために、まず適度な生活の切り盛りが実行に移されていかねばならぬ。このような数字は、人によって異なることもちろんであって、予定費用も実際より多少の余裕を見ておくことを忘れてはならぬ。かつこの方法による成果は、時に従って数字に現れてくるから、実行上の良否も判然とわかり、また改善工夫も伴ってくるから、興味も生まれ張り合いも出てくる。

計画結婚・計画産児

以上の経済計画をきかされて、あるいはそんな大金はとうていできる見込みがないから、しばらく独身生活より仕方がないと、消極的な考えを起こす人があるかも知れない。だが、経済状態は時世と共に変化し、案ずるより生むはやすく、生まれた子供はどうにか必ず育つものであるから、あまりに考え過ぎずに、だいたい新夫婦の働きと資産（もしあれば）により、一家を構えて子供一―二人できても、その養育に差し支えないだけの収入見込みが立つ以上、だれしも速やかに結婚するがよいと思う。万一子供ができ過ぎて生活難になるような場合には、妻のちょっとした注意（なんらの薬も道具も要せず）で、任意に産児を制限することもできるのであるから、子供は一―二人で止めることも、また三―五年おきに任意の間隔で生むこともできよう。それのみでなく今後の教育は、一般普通の子供に対し、初めより実際教育を施し、十八、九歳から独立生活ができるようになり、一方秀才の子供も、国家または社会が支給する育英資金により、大学、大学院までも進学し得るに相違ないから、現在の状況から計算した養育費は、近き将来大いに軽減されるものとみて、あまり取り越し苦労せずに結婚して差し支えないであろう。

いずれにせよ、経済的な準備は、早ければ早いほどやりよく、かつ効果的である。何人も独立した最初から節約をなし、貯金を励行しなければ、とうてい安定の生活に入ることはできない。昔から、一般に人の生活は収入の八割五分ないし八割限度にとどめる。つまり何事も八分目生活となすべしといった見解もあるが、まだまだその程度ではとても完全な経済計画は実現されない。ぜひとも「四分の三」生活、すなわち収入の七割五分以下で生活し、二割五分以上を天引き貯金するほか、賞与、手当、その他の臨時収入全部を貯金する生活——本多式貯金生活——によらねばならぬ。そしてその収入実際額はもっぱら各人それぞれの働きで決まることでもあり、臨時収入のごときは、ことに人により大差を生ずるものであるから、普通の働きのある人で、相当にいけるならば、非凡の働き手にはなお非常な経済力がつくわけである。

本多式貯金法のすすめ

さて、経済計画の根柢となる貯蓄の実行であるが、それには何よりもまず、最も行いやすく、最も効果の多い、私の実践した本多式貯金法をお勧めしたい。

それは、通常収入の四分の一を天引き貯金に、臨時収入は全部貯金にといったしごく簡単なものだ。これでいくと、わずか二—三年で貯金の利子が通常収入に加わってくるので、通常収入は著しく増加し、案外楽に貯金ができ、三—五年の辛抱で、その後はなんの苦もなく容易に四分の一貯金がつづけられ、十年ないし二十年ののちには意外にすばらしいものになるわけである。

もちろん、そこまで来る間、酒、煙草はいうまでもなく、一切の贅沢物や見栄を廃し、できるだけの倹約生活（半搗き米、味噌汁、野菜類とやすい魚介類の常用）で、貯金高の増大を楽しみつつ未来の光明に生きるよう一家気をそろえて努める。しかるときはだれでも十年ないし二十年後には、貯金の利子だけでもかなりな経常収入となってこよう。その上で酒煙草をたしなむなりなんなり、贅沢もある程度差し支えないが、さてそうなると、今度は健康長寿をめざしてくる点から、できるだけ贅沢を抑制するようになるのみならず、それまでの永い節約生活の慣習は、自然ムダをきらい、濫費を慎み、なかなかゼイタクをする気にもなれず、経済計画の実行と健康長寿の方策が期せずして一つのものとなって完全してくるのである。

私が、たびたび本多式貯金生活法の吹聴をしてすすめてくると、あるいは反駁する人があるかも知れない。

「本多の就職時代は、物価が今日の二百分の一くらいだったから、四分の一貯金も容易に実行できたろうが、今日の物価高時代には、俸給の四分の一を貯金するなんて、とてもできない相談である」と。

なるほど、当時一ドルは二円であり、物価はきわめて安かった。そして一ドル三百六十円の今日、物価騰貴の割合に俸給は増加せず、貯金が困難になったのは確かである。だがその反面、各種の手当や賞与は増し、服装交際共に簡素化し、小礼服も大礼服もなくなり、昔ほど俸給生活者の見栄にこだわる必要もなくなって、たしかに暮らしよくなった点もあるのだから、やり方によってはいかに少額の俸給でも、貯金をやろうと決心しさえすれば必ずできるはずで、もしできないという人があるなら、それはその人の努力が足りないからであるといえる。

生活設計と保険の利用法

なおこの本多式貯金と並行に、不慮の病気、その他万一の場合に、家族をして路頭に迷わせないよう**生命保険、傷害保険、失業保険**等をかける心掛けも必要である。もっともこのような方法は、資産のない場合であり、すでに充分資産のできた人には、別にその必要はないともみられる。私は二十五で任官した年に、某生命保険会社に保険金二千円（現在の二―三十万円に当たるか）を二十五年の予定でかけ続けたが、すでにいまより三十余年前にかけ終わり、その後数年ごとの配当が、保険金に加わってくるので、昭和十九年一月には、第九回の百八十円が加えられ、三千八百九十八円に増額されたのである。幸いに私は、この保険金の助けを受ける機会なしに過ごしてきたが、途中で万一のことでもあれば、これが大きな働きをなしたであろうことはいうまでもない。さらに敗戦後のインフレ昂進は、この通貨実質の大下落で大損をこうむることにもなったが、いままでの安心料を差し引いたカスと思えば、この保険もまた決して無意味に終わったとは考えない。これは保険そのものが悪いのではなく、インフレそれ自体が恐るべきものであったことに気付かねばならない。そこで、私は貯金と保険との混用兼用について貯蓄計画を樹てるよう諸君にもおすすめしたい。

以上私は、勤労期の人生計画を主として蓄財という点に関してのみ語ってきた。ここでは、物力が第一義におかれ過ぎているけれども、この蓄財を通してわれわれは色々の蓄積法を学ぶ。力の蓄積、知識体験の蓄積、徳の蓄積等はそれであって、金銭の場合よりもむしろ、この蓄積のほ

世の中には、
濡れ手で粟を掴むような旨いことが
そうザラにあるわけのものではない。
手ッ取り早く成功せんとする人は、
また手ッ取り早く失敗する人である。

東京帝大教授時代（大正中期）

蓄財を通して
われわれは色々の蓄積法を学ぶ。
力の蓄積、知識体験の蓄積、
徳の蓄積等はそれであって、
金銭の場合よりもむしろ、
この蓄積のほうが大切な場合がある。

人は学校をもってのみ
物を学ぶ機会と考えているが、
人生、学校で学び得るぐらいは知れたもの、
職業の精進によって初めて
本当の人格は磨かれ、
広汎的確な生きた知識を
獲得することになるのである。

うが大切な場合がある。だが、金銭を浪費せぬ習慣を作ることによって、人の生命の浪費、生活の浪費を避け、勤行布施の徳をも積み得られるのであるから、つまり、取りも直さず、財の蓄積は、生命力、生活力、人徳の蓄積ともなるのである。このことはだれもが実行してゆく間に、しみじみ味わい得られる境地であろう。

いずれにしても、勤倹貯蓄は人生における万徳の基であるから、人生計画の達成もまずこの門から入らねばならぬことを私はとくに力説しておきたい。世の中には、独立の生計も営めず、したがって、精神的、経済的独立をなし得ないで、しかも天下国家の大事を得々と大言壮語するものもあるが、その生活にこうした独立生計の裏付けがない場合、その言説までがいかに重視されないかを知るならば、この間の消息は実に思い半ばに過ぎるものがあろう。

なお、本多式貯金法の実際については、前著『**私の財産告白**』及び『**私の生活流儀**』に詳細が尽くされているから、何人も一読、ついて参考とせられたい。

二、結婚はどうしたらよいか

恋愛のみちびき方

恋愛は人生の本能であり、しかも人生の花であるから、いたずらにこれを神秘的にせず、常識的に取り扱い、完全に美しくそれを咲かせ、よき実を結ばせ、もって人生の幸福に役立たしめなければならぬ。

恋愛はこれを、たとえば桃の花になぞらえることができる。桃の木には毎年早くから花の蕾ができるが、その蕾も初めは小さく硬いが、その中にはすでに赤い花弁や芯になるものができかけているから、蕾のうちに爪を立てたり破ってみたりすると、その蕾はきずものとなり、落ちたり腐ったりして、決して美しい花よい実はできない。ゆえに桃の蕾は、いたずら盛りの子供の手の届かぬような、高い枝上で大切に育てねばならない。

人間行為の大部分は、必ずしも意識的でなく、かえって多く条件反射的であって、恋愛にはこの反射性が最も強く働くから、いまだ結婚適齢に達せない少青年には、男女別々の生活がもっとも安全である。男女七歳にして席を同じうせずという古語は、いまなお参考とすべき金言である。ただし社会生活の教養上、男女共学といった必要もあるから、私はあえて男女共学を肯定しはするが、共遊を否定する。すなわち、男女一緒に講義や実験を学ぶのはよいが、教室も男女左右に両分し、遊戯場も便所も休息所等も別々にすることにしたい。

とくに少青年時代の恋愛は、いまだ盲目であり、熱しやすく冷めやすいものであるから、必ず父母長上の指導監督を要する。少青年時代の自由恋愛は、必ず失敗の悲劇に終わるものであることを切言しなければならぬ。

恋愛はいよいよ婚約ができて、結婚する前までが幸福の絶頂で、一度結婚して家庭生活にはいれば、神聖な恋愛は俗化して、ややもすると飽満倦怠を覚えるに至るであろうし、やがて子供ができて、夫婦愛、家庭愛にうつることになろう。したがって恋愛の神聖を保つには、かえって結婚前の純愛純情を清く生かすことにあるともいえるのである。

結婚に至る道程

由来、結婚は恋愛の夕暮れとか、それを葬る墓場であるとかいわれているが、実際ながいあいだ、互いに愛情の激発をおさえて、つつましく結婚にすすむ当時が、恋愛の最高潮で、神聖そのものであるといわなければならぬ。したがって、恋愛の神秘も、歓喜も、真剣味も、実は結婚前の純愛純情にあるのであって、結婚及び結婚以後の夫婦生活には望めないと考えられる。結婚はかえって神聖な恋愛を人間的な俗悪な生活にみちびき入れるもので、私は若い男女の人々に向かって、結婚をいそぐよりはむしろ、その結婚に至る道程を、できるだけながく、純潔に、そして「わが青春に悔いなき」歓喜たらしめることをのぞみたい。

しかし、恋愛の目的というか、終局というか、それはあくまでも健全な結婚生活にあるのであって、恋愛の幸福を不幸にして逸することはあっても、結婚生活の幸福を享受し得るならば、恋愛の幸福を得て結婚生活の幸福を失うより、数等倍の幸福であることをよく知らなければならない。

人生は所詮、山中や離れ小島で孤独生活が営めるわけのものではなく、だれしも社会生活、家庭生活をちゃんと営まなければならぬ以上、むしろ人生をあるがままにみて、避けず、おそれず、それに直面しつつ、たえず努力精進、人生の俗悪を浄化し、進化せしむるところに本当の幸福を発見する必要がある。したがって、われわれ人間は社会人として生きるため、是が非でも、まず一応、神聖なる恋愛から、世俗的な家庭生活に入らなければならない。そうして、家庭生活は夫婦生活で初めて完成せらるるものであるから、いくら恋愛の俗悪化であるといっても、家庭生活を避けて、生涯の孤独生活をとるべきではない。

いつ配偶を求めるか

以上私は、恋愛の神聖と結婚の重要性を強調してきたが、しかし、なんといっても、恋愛は人生の一部でしかなく、決して全部ではない。人生にはもっとほかに、生計や事業や教育というきわめて重要な部分がたくさんある。したがって、恋愛も結婚もそれらと協調し均衡を保つものでなければならぬ。少なくとも少青年は、その重要な部分と自己の恋愛がマッチするまで自制する必要がある。

せっかく、恋愛の花が開きかけても、生活難や失業、または教育不完成のまま、時期尚早でそのほうへ先走ると、うるわしい花も嵐に吹きちぎられるか、栄養不全のためにしおれてしまうことになる。したがって、恋愛は神聖で尊重すべきではあるが、男女双方ともに、社会の一個人として完成の準備が全くできてからでなければ、これに手を掛けてはならぬ扉であると私は思う。しかもそれは、むしろ楽しくも甘い苦痛であり、好ましく幸福な忍従であって、この苦痛と忍従の度が強ければ強いほど、その恋愛の価値はいよいよたかめられてくるものなのである。

そこで、私の人生計画においても、教練期はむしろ恋愛の忍従時代であり、準備教養期であるとしたい。そうして、独立独歩の勤労期に入り、一定の職業をもち、生計の基礎を築き上げて、そこで初めておおッぴらに開かずの扉に手を掛けたいと考える。それではどうもおそ過ぎるという人もあるかも知れぬが、それは社会的現実としてやむを得ぬことだ。おそいにしても、決しておそ過ぎるということはない。ともかく、独立生計のメドが立てられないままでは早過ぎる。どこからみても立派に妻子を養い得るようになって、それで初めて配偶を求め、結婚生活に入るべきだと説いてきているのである。

いずれにしても、私は若い人々の恋愛・結婚問題における慎重を求めてやまない。

配偶者選択の標準

元来、配偶者の選定には、しっかりした理智によるものよりも、「好《す》くか、好かぬか」といった感情による因子がすこぶる多大である。ことに愛は盲目なりとまでいわれて、恋愛から入る結婚にはこの例がほとんどすべてである。「どうしても好きだ」とか、「なんとなく好きだ」とか、その程度に多少の差はあっても、主智をはなれた主情の選択であることは一である。これはわれわれ老人からみてはなはだ危険に思える。一時的には大きな喜びとなるかも知れぬが、永久的には大きな悲しみとなる場合がはなはだ多い。そこで、私は私として、これならと考えた配偶者選定の標準に、

一　血統が純潔であること。
二　身体が強健であること。
三　頭脳が明晰であること。

まず、この三要件を挙げたい。
世間には、この三条件についで、

四　性質順良穏和であること。
五　必ず高等教育を受けたものであること。
六　容貌の美しいものであること。
七　財産のあること。

その他いろいろを追加する人もあるが、できることならばぜひそうあってほしい。しかし、あまりこうした条件に重きを置き過ぎると、自然前に挙げた三要件のほうがおろそかになってきがちであるから、私はどこまでもまず三要件を絶対条件とみた上で初めて後者の考慮に入りたいと思う。それを漠然とした好き嫌いから感情的に入ると、単に美しいとか、高等教育を受けたとか、財産をたくさんもっているとかといった第二義的なものに目がくらんで、最も大切な血統、健康、

頭脳といったことを忘れてしまいがちである。いやもっと、明らかにそうした三要件に非点があっても、強いてその選択を決してしまうことになるのである。私はとくにこのことを戒めたいと考える。

いったい人間の品性、趣味、教養のごときは、三つの第一要件が完備しているほどのものであれば、おそらくはこれも自然に人並み以上に達しているであろうし、もし何かの事情でそこまで達していなくとも、あとからいかようにも矯正し、補足し得られるであろう。

また、財産などというものは、いまあるからとて、自分でなくする場合もあり、社会的、経済的変動で、他動的にもこれをなくすることもある。反対にいまはなくとも、やがては大きな所有者となることも絶無ではない。もとより、結婚の対手方に財産があってはならぬというのではないが、なければならぬというのは間違いである。少なくとも、財産の有無は、諸々《もろもろ》の条件の最後に位する副、いやそのまた副々条件ぐらいに考えてよろしかろう。ましてや、本人のものでない、親と親、家と家との財産均衡を真ッ先に問題にするのなぞは愚の至りである。

時期は早いほうがよい

さて、男女ともに、結婚適齢となり、しかも経済的条件がととのったとすれば、私は、固苦しいことはいわない。自己の責任と自己の良識において、遠慮なく健全な恋愛の花を咲かすべきであると思う。ただし、それには、ただ単に自分たちだけよければそれでいいというのではなく、他者に対する影響の如何も考え、従来の家庭的美風をも尊重して、必ず長上者の同意の下に、万全、理想の対手方を選び、お互いによく理解し合った上での結婚にすすみたい。結婚からはやがて夫婦愛の完成に入り、美しい人生計画の実を結ぶようにしたい。

今日のいわゆる民主主義では、結婚は個人間の自由であるから、あえて他人の容喙《ようかい》を要しないというものもあろう。しかし、それは半可通《はんかつう》の言ともいうべきで、いやしくも善意の上に立ち、本人たちの将来の幸福をおもんぱかるものである以上、長上者もいうべきをいい、当事者もきくべきをきかなければならぬ。反対のための反対とか、悪意による妨害こそ退けられなければならぬが、お互いの人生における教示教導はだれしも遠慮すべきでなく、また無視すべきではない。ことに恋愛は人を盲目にし、結婚は人生の一大事であるから、父兄及び青年男女は、ことさらにこの点での理解をすすめ合い、すべては円満に、理想的にこのことの実現をはかるべきであると私は信ずる。

したがって、私の望む結婚は、単なる恋愛結婚でもなければ、いわゆる見合い結婚でもない。そのいずれから出発しても、完全なる理解結婚であることを切に望むものである。

実をいうと、結婚の幸福感はそれほどながくつづくものではない。だから、恋愛から結婚へ、結婚から真の夫婦愛へ、あまりに性急でなく、じわじわ進化していくのが最もよろしく、結婚後の幸福感を一時に享楽してしまうと、意外に早くお互いに飽満と倦怠とを招きやすい。不幸にしてそうした場合に立ち至ったら、相互の自制と努力工夫によって、一刻も速やかにそれを矯正しなければならぬ。それはおのおのの健康と精神の問題であって、そこに再び健全な調和点が発見できれば、やがては結婚生活の幸福感も長びき、ついには完全なる夫婦愛にまで達することになるのである。やがては愛の結晶たる子宝にもめぐまれ、それを中心にして新たな家庭のだんらんも生まれてこよう。そうして、前述の三要件にかなった結婚であるなら、その子孫も必ず優秀であるべきはずである。お互いの家庭生活において、その子孫の優秀を信じ、その子孫の立派に生長していくことを眺め得るのは、人生における最大の喜びとなすべきであろう。

夫婦愛の完成法

要するに、結婚は、愛情と対手の専有欲から生まれた恋愛が漸次発展して、それを結合せしめることにより、一応その目的を達せしめるものであって、ここに恋愛はおのずから解消し、その代りに新しい夫婦愛といったものが生じてくる。すなわち、この夫婦愛への発展によって、恋愛も結婚も初めて完成されるわけである。

夫婦愛の完成とは、異体同心――二つの異なった人格から、新たに一個の人格を作り上げることを意味する。したがって、真の夫婦は二人であって、もはや二人ではない。完全に一人でなければならぬ。良人とか妻とかという区別はなく、両者を合わせて一つである。喧嘩もなければ、嫉妬もない。良人が外で働くことは、妻自身が働くことであり、妻が家で働くことは、同じく良人自身が働くことでもある。良人が会社事務に精出すことは、すなわち、妻が会社事務に精出すことであり、妻が家庭裁縫にいそしむことは、すなわち、良人が家庭裁縫にいそしむことだともいえるのである。また良人が誘惑にかかるのは妻が誘惑にかかるのでもあり、妻の失策は良人の失策として悲しまなければならぬのである。

これが本当の夫婦、真の夫婦愛というものであって、さらにそれが完成されれば、良人が外を眺めれば妻も眺め、妻がほほえめば良人もほほえみ、良人がうたえば妻もうたい、妻が欲しいものは良人も欲しいというほどになろう。またお互いにどれほど働いても苦しいと思わなくなり、お互いのためには身命をなげうっても構わなくなる。かような状態に至り得た夫婦の間には、少しの秘密も介在せず、心身一切を解放して互いに任せきりになり、全我をすてて対手に捧げ合うことにもなる。しかもこれは、一面において対手をおのおの専有し得るゆえんであって、決して銘々の犠牲でもなければ、損失でもない。のみならず、真に夫婦愛の完成した場合には、すべての苦痛は互いに半分ずつ分けて担《にな》い合うから半減され、すべての喜悦は二人で共に楽しむから、二倍の幸福として味わわれるわけとなるのである。

相倚《よ》り相援《たす》けるには

もっとも、世上往々、実際上には、夫婦という夫婦のすべてが、このようにうまくいくことは難しい。知識、教養、趣味、娯楽、仕事などで、あまりにも大きなへだたりがあって、真に異体同心となりえない場合がはるかに多い。普通一般の夫婦というものが大概そうである。

しからば、この場合どうしたらいいのか。それは改めて出発へ戻って、お互いが、少なくともその一方がまず、おのれの我をすてて全身命を対手に捧げさえすればよろしい。従来の日本的道徳にしたがえば、差し当たり女子に対してこの決意が要求されるようであるが、私はやはりそれでよろしいと考える。やがては両者の完全一体をめざしての努力なのであるから、良人のためはつまり妻のためで、その間、前にも述べた通り、どこにも犠牲とか損失とかは存しないのである。ともかく、二人にして一人であるお互いが、こうして相倚《よ》り相援《たす》けていくことになれば、あらゆる欠点支障は抹消され、ついには完全な異体同心夫婦愛が完成されるに至るのである。

しかし、これは理想的でなかった結婚の事後対策であって、できることならば、結婚の対手方——あるいは結婚に先立つ恋愛の対手方——は、同じような知識、同じような教養、同じような趣味、嗜好の上に立つ範囲内で選び、しかも相互に完全な理解を事前にもち合うに越したことはないのである。

そこで私は、人生計画確立のうちで、最も重大性をおびる配偶者選定の問題について、ここにとくに詳言しておきたいと思う。

結婚媒酌者の心得

つづいては、一つ立場をかえて、結婚媒酌者としての心得を説くこととしよう。

およそ、先輩長上として、結婚の媒酌ほどうれしい、仕甲斐のある仕事はあるまい。これは働き盛り、もしくは奉仕期に入った人々の一義務ともいえるものであって、私は早くからこの義務を果す機会にめぐまれ、とくに七十歳以上になってのちは、毎年数回ないし十数回の結婚媒酌をやってきた。しかも、自分が媒酌した多くの家庭が、いずれも円満に、限りなく栄えていくさまをみることは、老来いよいよ心楽しい限りであった。老人の幸福感といったものが満喫されたのである。もっとも、数ある媒酌のうちには、一、二破鏡の憂き目をみた例もないではなかったが、それはせっかくの媒酌の労も、いわゆる頼まれ仲人《なこうど》でいたずらな形式にとどまり、最も大切な相互理解の用意が足りなかったもので、それについては自分の義務が十分尽くされなかったことを後悔している。そこで、ここにはそれらの体験にもとづく媒酌者の心得といったものを拾い集めてみよう。

もとより、結婚談は双方の理解の上に立っているし、立っていなければならぬはずだ。それに身分、収入、教養、血統等の調査についても、親元または下仲人《したなこうど》がある程度すすめて、しかるべき結果を得ているのが普通である。だから、媒酌人としての老人の役目は、とくに次の三ヵ条のような、近親者や若い人々にはできぬ仕事をやればよろしかろうと思う。

一　結婚前の秘密（もしあれば）をすべて円満に解消せしめること。

二　相互の健康保証、とくに結婚前の花柳病（もしあらば）を全癒させること。

三　結婚当初に対する訓話、並びに人生行路における両人の決意確認。

もっとも、年役で引き受けた媒酌でなく、何から何まで世話をする本当の媒酌であったら、このほかに、結婚式及び結婚披露の方式、男としての結婚準備、女としての結婚準備、双方仕度品の相談から、結婚後の生活指導にまで及んで、いろいろ心配してやらねばならぬこともあろうが、まず普通一般の場合には、あまりに差し出がましいことをひかえて、右の三点に念には念を入れてかかれば失敗はなかろうと考えられる。

何しろ、昔から仲人は百足草鞋《ひゃくそくわらじ》といわれるだけに、身軽に動くことに心得て、骨惜しみなぞしていては、手落ちなくつとまるものではない。

難しい問題のまとめ方

結婚前の若い男女にとっては、とかく、お互いに結婚に差しさわるような秘密を生じがちなものである。それも他の場合にはなんでもないようなことまで、縁談となるとひたがくしにかくされ、しかも、事実それが思わぬ故障になることが多い。中には結婚後に知れて、笑って済まされるようなものもあるが、ときにはなかなか大事《おおごと》になるようなものも少なくない。厄介なのはこの類のもので、たとえば第三者との恋愛関係があったことなどである。それも立派に解決のついている場合はいいが、未解決のまま放置されているようなことが往々あり得る。これは媒酌者の責任として、ぜひとも結婚前に解決しておかねばならない。それなくして結婚せしめたため、容易ならざる問題が起こり、ついに当事者のみでなく、関係者一同にいろいろな不幸を招致した実例が世の中にはきわめて多い。この点媒酌人も全くうっかりはできない。

そこで、もし老人役に媒酌を頼まれたなら、婚約のできた二人を別々に呼び、内密にこれまでの秘密の有無を一応告白させるぐらいの心遣いが必要である。その方法には、もちろん、正面切っていやに固苦しくならず、面白おかしく、いろいろの係蹄《わな》をかけてさぐり出し、その解決法をそれとなく教えるのである。全くこれは老人でなければできない役回りである。そうして、たいていの場合は媒酌人一人の胸の中に納めてしまうのであるが、事件の軽重によっては、内密に本人方の両親にだけ了解を求め、隠密にその解消解決をなさしむべきである。それを未解決のまま決して結婚式を急いではならない。時と場合によっては断然破談に及ばしむるのもやむを得ないであろう。

次にこれは主として男子の方面の問題になるが、近来、結婚前に花柳病に侵される人が多い傾向にある。これを徹底的に治癒させずに結婚せしめることは、媒酌人としても一種の罪悪に近い。そこでいやしくも老人が媒酌人に立つ以上は、適当な方法でその秘密を打ち明けさせ、少しでもまだ病気が残っている場合には、その完全な治療が行われるまで結婚を延期させなければならぬ。女子の方面に対しても、もしうたがわしいと思えば一応念を押してみるのも必要である。これがためには、普通お互いに健康診断書を交換することもあるが、ともかく、老人には老人でしかできない手があるから、そんな単純な、得てして小細工の行われやすい形式的な方法よりも、若い人にはのぞめぬ人情の機微にふれて、円満具通《ぐつう》の道を授けるのがのぞましいと思う。

いずれにしても結婚媒酌は、最も大切な人生計画の確立に、指導者となり、保証人となるものであって、自他共にきわめて意義深い人としての社会任務である。慎重の上にも慎重を期してこれを行いたい。

再婚の場合はどうするか

ついでのことであるから、私はここに、人生の不幸として起こり得る再婚の問題について、一言を申し述べておきたい。

さて、私は男子の再婚は、いつの場合も躊躇なくこれをすすめる。三―四十代の若いときについてはもちろん、六―七十歳で男やもめになった場合も、その人が無病息災である以上、できるなら適当に後妻を娶るべきであると考える。この間の消息を伝えた言葉に、昔から「男やもめにウジがわく」といわれているが、これはやはり男子の再婚をすすめる世俗の定言であると解したい。

俗に茶飲み友達などと称して、この場合老女を後妻に迎えるものもあるが、私はできることならもっと若いほうが相互のためにいいと考えている。ただし、ここに注意しなければならぬのは、すでに前妻に子供がある場合は、子供が生まれないようにするか、または更年期に入った女性を選ばなければならぬということである。男子の再婚にいつも考慮の中心となるのは、異母弟妹の生まれるであろうという懸念である。このために平和だった家庭に風波の生ずることもあるし、財産をめぐってみにくいお家騒動の起こることもあり得る。戦後の新民法は一応兄弟全部の権利を平等に認めることになったが、実際にはこれがためにかえって紛糾をまきおこす事例が多いとみなければならぬ。そこで、この場合の後妻は、更年期以後の女性がのぞましいということにもなるが、その年齢差はやはり、できるだけ引きはなされたものがいいと思う。少なくとも十ないし二十年ちがうほうが、再婚生活の成功率が多いのである。男女の年齢差は、初めの間こそ大差を感ずるけれども、中年以後、さらに年齢の増すごとにその釣り合いが自然にとれてくるものである。実際問題としても、老夫の最後を看取ったのち、老妻がその後を追うのが順序とされており、いろいろと家庭的な都合もよいのである。

しかしながら、これが女性を中心に考えた場合の再婚は、なかなか事面倒《ことめんどう》になってくる。多くの人々の中には、「貞女両夫に見《まみ》えず」の言葉をもち出して、私の再婚奨励論を反駁する人もあるであろう。なるほど、これはわが国古来の美風でもあり、このよき伝統が無理をせずに維持できればそれに越したことはない。だが、この言葉の本当の意味は、一人の夫と離婚して、対手がまだ生存している間に、さらに次の良人をもつことに、その再婚を戒めているのだと解されないわけでもない。男女同権の今日、これもあるいはおかしなことになろうか。とくに私のこの際いいたいのは、すでに夫の死亡した女性、すなわち、未亡人の再婚についてである。

未亡人問題の解決法

いわゆる未亡人の場合、亡くなった元の良人を追慕するのは、うるわしい人情の自然である。だが、去るものは日々に疎《うと》しで、それも死別した当初のことで、月日がたつと共にその感情もうすらぎ、いつしかその対象も神聖化され、およそ夫婦生活という肉体的の感じとはかけ離れた存在となる。したがって、霊としての先夫を精神的に祀《まつ》りながら、一方地上の第二の良人に仕えることも決して不自然でもなくなってくる。ところで、すでに天上に去った先夫の霊としても、この世に残した妻のみじめな、そして淋しい、不幸な生活をみるよりは、むしろ地上に在る人として、人間らしき後生を楽しましめることをのぞんでいるに相違はない。こうした大乗的な悟りをもつことなく、単に言葉や観念の上のみの貞女となり、節婦となり、そのために世上幾多の悲劇を作り出すのは、あまりにも大きなむじゅんといわざるを得ないではないか。

むろん、真実の貞女として、その美徳を堅持して生きている人もあろう。とくにいわゆる若後家にして、かなしさのあまり仏門に入ったり、他の信仰や社会事業に奉仕することによって、立派に貞節を全うしている婦人も少なくないであろう。しかし、それは生活に困らない富裕な身の上のものに限られ、とくに利息収入で暮らせる時代においてのみ実現し得られることである。私は多年自ら手がけてきた幾多の「身の上相談」で、深刻なこの場合のケースにぶつかり、その生きた教訓と時勢の変化とにもとづき、世間の生活からこのような孤独無援の境涯に置き去られた人々の不幸を思いみるとき、なんとかこれを救う道について真剣に考えずにはおられなかったのである。

右にいうような理由から、良人に死別後、間もなく本人やその両親が当面する「再婚か独立か」の問題に対して、私は私にやってくる「身の上相談」では、まず若後家——たいていまだ子供のない人で、子供のある人はほとんど来ない——の生活能力を根柢として解決するよう答えてきた。すなわち、良人の働き一つにたよってきた家庭で、女性に独立生活の技能がない場合は、もとより再婚と決するよりほかはない。また独立生活をなし得る技能あるいは財産を有する場合でも、急に将来の方針を一方に決定せず、しばらく自然に落ちつく時期を待つことに指示してきた。昔気質の人々には頭から再婚に反対する人もあるであろうが、私は頭から再婚に賛成してかかっているのである。これがまた世情に通じた老人の役目だとも心得ている。

とくに若い未亡人について

ところで、実際には若い未亡人の再婚は、なかなか本人からはすすまないものだ。生存中はさほど仲がよくなかった夫婦でさえも、いざ死別してみると、急に夫婦の愛情が湧き出てきて、しばらくは再婚の気など起こるものではないらしい。これもまたうるわしい人情の自然といわなければならぬ。ましてこういむつまじかりし若夫婦の場合においては、周囲のものから急に再婚問題などもち出せば、本人は必ずこれを拒否することはきまっている。

しかし、それもその当座のことで、半年以上、二―三年と過ぎると、その独身生活の淋しさ、不自由さを体験してきて、いつとはなしに理想より現実に支配され、むしろ再婚の自然であり、幸福であることに心をひかれるようになるものである。ちょうどその時期を見はからって、本人からいい出せない、本人の真情を洞察し、再婚をどうかとすすめるのが、老人の気を利かさなければならぬ役柄である。今日までのわが国の風習では、良人との死別後、いったん独立生活を言明し、またそれに対する多少の準備をすすめた婦人が、のちに至って実際に再婚したくなった場合、本人もそれをいい出し兼ね、近親者もその心配をしないために、いかに人知れぬ悲劇が起こりつつあるであろうか。世上それがきわめて少なくない事実にかんがみ、私はとくにこの一言をあえてするものである。

なお、新婚者に対する結婚生活の注意もさることながら、再婚者に対する注意でとくに大切なものは、再婚夫婦はとかく初めの対手のよい方面がしのばれて、ややもすれば夫婦のあいだが気まずくなり、ついには破鏡に陥りやすいものであるから、再婚者は先夫（または先妻）のことは一切いわず語らず、またその関係物品もできるだけこれを身辺から遠ざけ、まったく初婚者同志の気分と態度で、できるだけ雑音の交らぬ夫婦生活を営むべきである。しかも、相互にいっそういたわり合い、尽くし合って、初婚以上にも異体同心の努力を払わなければならない。

要するに、人間最後の幸福生活は、いわゆる「尉《じょう》と姥《うば》」のうるわしい自然生活にあるのであるから、貞女両夫に見えずとか、封建的な節操第一な古い教訓は、比較的若い時代にのみこれを尊重し、世の中のすいもあまいもなめつくした老年者は、その辺をもっと自由に、もっと自然に考え、機会のゆるすかぎりは、一人もみじめな独身生活の無理がないようにしたいと私は切にねがっている。つまり恋愛と結婚は、若くして厳に、年老いては寛にという、普通一般とはアベコベの新しい見方考え方をしているのである。

三、世のため人のために尽くす法

勤労期から奉仕期へ

人生計画の勤労期四十五年間を働き抜いて、六十五歳以後の奉仕期に入ったとき、内にかえりみて、だれしも、自分の力を最高度に発揮し、人生の荒波を乗り越えてきたつもりになろうが、なお幾多の不満足や悔いが必ず残るものである。決してこれでもう十分だと考えられる人はきわめて少ない。

しかし、この六十歳代まで、自己に適し、自己の信ずる一つの仕事をなしつづけてきたのなら、特別な事情のある場合をのぞき、それだけですでに世間からも信用され、財産も地位も人並みに築き上げられるはずであるから、一応満足すべき境涯に入ったものとみなければならぬ。子供の多くはおのおの独立の域に達し、末ッ子でさえもたいてい厄介時代を過ぎているであろうから、まずまず生活の安定は得られていよう。個人的に大きな不幸、社会的に大きな変動のない限り、普通にはまあこう考えられる。

さて、このような年齢境地に達するとなれば、だれしも自分のことは心配しなくなるから、自然とその眼は外に向けられ、何か世のため人のために尽くしたいとの欲求に駆られてくる。そしてまた、自分の過去——とくに頑是《がんぜ》ない幼年時代から教練期に至る二十年間において、両親の恩恵に甘え、師友、先輩の誘掖《ゆうえき》にすがり、広く世間一般のおかげを蒙って今日を在り得たことに考え及ぶと、それらの恩の幾分かでも報ぜねばならぬという感謝と謝恩の念が油然《ゆうぜん》と湧き出でてくるものである。こうした感情が一度老来の胸底に浮かんでくると、せめて自分にできる範囲内において、何か奉仕的なお礼奉公の仕事がしたくなってくるものだ。まず後進青年の世話、近隣知人の世話、金銭や働きでの公益事業に対する援助など、いままでの過去を無事で送らせてもらった社会に感謝する奉仕の生活が思い付かれてくる。事実それだけの力がなくとも、そうしたい念願が生まれてくる。この念願に対する老人の努力を、私はとくに人生計画の中に織り込んで実行に移したい。これを行い得ることは人生の至福至幸で、人生計画もここに至ってほぼ完成の域に近づいたとみられるのである。

総理大臣になるも結構

理想的にいえば、奉仕はどこまでも奉仕であって、一切が無報酬でなさるべきは申すまでもないが、この奉仕生活は、一身一家の生活が安定した上で、その余裕をもって社会公共に奉仕するという意味であるから、必ずしも初老期（六十六―八十五）をもって初めて行う必要はない。幸いにして早く順境に入り、職業的成功をもたらし、財力にも余裕を生ずるに至った場合は、中壮期（三十六―五十）からでもこれを行って差し支えない。できることならぜひそうしたいものである。

しからば、どの方面にどのような奉仕を志すか。私は将来における政治、公事、社会事業の多くが、全くの無報酬で、文字通りな名誉職にならねばならぬものと考えているものであるが、この場合、早く事業的な成功を収めて、生活上にも、活動上にも余裕を生じ得た人は、代議士、参議院の議会人となるもよし、政務次官、大臣、いやまたなれるものなら総理大臣になるのも結構なことだ。知事、市町村長、その他の公職者となり、また各種団体研究機関の委員、議員、役職員となって社会公共事業に尽くすのがよいと考える。もちろん、こうした公職に就くことばかりが奉仕ではない。自分自身にしかるべき創案を行って、私的に社会的貢献を計るのもきわめて有意義なものである。しかし、一部の人々をのぞき、こうした奉仕活動は、一般的には初老期以後の仕事と考えるのが至当のようである。そこで私もそれを六十五歳以後の人生計画に織り込むことにしたのである。

いずれにしても、この初老期時代は、学識、経験共に円熟の域に達し、過去における実績を社会的に認められると共に、地位も名誉も相当に与えられるのであるから、そのいうところ、為すところ、まずまず社会の規範にかなったものと見做《みな》してもよろしかろう。かように人格のでき上がった人々が、もし心を合わせ、いわゆるお礼奉公の赤誠を貫き、挙げて公共のために尽瘁《じんすい》するならば、政治、経済、その他社会万般にわたる文化の向上発達は期してまつべきものがあろうと信ぜられる。

また、そのお礼奉公の具体的方策については、必ずしも政治公職的方面にのみ限らぬ。前にも述べた通り、人おのおのの職歴が異なり、職域を別にしているものであるから、できるだけそれによって得た識見所信を生かすことが最ものぞましい。下手な代議士を志すより、上手な村会議員がよろしく、へまな村会議員よりは、最も熱心な部落会指導者たるほうがはるかによろしいわけである。

私のお礼奉公

私は停年の満六十歳で大学教授の職を退いたものであるが、当時なお心身共にすこやかで、まだまだ働き足りない遺憾があった。私立大学や実業界からも、幾多の好条件をもって就任の交渉がやってきた。しかし、私には六十歳以降をお礼奉公に当てる既定の人生計画があったので、せっかくながらそれらの申し込み一切を辞退、代わりに後進の適任者を推薦して、私は私なりに若い人々にはできないような奉仕の仕事を見付けたのである。

学生誘掖会、学友会、県人会（以上埼玉県）、帝国森林会、日本庭園協会、国立公園協会、都市美協会、造園学会、その他十数種に上る諸会諸団体の会長、副会長、または顧問、これらのいずれもは、右の見解によって私がその後引き受けたものであって、すべてが無報酬を建て前としたばかりでなく、創立後間もない会団が多かったために、その経済的基礎が確立されるまで、会長は年々多少会の欠損を補う立場におかれていたが、私はこれを当然課せられた名誉税であると心得、喜んでその義務を履行してきた。

なお選ばれて町会議員、学務委員、土木委員等（以上渋谷）になったこともあるが、あたかも政党政治がハナやかな時代で、醜き党争と利権争奪の坩堝《るつぼ》の中におのが身をさらす愚をさとり、いずれも一期四年で御免を蒙ったのである。その後私はそうした方面へのタッチを避けてきたが、もちろん、こうした諸弊の清算された以後には、いや清算されるためには、少壮有為の諸君が奉仕の意味で、進んで議員、委員、その他の公職者として大いに活躍せねばならぬと考えるのである。

私は従来、しばしば、単なる名誉欲からの公事活動、職業としての政治運動、生活のための議員商売には極力反対しつづけたものであるが、職業成功後の公事活動、生活安定後の議員奉仕にはもとより決して反対するものではなく、かえってこれを推奨したいと思う。

親類縁者の援《たす》け方

奉仕時代に入って、それにふさわしい仕事をするとなると、またその年齢にならなくとも、生活的に奉仕可能の地位になると、社会公共のことはあと回しにしても、まず近間《ちかま》にある親類縁者の世話をやいたり、補助をしたりしなければならぬ必要が生じてくる。しかし、この場合方法を誤るとかえって所期の目的にそわなくなることがあるから、よくよく注意が肝要である。このことは容易に似て実に難しい。あらかじめしっかりした考え方をしておかぬと自他共に思わぬ過誤に陥るおそれがある。

世間にはよくある例で、親戚中の成功者が、近親中の子供を次から次へと引き取って世話をすることもあるが、この場合初めから本人もそれを当たり前のことに思い込みやすいし、かつ幼少時代のものであるから、その上長者の美点長所をみることをしないで、いたずらに欠点短所ばかり銘記しやすい。したがって、感謝の念や尊敬の念もうすらぎ、加うるに、自分の子供らと差別待遇をしないで厳格な取り扱いをすると、そこに自然不平不満も生まれてくる。もちろん、根本的には世話をする人の徳不徳も問題にしなければならぬが、概してその結果は双方にとって面白くないものになってくる。これがもし、全く他人の苦学生であったような場合には、初めからなれなれしいところはなく、世話になった上勉強までさせてもらえるのであるから、心から感謝と尊敬の念も生まれ、その結果ひたむきな勉強修業の勇猛心をふるい起こし、いずれも好結果を生むに至るものである。かようなわけで、私はそれほどの困窮者でないかぎり、親類縁者の子弟を引き取って自宅で世話することには一概に賛成できない。もしどうしても世話をする必要があり、それを惜しまぬ考えがあるならば、単に一定額の学資だけを出してやるか、しかるべき他家へ預けて監督を生家に任せ切るがよろしいと思われる。

感恩報謝の仕方

次に縁戚の長上（両親、兄姉、伯叔父母等）に対する報謝は、相互の生活状態の如何にかかわらず心掛けたいことであるが、その代わり、それらの後継者——若ければ若いほど——に対しては、単に親族だからという理由だけで、金銭や物品を無意味に供与してはならない。それはかえって彼らに依頼心をおこさせ、独立心をうしなわせ、ついに不幸におとしいれることになるからである。私も前者の場合だけはできるだけつとめてきたつもりであるが、後者の場合は絶対に差し控えてきた。

もちろん、社会一般に対しても行いつつある奉仕時代であるから、もし親類縁故者中に生活の困窮者があれば、率先してこれを援助することはいうまでもないが、本当の援助救済は、金品を漫然とめぐむよりも、自らそれを作り出す方法を与えるに越したことはなく、とくに年少の者にとっては、貧乏、失敗、苦悩、悲哀などというものは、いずれも人生の貴重なる体験であって、これを乗り越えていくところに、真の人生が体得せられるものであることを徹底させたいと思う。

まことに、貧乏は発奮の動機ともなり、失敗は成功の母となる。貧乏や失敗の中にこそ、やがて人間を大成に導く萌芽が多分に潜んでいる。したがって、いたずらに若人の失敗を救済したり、訳もなく恩恵を与えることは、いつまでもその人を一本立ちにせず、独立自彊《じきょう》の慣習をつちかわしめない結果となり、実は親切でしたつもりのものが、かえって不親切な行為となるから、よくよく気を付けなければならない。

小金を持った老人には、得てしてしみッたれな一面があるくせに、とかく金を出して人を喜ばせたがる見栄《みえ》があり、親切過ぎてその実不親切に陥る結果があるから、とくにこの点に留意する必要がある。まして、身分不相応の大財産を擁していると、不知不識のうちに近親者に依頼心をおこさせることになるから、とんだ罪作りになるともいえる。

名誉職の受け方・つとめ方

勤労期から奉仕期に入った人のところへは、自然と各種の名誉職がもち込まれてくるようになる。差し支えないかぎり、またそれを引き受けるのが奉仕期のつとめというものであるが、いろいろな会長あるいは顧問等に選ばれても、八十歳以上にもなれば、適当な時期を逸せずこれを後進にゆずらねばならない。

いったい、老人は自惚《うぬぼ》れがつよく、われとわが耄碌《もうろく》に気付かず、いつまでも一ッぱしのつもりで、名誉の地位に恋々《れんれん》としている傾向があるが、これは自分もはなはだしく損をするばかりでなく、世間一般も大いに迷惑する場合が多い。私の知人の一人であるが、思うがままに出世して大臣にもなり、退官してのちに、世間から「会長屋」といわれるまでに各種の会長を引き受け、その数五十有余にも及んだ人がある。その社会的貢献はすこぶる顕著なものであったが、惜しいかな、その耄碌に気付かず、いつまでもその位置に頑張っていたため、ついには大切な会長席で人の名前を間違えたり、弔辞を述べる際に、次の会に用意してきた祝辞を半分も読んでしまい、途中で初めてそれに気付くという醜態を演じたりするようになってしまった。もはや、こうなると、ほかから勇退を希望されるのも当然で、すでに最も適当な引退の期を逸したものといわねばならなかった。名誉的なすべての会長職にも、常に新陳代謝が必要で、しかも、現会長に代わるものはたいていその後進または弟子たちである。したがって、心では勇退を希望していながらも、口ではそうと現さない。この辺で一つやめさせてもらおうかと、一度や二度しかるべきゼスチュアをみせても、儀礼的にはまあまあということになる。それを真にうけていい気持ちそうにねばっていれば、会長もいよいよ耄碌したものだと陰で笑われるようになる。したがって、老人の名誉職は一応の働きを終わったと思ったら、進んで自ら適当な機会をとらえて断然勇退すべきである。

後進への地位のゆずり方

老人が自ら耄碌したと気付くうちはまだまだよろしいが、本当に耄碌したことにも気付かなくなってしまうと、周囲のものから全くの厄介物扱いされることになる。また厄介物扱いにされているること、それ自体がどうしてもわからないのだから、耄碌もいよいよ極まれりである。

したがって、これを一般的にみると、まず七十以上、おそくとも八十以上にもなれば、あらゆる名誉の地位を一切後進にゆずるべきで、周囲の儀礼的な慰撫などは決してきくべきではない。万一にどうしても後任に適当な人がなく、その辞退がきき入れられない場合は、次に述べるような補助役付き会長法によって引き受けるのがよろしかろう。

武井守正氏は八十五歳で長逝されるまで帝国森林会の会長をつとめられたし、渋沢栄一氏は営利関係の諸会長を七十歳で一切を辞し、慈善、教育、その他の社会事業を目的とする会長だけを九十二歳で逝去されるまでつづけられた。また鈴木貫太郎氏は七十九歳で内閣を組織し、大隈重信氏も七十七歳で大命を拝受、存続二ヵ年五ヵ月にも及んだ。しかし、これらの人々には、いずれも多数有能な家の子郎党がついており、有力な腹心者の起用などがあって、その実務を内助せしめたものである。

さてそこで、私のいわゆる補助役付き会長法とは、副会長や常務理事に自分より学識経験に富む優秀な人物をすえるほか、若い働き盛りの秀才を高給で秘書役——すなわち、補助役といったもの——に採用、一切の会長事務を陰でやらせるという方法である。そうして、老会長は副会長か常務にその事務を代用せしめるか、自ら出馬するときは必ず秘書を帯同して何から何まで補助せしめるのである。立案、計画も多くはその参画にまかせ、その成案を会長自身の体験と識見において訂正し、もって会長の任務を果たしていくというのである。申すまでもなく、これはあくまでも、ほかに適当な後任者がない場合のことで、こうした方法に安んじて、いつまでも老体の長居を策してはならない。また次位候補者が二人以上あって、そのいずれを選んでも会の運営や折り合いに不都合を生ずるという場合も、やむを得ずこうした便法によらなければならぬであろう。

身の上相談の応じ方

長い人生のうちに、他人から「身の上相談」を一度や二度持ち込まれないという人はほとんどあるまい。これはその人にとっても真剣な問題であろうが、持ち込まれた人も真剣に取り組まねばならぬ問題である。ことにこの「身の上相談」を持ち掛けられることは、老人期に最も多く、これにいちいち適切な解答を与えるのは、また老人の適《はま》り役でもあろうし、義務でもある。そこで私は老人期の人生計画中に、このことについてとくに一言を費しておきたい。

そもそも、私が「身の上相談」という仕事を重くみるようになったのは、若い頃から迷苦煩悶をつづけてきた私が、常に恩師や先輩の親切なる指導を受け、また古典文学の金言名句に救われてきたので、このことの人生における重大意義をさとると共に、その御恩返しにも、若い人たちをできるだけ指導誘掖しなければならぬと気付いたからである。もっとも、これは実際にはなかなか難しい仕事で、常識経験に富む大成功者でなければ、真に正しい指導はできぬものである。私のごとき未熟不才の人間が、いまだ公然とこれを引き受ける資格はないと考え、できるだけ遠慮してきていたのである。それが八十歳を越えて急に感ずるところがあり、断然公《おおやけ》にこれを引き受けようと決意したのであった。

それには、自らの八十年の活体験は、決して自らの独占に終わらしむべきでない。人から与えられ、社会に得たものは、また人に返し、社会に戻すべきだと考えたからである。また時勢の変化は老人の無為徒食をゆるさなくなり、何かしら、社会的貢献をより積極的に志すことが必要と心付いたからである。そうしてそれには、いままで遠慮をつづけてきた「身の上相談」こそ打ってつけの老人の仕事であるとさとったからである。しかも、この仕事はすべて外部との交渉をもつものであるために、これを通じて時勢をみ、人情を察することもできて、老人の老衰と時代遅れをふせぐに最もよい方法ともなったのである。

私と「身の上相談」

かえりみれば、過去五十年間にわたって、私が与《あずか》った身の上相談はすでに三千余件にも達しているであろうか。私は若い頃からこの身の上相談めいたことには関係がふかく、自ら恩師先輩にいろいろ厄介になったのは別としても、十五歳から二十三歳までの苦学生時代に、すでにしかるべき大家について観相術を学び、身の上相談の素地を養っていたものだ。次いで二十七歳の暮れから、身の上鑑定所「南北館」の秘密顧問として、面白半分ながらこのことを手伝ってきた。その後三十歳の頃、偶々《たまたま》某伯爵家のお家騒動を解決したのが契機となり、貴族諸名家の家庭相談にあずかることとなった。さらに六十六歳の折、朝日新聞に投書したのがきっかけで、その後三年ばかり同紙上での身の上相談欄を担当させられた。その後は私宅宛に長文の身の上相談の手紙が来たり、本人自身の来訪があったりして、多忙な生活がまたそれに多くの時間を費させられたのである。伊東転住以後は、さすがに来訪者の数も減ったが、書面の相談は依然として多い。

右のような有様であるから、身の上相談計画も、私にとっては全く新しい問題ではなかった。ただ、これまでは頼まれて仕方なくやっており、忙しいときには謝絶していたのを、老後の思いつきとして、いよいよ公然と引き受けることにしたのである。もちろん、社会奉仕の一端で無料を建て前としたのであるが、いずれも当事者に真剣な人生問題であるので、私は勢い慎重な準備態勢をととのえ、その一つ一つに最善の判定と指導を与えることにした。

老後にふさわしい仕事

老来、私の「身の上相談」のやり方は、以前とは大分変わってきた。従来は、「慈善は物を与えるよりも、物を作り出す方法を与えるにあり」という信条に立脚していたので、その日の生活に困る人の身の上相談にも、理屈ばかりを並べていたが、近年はいささか考えが変わってきた。すなわち、どうせ身の上相談を掛けてくるくらいの人は、たいていどうにもこうにも方法に困り抜き、思案にあまっての末の人が多いのであるから、それらの人々にはまず、その人にぜひ必要な金銭物資を与えて安心させ、その上おもむろにかようかようの方法を取りなさいというのが、最も有効適切な途《みち》であると気付いた。つまり、いままでの身の上相談にくらべて、卑俗のようであるが、大乗的見地よりも、小乗的なやり方のほうがはるかに効果ある場合の多いことがわかってきたのである。幸い当時の私の経済生活には、年収の四分の一を慈善供与に当てる予算がとってあったので、どうにかその方法も大した支障なしに実行することができた。

ところが、戦後の経済変動とインフレの昂進に加え、財産税その他による負担過重で、老後のために残しておいた資産の大部分を失ってしまうことになったので、その実行もなかなか困難になってきた。そこで、今後は公然と相談所の名前において、謝礼金を出し得る人には相当の金を出してもらい、一方金に困る人へ分与するようにしたいとも考えたが、それまでの徹底化はさすがに実現をみるに至らなかった。もっとも、この計画については、孫達から八卦見や売卜《ばいぼく》先生の真似はみっともないから、それだけはぜひやめてほしいという抗議も出るには出たのである。

いずれにしても、身の上相談の仕事は、老人のなすべき、また老人にふさわしい社会奉仕であって、私の場合のように徹底的に考えなくとも、人生計画中に何人も織り込むべき一つの義務ケースであると私は考える。そこで、老来、少なくとも楽老期に入った人は、晴耕雨読の余業として、それぞれの機会と知識経験に応じて、こうした身の上相談の呼び掛けに、できるだけ親身に、できるだけ適切具体的に答えることを、老人のまた意義ある生き方の一つと承知しておいていただきたい。

四、老後に考えねばならぬこと

老人の別居計画

人間も六十、七十以上になると、すでに長男は普通不惑《ふわく》（四十）にも達し、次男以下もそれぞれにみな成長してくる。それが女子であれば他家に嫁して二人や三人の孫まであるぐらいになる。そこで、いつまでも家に頑張っている必要もなくなり、実はまた頑張っていないほうがいいことにもなる。

そのために、古来「隠居」という形式で、老人の別居が多く行われてきた。もともと「隠居論」については各人各説の異論があって、その賛否もいまだ半ばして決しないようであるが、それはあくまでも働き抜くか抜かないかの問題であって、老人別居論にはだれしも反対はないところである。

事実六、七十以上の老人になると、新たに嫁をもらい、子供や孫が大勢になってくるので、家も狭くなるし、老人の生活様式や趣味嗜好も、もはや家族全般のものと必ずしも一致しがたくなる。老人は静穏を概して欲するけれども、大勢と雑居していればそれも不可能となる。食物でも、起居でも、交際でも、老人の好むところが、家族全般には好まないところとなりやすい。ラジオ一つ聞くにも、趣味の相異でダイアルの置き場が決まらなくなる。あれやこれやの点からみて、別居生活の問題が生じてくるのは当然といわなければならない。

ところで、広く世間に行われている別居の方法を検討してみるに、その家の奥まった一室を老人専用に決めるもの、新たに離れ座敷を造るもの、同一邸内に隠居所を作り、入口や台所を一所にするもの、入口も台所も別にするもの、あるいは出入口は別にしても、食事は本宅から運ぶものなど、千差万別の場合が考えられる。

これらのうち、一般的に最もよいと思われる別居の方法は、少し離れた近所に、小さな家を作り、全く独立の生活を立てることである。同じ邸内へ隠居所を建てるような場合は、あまりにそれが接近していて、お互いに便利でもあるが、また不都合なこともある。すなわち、三度の食事や買物には本家へよけいな面倒をかけ、しかも若い人達の喧擾《けんじょう》や好ましからぬ雑音が伝わってくる。これではせっかく別居の意義を失うことにもなろう。それゆえ、別居は少なくとも二―三軒離れたところのほうが、お互いの自由が保たれておだやかにいく。「遠くは花の香、近くは溝《どぶ》の匂い」というのは、この間の事情を穿った言葉である。

理想的な別居法

しかし、右にも増して理想的な最良別居計画は、少なくとも一―二時間で行けるところ、また遠い場合でも一日に往復できるような景勝地に隠居所（別荘）を建てることである。しかも、その土地は、気候温暖な上に、山紫水明の海岸湖畔、あるいは温泉郷であればますます申し分はなく、それも、ときどき子供や孫たちが遊びにこられるような交通至便の地を選び得れば満点である。

さて、このような好条件の地は、富豪でなければ容易に得られぬように考えられがちであるが、初めから人生計画においてその方針を立て、その目的だけにでも勤倹貯蓄をつとめておけば、何人にも容易に実現し得ることと思う。人生計画の実行はこうしたところに妙味を発揮しなければならない。ここで私の体験を申し述べておくと、私はすでに二十五歳のとき、この別荘計画を決定したので、四十歳頃から各地に旅行するごとに、その候補地の物色に心掛けた。いろいろ研究の結果これはいいところだと思うと、その土地の知人または責任ある村長や有力者などに買い入れ方を依頼しておいた。そうして、その後三十年間に、気候のいい温泉地三ヵ所、海岸湖畔の景勝地三ヵ所、合計六ヵ所を隠退候補地として買い入れた。いずれもしかるべく小作に貸与したり、植林計画をすすめたりして、できるだけ維持費のかからぬようにつとめた。そこで、いよいよその一ヵ所に決定するに当たっては、他の不用地の一―二を売り払った金で、別荘建築その他一切の費用を支弁できるような仕組みにしておいたのである。私が伊東の歓光荘に、身分不相応なように思われる別荘をもち得たのは、この計画の結果にほかならない。

もっとも、かような別居生活の問題は、老夫婦双方が、無病息災である場合に限られている。実際に、夫婦揃って共白髪に至るまで、人生計画を実行できるのは最ものぞましいことであるが、六、七十以上ともなれば、どちらか一方が欠ける場合が多い。わが国古来の風習にしたがえば、女は後家で通し男はやもめで通すのが普通であるが、老後といえども人間はやはり異性との共同生活をしながら世を終わるのが自然であるから、別居問題と共に、老人の再婚問題も――不幸にしてその必要あらば――同時に考えてみたいと思う。そうして、その再婚の見方考え方については、前途の結婚計画の項においてこれを詳述しておいたのである。つまりあとに残ったものが男性である際は、いわゆる後添《のちぞ》いを得て、それを機会に別居生活に入るのも一つの方法ではないかと考える。

財産の相続分配計画

わが国固有の家族主義生活の上に、自由主義資本経済が発達してきて、法制上にもこれが認められていた時代には、財産の相続分配についても、一種の習慣が是認され、実行され得て、私も幾度かそれについての相談にもあずかったし、また常識的にもこれを取りさばくことができた。ところが、現在のごとく、新憲法で一応権利が平等に認められ、これに伴う民法の改正があると、理屈の上ではしごく簡単なようであるが、実際上にはかえって複雑怪奇を極め、これに関する混乱紛争が多くなってきている。したがって、法の精神は精神として尊重しても、あらかじめ適当な方法を立案研究しておくことは、人生計画上まことに重要になってきたのである。

まず従来の方法について述べてみると、一般に六十、七十になり、相続人が四十歳前後に達したとなれば、その相続人に自由な活動をなさしめるために、その戸主の地位（今日の民法では消滅した）と財産とをそれに譲って、自らは隠居または後見役となるのが一般の慣例であった。そうして、その際における相続分配法は、財産の一部（たいてい一〇―四〇パーセント）を隠居料として残し、他の全部を次の家長に譲るのが普通であった。ところが、時勢の変化、とくに家族制度を廃棄して個人主義を認めた結果、こうした古い慣例にしたがっていては収《おさま》りがつかなくなって、兄弟全部がわれもわれもと権利を主張し、ついに各方面に幾多の相続分配問題が、血で血を洗う有様を出現してきた。そこで私は、過去の実例がもはやなんらの権威をもたないようになったけれども、その長い間の慣習的実例にどこかよいところがあると考えるので、これらの相続分配計画にも参考になろうかとも信じ、次に私が「身の上相談」を扱って獲得してきた一、二の原則的事例を並べてみるとしよう。

上手な財産の譲り方

その一　現在の財産の大部分が、もし親の代から譲られてきたものであるなら、親から譲られた額の大部分または全部を相続人に譲り、自分の代に増殖した財産だけは相続人並びにほかの子供と妻に平分する。たとえば百万円の財産で、五十万円が家に伝わった財産、五十万円が自分の代に殖やしたものとし、相続人のほかに二人の子供があるならば、これに相続人と自分と妻とを加えて、一人当たり十万円ずつ分配する。つまり相続人は先祖からの財産五十万円と共に、併せて六十万円ということになる。ただし、自分と妻との二十万円では老後の生活に不充分となれば、不足分だけは年々相続人から補助させるようにする。

その二　全部本人が作り上げた財産（たとえば百万円）なら、その半分（五十万円）を相続人に譲り、残りの半分（二十五万円）を自分と妻に、その残余（二十五万円）を子供の総数に割って分与するのである。なお、自分と妻の受領分だけで老後の生活に不足する場合は、年々相続人から不足分を支出せしめるか、または相続人に渡すべき分の一部分を自分に運用して、自分の死後これを引き渡すことにする。この場合は相続人の器量性格をわきまえてそのいずれかを決しなければならない。

その三　自分の妻が後妻である場合は、とくに財産分配について生前ハッキリ取り決めておく必要がある。その用意を欠いたために、老後の家庭悲劇がいろいろ起こった例は、私の「身の上相談」にも頗《すこぶ》る多かった。口約束や、ただそういうつもりだったというだけでは、歳月のたつにつれて忘れたり財産が減ったり、考えも変わってくることがあるから、財産の相続分配問題は、それを思いついたときただちに実行するか、またはいつでも譲り受け人の都合で実行し得られるよう、その手続きと書類を完備しておくべきである。血族関係の間柄でさえ、財産の相続分配に際して感情的な衝突があり得るのであるから、とくにそれのない後妻に対しては、結婚と同時に死後分配の件を書類化しておくくらいの用意が望ましい。株券や不動産の場合なら、初めからその名義に書き替えておけばいよいよとなってのイザコザが少ないであろう。

以上は従来の慣習に従った財産分配法の一例であるが、今後いよいよ民主主義、とくに「働かざるものは食うべからず」の皆働主義ともなれば、いわゆる不労所得（財産収入）で生きていくことは困難となり、たとえしかるべき財産分配を受けても、とうていこれで生活の安定はのぞむべくもなくなってしまう。さらに、財産の譲与税や受贈税はいよいよ累増される傾向にあるのであるから、多額の財産を子孫に相続せしめるということそれ自体が不可能となってこよう。そこで、いかに子孫が可愛いからとて、それに財産を残して与えようといった古い考えはサラリとすてて、むしろ子供自身が必要な財産を自ら作り得るよう教育錬成をほどこし、親のこしらえた財産などは、一切当てにしない人間にすることが、はるかに重要問題となってくるのである。

したがって、財産遺産の最もいい処分方法は、一切合財、思い切ってこれを社会公共のために寄進してしまうことであって、私自身も及ばずながらある程度これを実行したのである。もっとも、今後といえども、新民法で認められた限度と方法において、人生計画の財産分与法を考えておくのが至当で、いたずらに自ら早まって財産否定に陥るのはよろしくない。財産制度が認められている間は、やはりその存在をどこまでも尊重しなければならぬ。

遺言状を常備せよ

ついでに、遺言状について一言しておきたい。

人が勤労活動期に入り、妻子をもち、すでに一家の柱石をなすに至ったら、自分に万一のことがあっても、遺族や関係者を方途に迷わしめないように、遺言状を常備し、厳封のうえ重要書類と共に保管しておくだけの用意がのぞましい。

私はたびたび海外旅行に出掛けたのであるが、第二回目に洋行する際からは、必ず出発前に遺言状をしたためることにした。それがつい習慣となって、毎年大晦日《おおみそか》に書き改めておくしきたりとなった。私の遺言状には、一般遺産に関するもののほか、主として学生時代から四十歳頃までの間に世話となり、恩を受けた人々に対する附け届けのことや、自分が死ぬと遺族のものもわからなくなるおそれのあることなどを細記しておくのである。しかし、七十歳以後においては、すでに恩人先輩たちはもちろん、その近親者まで世を去り、かねてより自分の果たすべき義務の対象者は、ほとんど皆無にも近い有様になり、とくに私は満六十歳に際し余財のすべてを関係諸方面に喜捨《きしゃ》し、併せて少し宛ながら子供に分配してしまった上、さらに七十七歳でそれぞれの形見《かたみ》分《わ》けまですませたので、それ以後の遺言状は、ただ葬式のやり方といくらかの遺産処分法を記しただけで、しごく簡単なものとなってしまった。そこで近来毎年末に改正する必要もなくなり、ついにそのままずっと保存されている。

ところで、この遺言状常備の必要は、もはやわれわれごとき非現役者には少なく、むしろいまが働き盛りという壮年者にこそ最も大切な用意である。世上往々、遺言状といえば老人に限られ、また財産の分配指示に限られるように思いやすいが、最も活動関係の拡い、最も重要な地位、立場にあるときにこそ、これが準備を怠ってはならないものである。わが国においてはこのこともあまり普及していないようであるが、欧米人の間には普通一般のこととされており、遺言状を常備していないのがかえって異例とされている。遺言状もつまりは人生計画の延長、否最終の目論《もくろ》見《み》書とも称すべきで、私はとくにこれを壮年勤労期の必須事項の中に加えたいと考える。

五、楽老期をどう過ごすか

「愛される」老人

老境に入ると、毎年一つ一つとってきた齢ながら、人はいまさらのように自分の歳に驚く。しかし、もはやいくらあわてたところで、昔の若さに逆戻りするすべもない。いかに工夫してもアベコベには齢はとれないものである。

それなのに、中には、われわれの細胞は主として残滓物の蓄積により老衰するものであるからと、外科的手術とか、ホルモン剤の注射とか、とかく人為的な小細工に憂き身をやつし、極力老人の若返り法に狂奔するような人をもみかける。なるほど、それも近代医学に根拠をおくもので、ある程度一時的な効果もみとめられようが、遺憾ながらこれも絶対ではない。いささかなその効果もだんだんに薄らいできて、ついにはそうした方法の免疫性ともなって、かえってあわただしいまでに急速な衰弱を招いてしまうことになる。そこで私は、人為的な小細工を一切排して、若い頃から無理のない活動をつづけ、その活動力をできるだけ長く温存することによって、また、日常生活の注意をその方面に行きとどかせることによって、いつまでも若く、いつまでも元気であるようにつとめたい。そうして、普通の養生法と普通の健康法で、あくまでも自然な老人化につとめたいと考えるのである。

それからまた、老人は老齢と共に「愛」の感情が枯渇《こかつ》してくる。これがさらに原因となり、結果となって、ますます老耄におもむくものである。そこで私は、老人だからという理由のみで、真実に感ずる「愛」の感情をことさらおさえるようなことをしないのが大切だと思う。仲のいい老夫婦ははた目にもうるわしく、少しも滑稽ではない。子や孫や曾孫に対する真情流露の愛着は、十分その生活をうるおすに足る。それと同時に自らをも大いに若返らすものである。老人が老人めいて孤独に陥るのは、頑固で、負け嫌いで、利己主義で、かつ自らの愛情をおさえるからである。したがって、つとめて寛大に、謙遜に、親切に、何人に対しても愛感をもって接するならば、かえって若い人々から好《す》かれ、幼い者からなつかれ、その周囲もはなやかに、後進者にはこのうえもない頼りとされるのである。

「若くして長上に交わり、年老いて若い人々に交われ」とは、先哲福沢諭吉の有名な人生訓であるが、これは最も適切な青年訓であると共に、また最も適切な老人訓でもあるのだ。すなわち、老人だからとて、自ら求めていたずらに引ッ込み思案を決め込むべきではない。いうべきことはいい、なすべきことはなして、心身のゆるすかぎり自由に、おおらかに、自然の感情をもってすべてを振る舞うべきである。自由に、おおらかにといっても、決して老人のわがままを発揮するのであってはならない。むしろ老人の自意識をすてて、若い人々と同じ慎みを持つことだ。そうして、若い人々と同じにいい、かつ行うべきであろう。

いつまでも元気な法

総じて老いることの遅い人は、それだけ何かしら生存の理由をもっている人たちである。若い人々に交って、若い人々におとらず活動をつづけているものに限られている。大きな感激、大きな事業、大きな研究に組み付いている人生は、ちょっと考えには人間を疲労困憊《ひろうこんぱい》せしめるもののように思えるが、実はその反対で、大倉喜八郎、安田善次郎、浅野総一郎、馬越恭平《まごしきょうへい》の諸氏など実業界の大成功者は、八十ないし九十歳以上にして、なお大会社銀行の事務を統轄して立派にやってのけていたのである。またそれが長寿の原因ともなっていたようである。渋沢栄一氏は七十以後社会事業一本であったが、これも大会社銀行の経営と同じ意味をもったものであろう。尾崎行雄氏が「憲政の神様」として、生きて国宝化したのもやはりその例にもれまい。

こうした観点に立って、老人老後の安住法を考えてみると、だいたい、それを私は次の三点に要約することができるように思う。

その一は、壮年時代、勤労期からの仕事の一部を、そのまま同じように延長し、お礼奉公とか奉仕の意味をもって、後進者の邪魔にならぬよう心掛けつつ、しかも、その助けとなるようにその活動をつづけること。これは社会的にも大いに結構なことであると共に、自らの老衰をも免れしめる結果となるものに考えられる。

人間は活動するところ、そこに必ず新しい希望が生まれてくる。希望こそは人生の生命であり、それを失わぬ間は人間もムダには老いない。したがって、老人といえどもこの希望を常にもつべ

人間は活動するところ、
そこに必ず新しい希望が生まれてくる。
希望こそは人生の生命であり、
それを失わぬ間は人間もムダには老いない。

自著を積み重ねた横で

きで、それがためには絶えず働きつづけなければならない。もっとも、年をとってはそれほど働けないという人もあるかも知れぬが、それは働かないから働けないのだ。やらないからやれないのだ。何も老人にムリを強いるのではない。自然にしたがって自然に心身を働かせていけばよいのである。実際にも、停年になったからとて、また後進に途を譲ったからとて、昨年までやってきた仕事が、今年から急にできなくなり、昨日した仕事が今日はもうできないというわけはあるまい。こう考え、こう為しつつ、いよいよ日に新たなる努力精進を楽しんでいくならば、何人も勇退して急に老い込むこともなければ、老後の安住も心身共にこれを得られるであろう。

素直に生きる法

その二は、素直に老人は老年を受け入れることである。すでに争われず老境に入り自らその老来をさとるならば、それに素直に順応するがよろしいであろう。これは右に述べた老人期の活力がなく、それに奮い立つ勇気もない人々にはとくに必要な心構えで、おれにはもう何もできないと焦りを感ずるよりは、はるかに安住的であり、幸福である。

実際にも、老年は闘争や勝敗を事とするときではなく、平穏にその成果に安んじ、それを通じて幸福を味わうべきときである。栄誉の空しきを知り、閑居の静けさを求めるに至ったものである。それまでに思うままの働きをしとげて、いまはゆるりと自分自身の時間をもち得たのである。ここで初めて、いままで自分がやりたいと思っていたことも差し支えなくやれる。改めて人間教養を積むもよいし、新しい知識欲をみたすもよい。何かしら研究らしいものに手をそめてもよく、専門外の専門に学問をするのもよい。こういう老閑の境地に至れば、文筆の心得のある人はとくに老後を美しくかざることもできよう。この場合文芸的な余技をもつ人はいっそうめぐまれているともみられる。

人間もし、あらゆる愛情や野心や希望やが満たされたのち、それを超越して静かに安居できるならば、それこそ最も大きな老後の安住であり、幸福であるといわなければならぬ。無私枯淡な傍観者となって、静かに自分自身を眺め得るようになれば、健康にもめぐまれ、顔は和《やわ》らぎ、円満無礙《むげ》にして、限りなく高貴な眼差《まなざ》しとかわり、やがては無為にして化す楽老の極致に至り得るであろう。

これは第一法の最後まで働き抜き、勤め抜くと同じ意義をもつもので、しかも同じ努力精進を必要とするのである。一はただそれを動的にあらわし、一はただこれを静的にあらわすだけのちがいである。いわば、これは一枚の紙の裏と表、つまりは表裏一体に過ぎぬのである。

豊かに生きる法

さて、老後の安住法その三は、早くよりできるだけの陰徳を積み、その陽報に生きることである。

従来の経済社会では、壮年勤労期に相当な資産を作り、それを安固な運用に回しておけば、一応だれしも老後は安泰であり得たのであった。ところが、現在ではどんなに資産を残しても、それに頼り切ることはできず、またこれを自己の享楽安住の目的に自由に使うことは許されない。

戦中、戦後の大変革を経て、いまや祖国復興のため、富めるも貧しきも、おしなべて最小限度の耐乏生活を強く要求されている。田畑、山林、家屋等のいわゆる不動産収入は、今後経済復興の大成されるまでは極度におさえられ、また徴税対象として注目されるであろうから、従来最も有利安全と思われたそれらの老後生計の投資物も、いまのところはすべてその用をなさない。そこで、勤労による一定額の収入確保が最も大切なものとなってくるが、それから離れなければならぬのが老後生活であるから、現在は老後安住のために一番せちがらい世の中ともみられよう。預金現金ではインフレの昂進がおそろしいし、株式投資では変動の不安がある。考えようによっては全く手も足も出ない有様である。それに加えて、物価の高騰は日用品にははなはだしく、食糧も薪炭も自由に、豊富にというわけにはいかない。ことに老人のごときは不労生活者とみられて物資の配給量も——この制度はだんだん廃止されてきたが——少なく、その生活は勢《いきお》い貧困を極めざるを得ない。なお、今後とてもしばらくは老人難渋の時代がつづくであろう。老人難渋はいつの世にもある社会現象の一つと考えてかからねばならぬ。

それだからこそ、老人安住の法は、老人もしくは老後をおもんぱかる人々の、常に変わらぬ大きな問題なのだ。そこで私は、第一にできるだけ分相応の働きをつづけるようにする、もしつづけられなければ、第二に思い切って静穏《せいおん》な消極生活につとめることを提唱するのであるが、第三には前々からの用意と心掛けで、この陰徳を積んで陽報を待つ生き方を考えるのである。すなわち、これは青壮年時代を通じて、人並み以上に働き、人並み以上の耐乏と節約につとめて、その余剰資力で、ひそかに人の不幸を救い、学資の援助、社会公共への貢献などを行うことであるが、そのこと自身がすでに老後の大きな精神的慰安となる。しかも、その陽報はなんらかの形で必ず現されてくるものであるが、それを決して必ず来るものと待ち構えてはならない。あるいは待ち構えて行うことそれ自体が、すでに不純で、間違っているとも、いえばいえよう。陰徳はあくまでも文字通りの陰徳で、その報償があってもよし、なくてもよし、ともかくそれを行ったということに老後の精神的安住を求めることである。しかも、それは実際において、精神的のみならず、物質的にも豊かな、幸福生活を必ずもたらすものと私は信じている。

老人の六癖・七戒

ここで私は、わかりやすい老人訓として、かつて古人今人の作歌を通じ、自ら「老癖《ろうへき》六歌撰」というのを作ってみたからそれを一つ御紹介しておくとしよう。これを日常座右に置いて眺めていると、自分の起居動作にも不思議と同じような癖が現れてきて、おそろしくも、また恥しくなる。いわゆる微苦笑ものである。そこで、その救済策として、私はさらに「老人自戒七則」というものを作ったが、それもついでに参考までに掲げておこう。

老癖六歌撰

○
くどうなる気短かになる愚痴になる
思いつくことみな古くなる

○
聴きたがる死にともながる淋しがる
出しゃばりたがる世話焼きたがる

○
またしても同じ話に孫褒める
独りしゃべって人に云わせず

○
いまを貶《けな》し昔を褒めて今朝《けさ》のこと
昼は忘れてまた聞き直す

○
新しい科学まなばず古臭い
詩歌《うた》や古典をまた繰り返す

○
いまの世に善き事あれど悪しき事
まず眼につきて世の厭《いと》わるる

老人自戒七則

一、名利と齢《とし》とに超越して、日に新たなる努力を楽しむ。ただし、他人の名利と齢とはこれを尊重すること。
二、他者、来訪者の言に傾聴して、問われざるは語らず。
三、自慢話、昔話、長談義はこれを慎み、同じことを繰り返さぬ。
四、若人の短所、欠点、失敗を叱らず、かえって同情的にその善後策を教える。
五、若人の意見、行動、計画を頭から貶《けな》さず、できるだけそれを生かし、助長する。ただし、その欠点や危険を気付いた場合は、参考までにアッサリと注意する。
六、老人の創意、創作は、一度若人たちの意見に徴し、その賛成を得た上で発表する。しかも、その功は若人に譲り、責は自ら負うことにする。
七、会議、会合にはまず若人に発言させ、老人自らはその後に発言する。しかも、なるべく若人の言を生かし、補正すべきを補正、いわゆる錦上さらに花を添える意味にしゃべること。

若い者に対する教訓法

さて、ここにもう少し、子孫や若人に対する老人の態度を申し述べておくと、老若間、とくに親子の間に起こりやすい悲劇的衝突、または誤解は、老人が自らのかたくなな感情や知徳を若い人々に押しつけようとすることから起こる場合が多い。だが、いったい感情や思想や知徳やは、年齢と共に変化していくものであり、かつ親の体験をただちに子や孫に伝えたり、与えたり、わからせたりすることはなかなかできにくい。したがって老人のもつ気持ちや生活を、そのまま若い人々にもたせようと思うのははなはだムリな注文で、強いて押しつけようとすると、そこに衝突が起こり、親子の間などにも不和の原因が生まれてくる。

したがって、老人の若人に対する訓戒などは、なるべくこれを少なくするようにしたい。——といっても、教戒癖は老人のなくて七癖の一つであるが、ただその場合、豊富に持ち合わす実例だけを面白く物語って聞かすことにしたい。またそれだけで十分事足るものでもある。もしくどくどしく老人の意見を若い者に押しつけると、かえって反感反発を買うことになるから、何事にもアッサリ物語的に話すがいい。それがむしろ若人の好奇心をそそり、もっと詳しくと先方から要求するくらいになるのである。私が晩年、自分の子孫や一般の若人たちに、直接法の教訓や頭ごなしの説法をしないようにし、ひたすら自分の体験をもとにして、あるがままの世の中をいろいろ知らしめることにつとめたのは、やはりこのねらいをねらった結果である。

老後を楽しくする法

私の人生計画では、楽老期を満八十五歳以後と定めたが、これはその人々の境遇、健康、心境、その他によっていかように決してもよろしいであろう。さてこの期は、十分に働いてきた、十分に社会奉仕も尽くしてきた、何もかも自分でやれるだけのことはやってきたという自信と安心の下に、本当にゆっくり余生を過ごしたいものである。

すなわち、いわゆる晴耕雨読時代であり、人生指南時代であり、無為化時代でもあるのだ。

実際、年老いても働学併進、健康に、元気でこの段階まで生き伸びて、人生計画最後の仕上げに達した人々は、シェクスピアのいうごとく「終わりよければ総てよし」で、まこと至幸至福の境涯に入ったものといわなければならぬ。

ここまで人生の旅路を旅してきた人は、たとえ自己流であろうとも、確乎たる一つの人生観、処世観をもつことができよう。行往坐臥の一切が少しもムリでなく、行くところ蕩々《とうとう》たる大道をなし、人生の規矩準縄《きくじゅんじょう》にもかない、いわゆる無為にして四囲を化し、社会の指導もできるであろうし、世を益することも可能となるであろう。そうして、世間から尊敬され、敬慕もされ、名利や贅沢を超越した簡素にして豊かな、自然的晩年生活を楽しむことができるのである。

しかし、この期においても、前述の老人生活法を一度《ひとたび》誤るならば、人に嫌われ、邪魔者扱いにされて、ついには孤独の深淵に突き落されてしまうことになろうから、何人も大いに自戒を要する。全く、この楽老期を有意義に過ごすことは、人生最後の段階を飾る意味からもきわめて大切なことで、願わくばわれ人とともに、人間一個の完成に近い、真・善・美と、そして円満無礙の限りなき高貴を実現させていきたいものである。

人生計画の最終段階

楽老期に入れば、何人も責任ある地位や仕事を離れているであろうし、また離るべきである。だが、奉仕期時代からの多年の習慣を急に改めることは、かえって心身の健康に有害であるから、できるならば漸を追うてその仕事を減らし、おもむろに純粋な楽老期の生活に移るように心掛けるがいい。そこで、楽老期の仕事といえば、心身にムリがなく、できるだけ慰安と保養になるようなものを選ぶべきで、私のような学究者の老後は、晴耕雨読生活の延長が最も好ましいと思われる。それには小規模な軽い農業や園芸を趣味化し、仕事というよりも娯楽にするようにすれば、常に新鮮な空気を呼吸し、適度の運動もできるため、身体の新陳代謝を促進して一種の若返り法ともなるのである。そのうえ手作りの新鮮な蔬菜《そさい》や果物を常食とするから便秘も防がれ、日中軽い労作に従事することによって、食欲を増し、睡眠も十分取れ、精神的にもいちじるしく若さを取り戻すことができる。

なおこうした園芸趣味のほかに、神社仏閣をめぐり歩くもよく、知人後輩をたずね歩くのもよい。山に行き、水に行き、清流に釣糸を垂れるもよい。風静かに天気晴朗な日は、つとめて外気にふれ、風の日、雨の夕べは、内に籠居して静かに読書執筆などを楽しむ。――これまことに、老人の至幸至福ではあるまいか。

碁、将棋、和歌、俳諧も結構、あるいは茶や花、あるいは書をかき、画をたしなむのも老人向きな消閑法である。人おのおのに、楽老期を過ごす手段《てだて》はいくらでもあろう。

さらに、老人はややともすれば時流に取り残される傾向にあるが、何もあえて「新しがり屋」になる必要はない。ただつとめて、ラジオ・ニュースを聴いたり、新聞雑誌を読むことを怠りさえしなければよい。できることなら、新知識の盛られた新刊書にも目を通せばますます結構だ。そうして、自分の体験に照らし合せて疑問のもたれる新知識にいき当たったら、若い専門家や学者などの意見を徴した上で、遠慮なくその所信所感を発表するのも有意義なことに思える。

私もようやく人生計画の第四期である楽老の時代に入った。今後の生活は全く未経験であって、これを体験に基づいて諸君に語ることはまだできない。しかし、幾多長老先輩の実生活も見聞しておるし、それに関する先哲の著述もいくらかは読んでいる。そうして、私は私なりに名利を超越して、ようやく凡愚、大愚の境域に入り、晴耕雨読の続行と共に、能う限り後進者の指導誘掖をもくろんでいる。要するに、私の新人生計画において望んでいる楽老生活は、ひたすら、自然のふところに遊ぶ一個の自由人になりたいことである。そうして、静かに無為化の境地に向かって、幸福なる生涯を捧げていきたいと思うのである。

いかなる最後を求めるか

最後に最も重大、かつ厳粛な問題は「死」である。さて、老人はいかに死ぬべきか、といったところで、人は決して死を急ぐべきではない。またみながみなまで、理想通りに死ねるわけのものでもないから、ここでは、不可避な肉体の崩壊――いわゆる「死」――を迎えるわれわれの態度と、かく死にたいという私の希望を述べるにとどめよう。

正に、われわれ生物の肉体の崩壊は、いかに科学が進歩しようとも、絶対に避け得ない現実である。いかに叫喚怒号《きょうかんどごう》しようとも、じたばたしようとも、これをとどむるなんの手段《てだて》もない。かよう絶対に避け得られぬ現実に直面する場合、われわれのとるべき最も賢明な策は、虚心坦懐、素直な心をもってそれを受け入れることであろう。しかし、それは単なるあきらめであってはならない。その奥底に歓喜の光が輝いた悟《さと》りでなければならない。何人も死に直面しては、もはや富も、権力も、栄も、虚栄もない。ここにただあるものは死の厳然たる事実のみで、ここに精神道徳の世界が全面的に繰り展《ひろ》げられ、ここに人間完成の最後の光輝が燦然《さんぜん》と照りかがやくのである。

死は実に人間最終の、ただ一つの真・善・美だ。

宗教的にこれをみるならば、人生のすべてはいついかなる場合何人も、いろいろの迷いを抱《いだ》いてさまよいつつあり、常に悟りないし信仰にたどりつこうとする過程にある。その対象の如何にかかわらず、人は信仰への求道なくしては生きることを得ない。科学者は科学を信じているであろうし、何ものをも信じないという虚無主義者も虚無を信じている。だから、「死」の解決についても、だれもが必ずもっているこの信仰の力にすがる必要を認めるのである。仏教では西方浄土をいい、基督教では天国を説いている。いずれも死はかりそめの通路であって、それを通り抜ければ永生不変の極楽があるように教えている。天国は地上よりもはるかに清く、うるわしく、また楽しい。死はかえって喜ぶべきもの、感謝すべきものに説いている。これを信ずると否とはその人々の信仰問題であるが、いずれにしても、死に直面して人は何事をか必ず信ずるものがあろう。また信ずるところがあらねばならぬ。

すでに繰り返し述べてきたように、私は生命の永劫不滅を信じている。たとえ生命の容器である肉体は死滅しても、わが生命、わが精神は、直接には生殖細胞によってわが子孫に遺伝し、間接には私一代の業蹟や著述談話等によって、永く後世に生き残ることを確信している。したがって、私は死が現実性をもって迫ってきても、それほど恐れはしない覚悟であるが、また別に喜び迎えるようなこともしないであろう。生きられるだけは生き、日に新たなる努力を楽しみつつ、世のため人のために働き、希《ねが》わくば、朽ちざる事蹟の墓標の下に眠り、知らるる名に残り、伝わる精神に生きたいと念じているのである。

人生計画の立て方　あとがき

本多先生の御逝去に先立つ一週日、先生の代理の方からというので、再三、電話がかかり、速達が来て、「先生がぜひ一度お目にかかりたいとおっしゃっていますから」と、伊東の国立温泉病院への至急往訪を請われた。

病床の先生は思いのほかに弱っておられた。主治医伊藤博士も、面会謝絶になっているが、という特別の許可であった。私の御見舞に身を起こして喜ばれた先生は、いきなり『人生計画の立て方』の稿本についての御指示があり、さらに筆記の用意を命ずると共に、いつもに変わらぬ元気な語調になって話し出された。

「私は私の読者に、改めて一言を贈りたい。私はまだ生きるつもりにしているが、人生必ずしも意のごとく運ぶものとは限らない。そこで、運んでもよし、運ばないでもよしで、人は常に最善の用意をしておかなければならぬ。これが人生即努力のゆえんである。私は百二十まで生きるつもり、また生きてもよいつもりで、私の人生計画を樹てた。そしてそのように、努力をつづけてきた。いまここで再び起たぬことになったとしても、これは決して無意義に終わったものとは考えない。百二十を目標とした八十五年（満）の充実は、本多静六にとって、満足この上もない一生だ。努力即幸福に対する感謝の念は一杯である。

どうか読者諸君も誤解のないように願いたい。百二十を目標に樹てた人生計画は、百二十まで生きなければ未完成というものではない。八十でも九十でも、いや六十、七十までしか生きないのでも、立派にこれを生かし、遺憾なく充実を期することができる。いつどこで打ち切りになっても悔いるものがない。人生即努力、努力即幸福、これは人寿の長短にかかわりなく絶対だ。私はこの際、とくにこのことに念を押しておきたいと思う」

ここで先生は、大きな手を差し出して、力強い握手を求められた。

私は先生の病勢の、容易ならぬものあるを憂うると共に、その瀕死の病床に在ってなお、その読者に対する切言を念頭にめぐらされる著者精神の、高邁かつ熾烈なるに感激、思わず涙滂沱たるものがあった。これが長い間の愛顧と指導を忝《かたじけの》うした私と本多先生との永別であった。

故博士の遺志に従って発刊された本書は、田村、増田両助手協力の下に、博士がすでに昭和二十年に一応脱稿されたものであるが、時あたかも戦後の混乱時代で、政治、経済、その他の変転はなはだしきため、爾来六ヵ年余慎重に検討が重ねられ、その上長孫植村敏彦（医博）、五孫三浦高義（農学士）、第三女婿大村清一（元文部次官・内務大臣）三氏の補正を経て完備を期し、最後に故博士の遺命により私が原稿整理並びに校正を行い、発刊まで一切の御世話をさせて頂いたものである。

なお本書の発刊に際し、故博士と同郷関係にあられる中央大学総長林頼三郎博士より、とくに懇篤な序文を寄せられたことは、故博士の大いなる喜びとされるであろうことを信じて、厚く謝意を申し述べおきたい。

昭和二十七年六月

寺澤栄一

人生計画の立て方　解説

本田健《ほんだけん》
（作家）

みなさんは、本書を読み終えて、どういう感想をお持ちになりましたか？

「六十年も前にこんなすごい人がいたんだ」と感心するとともに、その深い英知が、全く古くなっていないことに、驚きを感じられたのではないでしょうか。

このことは、まさしく、本多博士の人生哲学、処世術が世代を超えて通用する本物である証《あかし》なのではないかと思います。

私と本多静六博士との出会い

私が本多静六博士のことを初めて知ったのは、渡部昇一氏の著書に紹介されていたのを読んだときでした。林学の専門家で学者でありながら、経済的にも大成功された希有な才能を持った方であると知りました。私は、経済的に自由になる方法を常に研究し、多くの人にコーチングしていますが、現代でもそのまま使えるその実践的な哲学に、つくづく感銘を受けました。

また、本多博士がなによりすばらしいと思うのは、人生を生きる態度が爽やかなことです。経済的、社会的に成功した人は多くいますが、悠々自適な老後に満足してしまうのが普通です。博士は、七十歳をすぎても、まだ十分に社会的に何も貢献していないという感覚を持って、熱心に社会還元の活動に励んでいます。世間的には（何もしなくとも）許されるのかもしれないが、死ぬまで向上していきたい、と著書で述べています。実際に、数え年八十七歳で亡くなるまで、すべての分野でご自分を向上させ、社会に奉仕する精神を持ち続けられたと聞きます。

最初に本多博士の本を読んだ当時、私は、育児セミリタイヤ中で、同じような感覚を持っていました。仕事もせずに、育児だけをやっている状態でしたが、最高に楽しいながら、自分だけの幸せを追い求めていいのか？？　という疑問も感じ始めていたところでした。そんなときに、本多博士の人生哲学に触れ、「そうだ、自分も何か社会に貢献できることをやりたい！」と心から思いました。それから、一年足らずのうちに、私が育児セミリタイヤから一歩を踏み出すきっかけとなった小冊子『幸せな小金持ちへの8つのステップ』を書くことになりました。そういう意味で、それから五年の年月を経て、本多博士の本の解説をさせていただく縁の不思議さを感じ、またその光栄な役割に感激しているところです。

人生計画の重要性

人生を十年から十五年のサイクルにわけ、それぞれの期間になすべきことが明確に語られていたのは、印象的でした。篤志家としての本多博士のイメージだと、社会還元を優先するべきだということが出てくるのかと思いきや、まず四十歳までに自分の生活の安定を最初に考えるべきだという主張は、博士の実践家的な側面を物語っています。また、四十歳から六十歳は、自分の専門性を通して社会に貢献すること。そして、それ以降は、もっと大きな視点から与えることをするべきだという主張には、考えさせられました。多くの人が、手っ取り早く儲けてやろうと考えている現代にこそ、こういう骨太な哲学が必要なのではないかと感じます。

若い学生の頃に、急にまとまったお金を手にして身を滅ぼしてしまった知り合いの話は、私も似たようなケースを身近で見たので、全くその通りだと思います。自分の人生をどう生きたいのかという計画がなければ、一時の経済的な成功は、かえって人生をダメにしてしまうものです。

計画性と自由性について

計画したり、目標を持つと、自由が失われると考える人はたくさんいます。それは、計画すると、杓子定規になりがちで、なりふりかまわず頑張らなければならず、人生を楽しめなくなるというのが、その主張でしょう。

しかし、本多博士は、計画したがらない人に対して、するどい観察を披露しています。人生設計は、まさしく自由になるためにするべきだというのです。計画して、着実に自分の打ち立てた目標を達成することで、自由を得ることができる。また、その過程で臨機応変に対処することが、まさしく自由だというのです。

私も同感です。私は人生の生き方には「目標達成型」と「展開型」という二つのタイプがあると、著書で説明しましたが、博士も別の角度から同じことを言ったのだと思います。目標達成を頭においてやっていくスタイルと、自由にルートを考えながらすすむ融通性の両方を持たなければ、真の自由に行き着くことはできないのではないでしょうか。

長期的に人生を捉えること

日本人の寿命が八十歳を越えた現在、二十歳で成人してから、おおよそ六十年生きる計算になります。三十歳からでも五十年もあるのですが、ほとんどの人が生き急いでいるように見えます。私は、三十歳から四年間ほぼ何もせずに育児に専念しましたが、それは長い人生で四年間ぐらいなんともないと考えたからです。

ＩＴブームなどもあり、「短期間で儲ける人が偉い」という風潮ですが、今まで私がインタビューしてきたお金持ちは、幸せな人ほど、ゆっくり資産を築いています。それは、短期間でお金を稼ごうとすると、いろんな人に負荷がかかるからです。会社の社員、家族、取引先を不幸にしながら、生き急ぐことにどういう価値があるというのでしょう。それよりも、じっくりと自分の専門分野を極めながら、ゆっくり資産を築いていくことが、幸せな人生をつくると私は考えます。博士は、いろんな人生を見て、どういう生き方が幸せにつながるのかについて考察された上で、長期的に資産を作る生き方を選択したのだと思います。

職業の道楽化をはかる

本書には、職業の道楽化をはかるという項目がでてきますが、私のもっとも好きな部分です。「好きこそものの上手なれ」という言葉を引用して、好きなことをやらなければ、また仕事を道楽のようにしなければ成功できないと語っています。明治の頑固な男は、「嫌いなことでも、それが仕事なら我慢して、意志を貫いてがんばれ！」といいそうですが、好きなことをやれ！とは、何とも爽快なアドバイスではありませんか。

本多静六博士の人生を見ると、まさしくこの「好きこそものの上手なれ」を地で生きた方なのだと思います。

私がある出版社と一万二千名の億万長者のアンケート調査を行ったところ、仕事に関して、おもしろいデータがでました。億万長者は、仕事を得意なこと、好きなこと、人に喜ばれることという基準で選んでいるのです。博士もまさしく同じように、好きなこと、得意なことに注力し、成功を収められたのでしょう。博士は、自分の生涯のテーマが林業だったので、山林投資で成功したわけですが、会社の経営が専門テーマなら、彼は株式投資で大成功したのではないかと想像します。

現代にもそのまま通用する処世術

本書で語られる処世術は、すぐに使えるものばかりです。たとえば、人から金銭援助を頼まれたときの対処法は、おもしろいと思いました。

お金にしっかりしている人なら、一般の金融機関から借り入れられるのに、それができないから個人的に頼んできている、というのは、鋭い指摘です。それが分かった上で、助けるなら、それを貸したことにしてはいけないと博士はいいます。信用もなく金融機関から断られた人間が、しっかり返済することを期待するべきでないという考え方です。

成功した企業家でも、友人や家族から援助を頼まれると、なかなか断れず、援助してかえって相手をダメにしているケースを私はたくさん見てきました。その結果、逆恨みされたり、援助した人の自立力を奪ってしまうことは、最初には、なかなか見えないのです。ただ単に援助するのでなく、その人が、自分で立つ力をつけるように手助けするという考え方は、的を得ていると言えるでしょう。

また、老年における身の処し方、愛される老人、死に際してなど、普通の人なら避けたがるテーマにも、ずばり切り込んでいくところは、本多博士のさっぱりしていてユーモアたっぷりな性格をうかがい知ることができます。博士は、あらゆる面で、人生を深く考え、そのすばらしい観察眼を持って、物事の本質を見極められるに至ったのでしょう。本書が書かれたのは、もう六十年ちかく前になるのでしょうが、博士のメッセージは、少しも衰えを見せていないのは、驚くばかりです。

本多博士は、やるべきことをコツコツ地道にやった普通の人

興味深いのは、文章から感じる印象ですが、博士が自分は決して天才と言うわけではなく、どちらかというと、凡才の類だと考えていたことです。確かに、本書で述べられていることに、突飛なこと、非常識なことはほとんどないと思われます。しかし、そのすべてを長年にわたって実行し続けるとなると、普通の人ではなかなかできないことではないでしょうか？

二十五歳にして、一日一ページの原稿執筆、そして収入の四分の一の貯金。これは思ったほど実行に移すのは簡単ではないでしょう。

いかに自分に投資しながら、収入をはるかに下回る生活費で暮らすのか、という倹約の思想には、大変共感しました。私も、学生時代は、家賃一万五千円のアパートに住み、十万円以上を本代にかけていた時代がありました。そういう経験から、自分を律するのがいかに難しいのか、よく理解しているつもりです。一時的だけではなく、それを生涯通して貫いたところが、博士を天才にしたのでしょう。

我々凡人は、いっぺんにそれをやろうとせずに、少しずつ長い人生の中で身につけていこうと思ったほうが、楽になるのではないかと思いました。

何故金持ちになりたいのか、理由を考える

お金持ちの研究から、私は「お金とのつきあい方」に、三通りあると考えています。ひとつは、多くの人がそうですが、お金の奴隷として生きる。もうひとつは、お金を奴隷にして生きる。三番目は、お金を友人やパートナーとして扱うやり方です。

本多博士は、この三番目のつきあい方をされたタイプだと思います。このつきあい方をする人は、幸せなお金持ちに多くいます。お金を人や社会を幸せにしてくれる原動力だと見なして、最大限に貢献できるように、考えているのです。おそらく、同時代を生きたアンドリュー・カーネギーの影響もあるのでしょう。前半生で、社会に貢献して富を得て、後半生では、得た富や知恵

を社会に還元するという生き方です。

本多博士は、金持ちになれ！　といっているわけではありません。自分の持っている才能を社会に使えと言っているのです。そして、自分の才能を社会奉仕に使った結果として得た富をまた、人生の終盤で社会に還元するべきだと主張しているのです。その深さには、心がふるえる感動を覚えました。

本業と周辺ビジネスで成功するのが、蓄財の王道

本多博士の人生で興味深いのは、もっともお金から縁遠そうな林業が専門分野でありながら、大金持ちになったことです。大学教授という職業は、一見するとお金儲けから遠そうですが、やり方によっては、誰でも億万長者になれるという好例でしょう。

自分の専門分野を極めていけば、その周辺に必ずキャッシュポイントは、見つかるものです。私の知り合いの大学の教授も、株式に投資して、定年の頃に億万長者になった人がいます。大切なのは、時間を味方にすることです。五年、十年という短期でもありません。少なくとも三十年という長い時間の流れで、価値が上がっていくものに投資することで、莫大な利益を上げることは可能なのです。

自分のライフワークの周辺に将来大きく育っていくような投資案件があるか、いつもなんとなく意識の片隅においておくことです。本書にも、博士がどこに視察に行くのにも、目盛りをつけたバンドとステッキを持っていったというおもしろいエピソードがありました。自分の専門分野

を徹底的に極めると同時に、周辺の知識を使うことで常識を遙かに超えた成功を実現できるのです。

どんなことにも好奇心を持って、長年にわたって幅広い教養と見識を身につけたことが、投資家として成功した理由なのでしょう。

人生の目的

本多博士は、最後に、人生の終盤にあたっての考察を述べています。

「何人も死に直面しては、もはや富も、権力も、栄も、虚栄もない。（中略）死は実に人間最終の真・善・美だ」

この言葉には、富や社会的な成功よりも、真実を生涯通して求めた博士の哲学が集約されていると感じました。

本書の「あとがき」で、博士は、「死後、本書が多くの人に影響をあたえることを確信している」と語っています。世の中を見通す力を持っている人は、未来をも予見する力を備えていたのでしょう。博士が言うとおり、没後五十余年を経て、なお、博士の生き方、人生哲学は、少しも古びることなく、普遍性を持っているように思えます。

読者の皆さんが、本書から何らかのヒントを得て、幸せで豊かな人生を送られることを祈念して、筆を置きます。

解説

北康利
（作家）

この合本版解説を依頼されたのは、私が同時期に本多静六の評伝『本多静六　若者よ、人生に投資せよ』を上梓したからに違いない。

私が、一年にほぼ一冊しか書けない評伝の主人公に本多静六を選んだのにはわけがある。

今のこの国の置かれた現状を鑑みるに、持続可能な開発目標（ＳＤＧｓ）や地方活性化、国民が自らの老後を豊かに生きるための投資の必要性（少子高齢化対策）といった喫緊の課題について、これ以上なく雄弁に語れる先人は彼を措《お》いていないと考えたからだ。

本多は現在の地球温暖化の問題を予期していたように国土緑化に尽力した。学校の記念植樹も、毎年行われている植樹祭も彼の働きかけで始まったものだ。

大地震などの激甚災害も我々の生活を脅かしているが、彼は土砂災害を防ぐために砂防目的の山林植樹を促し、津波被害軽減のため防潮林の植栽を奨励した。現在、大規模避難所となっている全国の公園の多くも彼の設計によるものだ。火災旋風が発生した関東大震災の教訓を生かし、リバーサイドパーク構想（隅田公園など）を推進するなど、首都復興の青写真を創った人物でもある。

現代社会はサバイバルゲームの様相を呈している。彼はそんな厳しい時代を生きる我々に、〝豊穣な人生を楽しみながら生き続ける〟ための知恵を授けてくれる得がたい先人なのだ。

合本版で最も人気なのが『私の財産告白』だろう。誰しも本多静六のような大富豪になってみたいはずだ。だが彼のやり方をそのまま真似するのはお勧めできない。

誰もがまず挫折するのが四分の一天引き貯金だ。あの勤倹貯蓄の権化と言われた銀行王・安田善次郎でさえ、励行していたのは五分の一天引き貯金だった。

その上を行ったのだから正気の沙汰ではない。家計をあずかる妻の銓子《せんこ》さんや幼い子どもたち、あるいは師を真似ようとした彼の教え子たちの家族も、本当にこれで苦労した。ゆめゆめ同じことをしようとは思わないことだ。

そもそも彼がこれを始めたのは二五歳であったが、その時の帝国大学農科大学助教授の年俸は八〇〇円である。小学校教員の初任給が八円弱という時代だから、現在の価値にすると二〇〇〇万円ほどになる。

今の日本でこれだけの高給を取っている二五歳がどれだけいるだろう。まずはできる金額から始めることだ。

金利環境もまったく違う。

金融機関によって多少のばらつきはあるものの、六ヵ月定期預金の金利は明治二五年（一八九二年）で約四・四％前後、明治三〇年（一八九七年）で約五・九％前後、明治三五年（一九〇二年）で約六・九％前後だった（『値段の明治・大正・昭和風俗史〈下〉』週刊朝日編）。

これだけの高金利だと複利で運用すれば資産は雪だるま式に増えていく。つまり当時は貯金と呼んでいたが、今で言う投資信託並みの利回りだったわけだ。

だが投資信託などの金融商品には価格変動がつきものだ。

今、本多静六の貯蓄法を見習うとするならば、積立ＮＩＳＡなどの非課税枠を上手に利用しながら、ドルコスト平均法（価格が変動する金融商品を定期的に一定額、長期間にわたって継続的に購入する投資手法。価格が下がっていたら多く、価格が上がっていたら少なく購入する結果となる）での投資をお勧めしたい。


また、彼が四分の一天引き貯金で〝雪だるまの芯〟を作った後、〝貯蓄から投資へ〟乗り出していった対象が、自分の得意な負けにくい投資対象であったことも忘れてはならない。

本多が最初に投資した日本鉄道株はそもそも、彼が防雪林の関係で嘱託になった会社の株であり、インサイダー規制のなかった当時、会社の財務内容や新線建設等の情報は、役員である渋沢《しぶさわ》栄一《えいいち》から容易に聞き出せたはずなのだ。

当時の株式市場にはオプション取引のようなリスクヘッジ手法はないし、値幅制限といった投資家保護の制度もない。おまけに当時は日本自体が当事者となる戦争がたびたび起こったので、景気も株式相場も今以上に激しく上下動する。そういう意味では、株式は超リスク資産と言ってよかった。

それだけに本多は、慎重の上にも慎重を期したのだ。

株式投資に慣れてきはしても、決してのめりこむことはしなかった。結局、彼を資産家にしたのは山林投資だった。林学者の最も得意な分野である。なおかつ、彼が買った秩父の山林には、近く新線が引かれて交通の便が良くなるという情報も入手済みだった。

要するに彼は、勤倹貯蓄という基本に忠実なところで着実に資産を増やしながら、大きく勝負する時も、勝てる時に勝てる領域でだけ勝負したのである。

一方で本多の著書には鼻持ちならないことがいくつも書いてある。『人生計画の立て方』の中の「結婚はどうしたらよいか」という章などはその最たるものであろう。

かつて全共闘世代に猛烈な支持を得た高橋和巳《たかはしかずみ》という小説家がいた。彼は論語を愛読書としながらも、何度も「なんだこれは！」と反発して持っていた論語を壁にたたきつけては、しばらくするとまた手に取って読むということを繰り返したという。

僕のような本多静六ファンでさえ、壁にたたきつけないまでも顔をしかめるような記述が多い。どの本でもそうだが、すべてを鵜呑みにするのではなく、是非〝自分の頭で〟考えながら読んでほしい。

では本多の思想は時代遅れなのかと言えば、実は先進的なもののほうが多いのも事実だ。

たとえば彼は『私の財産告白』の中で、こう語っている。

「勤労生活者が金を作るには、単なる消費面の節約といった、消極策ばかりでは十分でない。本職に差し支えない限り、否本職のたしになり、勉強になる事柄を選んで、本職以外のアルバイトにつとめることである」

本業一筋が美徳とされる時代に副業を勧めているのだ。相当顰蹙《ひんしゅく》を買ったのではないかと思うが、最近では多くの企業が副業を許可するのはもちろん推奨さえしている。

ようやく時代が彼に追いついてきたということだろう。

彼の著作は、その多くが晩年に書かれているため、シニア世代に対する深い示唆にも富んでいる。

たとえば『人生計画の立て方』の中で「楽老期をどう過ごすか」という章を立て、老境の生き方・暮らし方の秘訣を挙げている。

まず何より、老いたら負けであるように考えず、老いの到来を素直に認めることだと彼は言う。彼の言葉にほっとする人も多いのではないだろうか。そして早くから陰徳を積み、老年期はその陽報がもたらされるのを、〝あっても良し、なくても良し〟という気楽な気持ちで楽しむことだという提案は実にスマートで魅力的だ。

『私の生活流儀』の中では、福沢諭吉の「若いときには老人に接し、年老いては若い人に接せよ」という言葉を紹介し、「これは最も適切な青年訓でもあり、また老人訓でもあるようである」と述べている。

実際、老人と言っていい年代になってからの彼は、努めて若い人と接するようにしていた。人生相談もそうだ。若者の悩みを聞いてやりながら、彼らの身になって必死に考え、助言した。それは彼自身が若返ることに他ならない。

こうした本多静六の生き方は、シニア世代の生き方の手本にもなるはずだ。

私の『本多静六　若者よ、人生に投資せよ』は評伝であり、彼が会得した人生への投資のノウハウをすべて盛り込むことはできなかった。そういう意味では、ぜひこの『私の財産告白』『私の生活流儀』『人生計画の立て方』から、人生への投資法を学んでいただきたい。

ただ、三冊となると少し分量が多くて手に取るのを躊躇する人もいるだろう。

そこで、最後にこの合本版を読む手助けとなる四つのポイントを挙げ、読み進める上での道しるべとしたい。

一、人生をゲームだと考える

松下幸之助は「人生という企業を経営するつもりで生きていきなさい」と若者に諭した。

これも素晴らしい教えだが、令和の時代に生きる若者なら、むしろこの現代社会をサバイバルゲームと考えるのも一興だろう。そして、そのサバイバルゲームを生き残るための強力なアイテムをいくつも与えてくれるのが本多静六なのだ。

本多静六の名言に「職業を道楽化せよ」というのがある。これは生きていく上で、大変役立つ人生の知恵である。

なにしろ生まれてから就職するまでの時間はしょせん二〇年前後。社会人として仕事を持って働いている時間のほうが遥かに長い。たとえ専業主婦（主夫）であっても、十分労働という名に値する。

社会人になってからの時間の過ごし方は人生の質を決める重要問題だ。それを道楽として楽しんでいけるのなら、こんな幸せな人生はない。

本多はこう提案している。人生計画を立て、それを実現するための工夫を凝らし、進捗状況を時に振り返りながらさらに攻略方法を練る。

それはまさに、ゲーム感覚で人生を楽しんでいこうではないかという提案なのである。

彼が強調したのが「良き人生は良き人生計画に始まる」ということだ。

中でも役所や企業で働いているサラリーマンに対しては、こう警鐘を鳴らしている。

「この方面に就職する人々には、ただ漫然と入って、漫然とその日――ついにはその一生――を過ごしてしまいやすい危険がある。人生計画はこれらの人々にとって、とくに必要欠くべからざるものとなってくる」（『人生計画の立て方』）。

そして彼が人生計画実行のための手法として始めたのが、四分の一天引き貯金と一日一ページの原稿執筆であった。

本多の成功の鍵は意志の強さだ。こうと決めたら継続することができた。

彼は決然とこう言い放っている。

「やり方によってはいかに少額の俸給でも、貯金をやろうと決心しさえすれば必ずできるはずで、もしできないという人があるなら、それはその人の努力が足りないからであるといえる」(『人生計画の立て方』)。

要は覚悟の問題であると。

二、心に国境を設けない

本多静六は二三歳にして海を渡り、ドイツに留学している。

若いうちに国境を越え、日本の枠組みにとらわれず、世界を意識できるようになったことが彼を大きく成長させた。現代の日本の若者ならなおさら、早いうちに海外の人と友情を育むところまでいってほしい。

本多にとって、それはカール・ヘーフェルだった。明治三四年(一九〇一年)一月に来日し、東京帝国大学農科大学で林学通論と砂防工学の講座を担当した三歳年上のドイツ人だ。

ヘーフェルとは不思議とうまがあい、しばしば彼と森林調査に出かけた。二人きりの長旅はよほど気のあう相手でないとうまくいかない。本多はそんな相手に、日本人でなくドイツ人を選んだのだ。

ヘーフェルは一二〇キロもある大男であったため、楽しい話題には事欠かない。船の便所に身体が入りきらず涙目になっていたとか、重すぎて二、三度人力車を壊し馬車を雇う羽目になったという逸話を残している。

「世界中を見て回ろう。まずは世界を北から南に縦断しよう」

二人はそう誓い合い、明治三五年（一九〇二年）六月から長期出張に出た。秋田、青森から北海道、樺太に渡り、さらに大陸に渡ってシベリアの大森林を調査したのだ。日露戦争の二年前であることを考えると大胆極まりない。

その後、シベリア鉄道で満洲を縦断して清に入り、朝鮮半島も調査。長崎に帰国後、山陰を通って帰京するという九四日間もの調査旅行であった。これはもはや冒険である。

シベリア旅行はほとんど野宿だった上に白夜のため夜は二、三時間しかない。ヘーフェルはやがて精神的に参ってしまい、あるとき静六に涙を流しながら、

「僕はもう到底助からない」

と言って遺言状を手渡したという。

こんな状態だから、もうこれ以上旅は続けられない。シベリアの次は南に行く予定だったが、ヘーフェルはドイツに帰国し、本多だけで旅を続け、フィリピンやオーストラリアを視察して回った。

婚約者がいたヘーフェルは帰国後結婚し、二ヵ月ほど一緒に暮らしたが、やはり相当身体が参っていたのだろう、その後間もなくして死去したという。

それから五年ほどしてドイツに出張した際、本多はヘーフェルの奥さんの元を訪ねて弔意を伝えている。彼が生前使っていた机の上には、シベリア旅行中に携帯していたリュックサックや銃や帽子などが置かれていたという。

『明治文化発祥記念誌』に本多が寄せた「我林学界に貢献した四外人」のほとんどがヘーフェルに割かれているのは、友情の表れに違いない。

生前、本多の海外渡航は一九回に及んでいる。北はシベリアの果てから南はオーストラリアや世界一孤立した有人島と呼ばれる絶海の孤島トリスタンダクーニャ島（南大西洋の英国領）にも足跡を印し、台湾の玉山登頂に挑戦し、アルプスやロッキーはもちろんアンデスも踏破。アフリカにも二回行っている。

おそらく当時の日本人で一番の旅行者であり冒険家だったはずだ。

それが実はヘーフェルと交わした、世界中を見て回ろうという誓いがその原点だったのである。

三、努力をすれば運命をも変えられるという強い信念

本多は運命にさえ努力で挑もうとした。

東京山林学校に通っていた頃、島邨泰《しまむらやすし》先生から天源淘宮術《てんげんとうきゅうじゅつ》の新家春三《にいなみはるみつ》を紹介された。生年月日から運勢を調べ、〝畑〟と呼ぶ人相を見てその人の未来を占うものだ。占いは本来運命論である。しかし天源淘宮術は、占いの結果は生まれもってのものにすぎず、その後の努力で運命は変えられるとし、占いと修身を合体させた教えだった。

天源淘宮術との出会いは、自然本来の姿を前提としつつ、そこに人間の意志を加えて変革を加えていくという彼の生き方を決定づけた。

それは造林に関しても、あるいは公園設計に関しても通底している。

自分自身の才能と資質、置かれている現在の環境と予測可能な未来を前提としつつ、自分の運命を努力であるべき姿に変えていく。本多は机の上に鏡を置き、毎日自分の顔を見ながら、人相までも福相に変えていく努力をした。

「人生即努力、努力即幸福」という言葉は、そうした本多静六の生き方そのものなのだ。

四、幸運は人の形をしてやってくる
これは評論家谷澤永一《たにざわえいいち》の名言である。

本多静六が成功者となったのは、彼自身の努力に負うところも大きいが、人との出会いが人生に大きなレバレッジ（てこの原理で大きく飛躍すること）をかけた点を強調しておきたい。

勤倹貯蓄と社会貢献の大切さを教えてくれた祖父折原友右衛門《おりはらともえもん》。学問の世界で身を立てようとする弟に理解を示した兄金吾《きんご》。書生として住み込みを許し、東京山林学校を紹介してくれた島邨泰。特例での卒業を認めてくれた前田正名《まえだまさな》校長。ドイツ留学の費用を出してくれた義父晋《すすむ》と、良妻賢母の鑑とも言うべき妻銓子。投資の重要性に開眼させてくれたブレンターノ教授。何かと頼りになった同郷の先輩渋沢栄一等々。

彼の人生の成功は、こうした恩人たちとの出会いなしには成立し得ない。まさに幸運は人の形をしてやってきたのである。

『人生計画の立て方』の中で彼は、人生計画実現に向けた望ましい生活態度として処世九則を示し、その一つに「人から受けた恩は必ず返すこと」を挙げているが、この報恩の姿勢こそ、我々が見習うべき彼の美質であろう。

自分の受けた恩を次世代に送っていくことで、初めて社会はサステナビリティを獲得するのである。


新型コロナウイルス感染症によって、我々は人との接触を極端に少なくすることを余儀なくされた。このことは幸運が人の形をしてやってくる可能性を大きく減らしていることに他ならない。しかし、リアルに人に会えなくても、本を通じて古今の偉人と語り合うことはできる。本多静六との出会いは間違いなく、みなさんにとって幸運を運ぶ出会いとなるだろう。

この合本版を開くのは、明日より今日がいい。一日も早く、一人でも多くの人が本多静六の著作を通じて目覚め、我々が陥りつつある暗い未来が、人々の意思の力によって軌道修正されていくことを念じてやまない。

本書は、一九五〇（昭和二十五）年十一月に小社より刊行した『私の財産告白』、一九五一（昭和二十六）年十月に小社より刊行した『私の生活流儀』、一九五二（昭和二十七）年六月に小社より刊行した『人生計画の立て方』を、オリジナルの形で新たに出版するものです。このたびの刊行に際しては、本多健一氏（本多静六氏嫡孫、東京大学名誉教授）にご監修いただき、編集部で誤植・誤記の訂正、字句・仮名遣いの統一を行いました。
なお本書中、今日の観点から見ると不適切な表現が一部にありますが、著者の考え方と執筆当時の時代相を伝えるものとして、原則として底本を尊重いたしました。

（編集部）

私の財産告白〈新装版〉
私の生活流儀〈新装版〉　二〇〇五年七月　小社刊
人生計画の立て方〈新装版〉

文庫　私の財産告白
文庫　私の生活流儀　二〇一三年五月　小社刊
文庫　人生計画の立て方

【合本版《がっぽんばん》】
私《わたし》の財《ざい》産《さん》告《こく》白《はく》
私《わたし》の生《せい》活《かつ》流《りゅう》儀《ぎ》
人《じん》生《せい》計《けい》画《かく》の立《た》て方《かた》

二〇二二年九月二十八日　初版第一刷発行

著者　本多静六《ほんだせいろく》
発行者　岩野裕一
発行所　株式会社実業之日本社
〒一〇七－〇〇六二
東京都港区南青山五－四－三〇
emergence aoyama complex 3F
電話　〇三－六八〇九－〇四九五（編集／販売）
https://www.j-n.co.jp/
印刷・製本　大日本印刷株式会社

ISBN978-4-408-42122-3（書籍管理）